高等职业教育新形态系列教材

客舱安全与应急处置

Cabin Safety Management and Emergency Disposal

主　审　徐国立　李咸浩
主　编　赖　玮　甘　萍
副主编　秦　菲　徐剑锋　秦　龙　欧阳志广
参　编　魏　涛　刘　玮　殷秋君　邹丽君
　　　　郑启鸿　杨　迪　邱柏青　王阳辉
　　　　罗　震　饶昌华

北京理工大学出版社
BEIJING INSTITUTE OF TECHNOLOGY PRESS

内 容 提 要

客舱应急处置包括很多方面,本书从客舱安全的角度,讲述了客舱内一些突发事件的处置程序。本书既注重理论又结合实践,为客舱乘务员的业务培训打下基础。本书共分为六个模块,主要包括客舱安全设备保障、客舱安全服务保障、客舱人员安全管理、客舱应急撤离与求生、客舱特情处置和客舱急救等内容。

本书内容丰富、结构合理、明晰易懂,适合高等院校空中乘务等专业使用,也可供民用航空企业相关人员参考。

版权专有　侵权必究

图书在版编目（CIP）数据

客舱安全与应急处置 / 赖玮,甘萍主编. -- 北京：北京理工大学出版社,2021.10（2021.11 重印）
ISBN 978-7-5763-0557-9

Ⅰ.①客⋯ Ⅱ.①赖⋯②甘⋯ Ⅲ.①民用航空－旅客运输－客舱－安全管理②民用航空－旅客运输－客舱－突发事件－处理 Ⅳ.① F560.82

中国版本图书馆 CIP 数据核字（2021）第 217308 号

出版发行 / 北京理工大学出版社有限责任公司
社　　址 / 北京市海淀区中关村南大街5号
邮　　编 / 100081
电　　话 /（010）68914775（总编室）
　　　　　（010）82562903（教材售后服务热线）
　　　　　（010）68944723（其他图书服务热线）
网　　址 / http://www.bitpress.com.cn
经　　销 / 全国各地新华书店
印　　刷 / 河北鑫彩博图印刷有限公司
开　　本 / 787毫米×1092毫米　1/16
印　　张 / 15
字　　数 / 322千字
版　　次 / 2021年10月第1版　2021年11月第2次印刷
定　　价 / 45.00元

责任编辑 / 李　薇
文案编辑 / 李　薇
责任校对 / 周瑞红
责任印制 / 边心超

图书出现印装质量问题,请拨打售后服务热线,本社负责调换

前言

PREFACE

安全是民航永恒的主题,是其赖以生存和发展的基础。经过长期的工作实践,"安全第一,预防为主"已成为我国民航安全工作的指导思想。在这种思想的指导下,随着航空科学技术的进步和航空安全管理水平的提高,我国民航安全状况得到了很大的改善,事故率和事故征候率都呈显著降低趋势。提高航空安全水平,应健全应急救援体系,它是完善我国民航安全管理体系中的一项基本工作。应急能力是民航从业人员的安全文化素质之一,在遇到异常情况时,冷静地判断,科学地选择对策,并正确、果断地采取应急措施,才能最大程度地把事故消灭在萌芽状态。

客舱安全是飞行安全的基础,客舱乘务员是保障客舱安全的重要力量。通过提升课程教学质量,来培养和提升学生客舱服务与应急处置能力,必须丰富课程的教学内容,强化课程的教学方法。本书从客舱安全的角度,讲解客舱安全设施的使用流程和注意事项以及客舱内突发事件的处理程序与流程,旨在提高航空从业人员的安全意识与应急处理的能力。通过学习民航安全与应急处置基本理论,应全面了解民用航空的安全规则。通过学习如何使用安全器材,应了解并掌握一般急救问题的解决方法,对客舱出现的突发事件具备及时应变处理的能力。培养学生热爱民航事业,践行"忠诚担当的政治品格,严谨科学的专业精神,团结协作的工作作风,敬业奉献的职业操守"的民航精神,具备较强的安全意识与良好的服务意识。

为全面贯彻党的教育方针,落实立德树人根本任务,本书

课程思政

增加了课证融通、课程思政、典型案例、岗位实训等内容,凸显职业教育类型特色;并配套开发在线思政精品课程,通过丰富微课视频、图文等数字化资源,实现手机扫码学习,满足信息化、个性化教学需求。

本书由江西现代职业技术学院旅游与航空学院赖玮、甘萍任主编,由江西现代职业技术学院旅游与航空学院秦菲、欧阳志广、江西经济管理干部学院飞行技术学院徐剑锋、秦龙任副主编,江西现代职业技术学院旅游与航空学院魏涛、刘玮、殷秋君、邹丽君、郑启鸿、杨迪、邱柏青,江西洪都航空工业集团有限公司王阳辉,江西洪都商用飞机有限公司罗震、饶昌华共同参与本书的编写工作。本书微课视频由甘萍、秦菲、刘玮和殷秋君负责及参与拍摄。全书由南昌航空大学徐国立、江西现代职业技术学院李咸浩分别负责专业及思政方面的主审工作。

在本书编写过程中,参阅了国内同行的多部著作,部分高等院校的老师也提出了很多宝贵的意见供我们参考,在此表示衷心的感谢!

由于编写时间仓促,编者的经验和水平有限,书中难免存在不妥和错误之处,恳请读者批评指正。

编 者

为了给相关专业的院校师生提供更多增值服务,我们还特意开通了"建艺通"微信公众号,负责对教材配套资源进行统一管理,并为读者提供行业资讯及配套资源下载服务。如果您在使用本教材过程中,有任何建议或疑问,可通过"建艺通"微信公众号向我们反馈。

"建艺通"微信公众号

目 录

模块一　客舱安全设备保障 ·· 1
　单元一　客舱服务设备安全检查与操作 ······································ 3
　单元二　应急设备安全检查与操作 ·· 8

模块二　客舱安全服务保障 ·· 31
　单元一　机组人员安全职责 ·· 33
　单元二　客舱安全检查服务 ·· 39
　单元三　客舱安全广播与演示服务 ·· 49
　单元四　危险品检查运输服务 ··· 54

模块三　客舱人员安全管理 ·· 66
　单元一　乘务员自我安全管理 ··· 68
　单元二　不同类型旅客的安全管理 ·· 74
　单元三　对旅客威胁客机安全行为的管理 ··································· 89

模块四　客舱应急撤离与求生 ··· 105
　单元一　应急撤离须知 ·· 107
　单元二　应急广播和指挥口令 ··· 116
　单元三　应急撤离程序 ·· 122

单元四　应急求生 …………………………………………………………… 126

模块五　客舱特情处置 …………………………………………………… 144

　　单元一　客舱火灾处置 ………………………………………………………… 146
　　单元二　客舱释压处置 ………………………………………………………… 160
　　单元三　爆炸物处置 …………………………………………………………… 164
　　单元四　其他安全特情处置 …………………………………………………… 173

模块六　客舱急救 ………………………………………………………… 179

　　单元一　机上旅客常见症状的处理 …………………………………………… 181
　　单元二　机上旅客常见病的急救 ……………………………………………… 187
　　单元三　机上外伤的急救 ……………………………………………………… 196
　　单元四　机上烧伤（烫伤）的急救 …………………………………………… 207
　　单元五　机上昏迷与猝死旅客的急救 ………………………………………… 209
　　单元六　机上流产与分娩的急救 ……………………………………………… 215
　　单元七　机上传染病防范 ……………………………………………………… 218

参考文献 …………………………………………………………………… 232

微课视频导航

序号	微课名称	页码	二维码
1	课程思政	前言	
2	服务设备检查	P3	
3	应急设备检查	P8	
4	清舱	P39	
5	客舱安全检查	P40	
6	安全演示	P52	
7	扰乱行为处置——洗手间吸烟	P91	
8	防冲击姿势	P110	
9	有准备陆地迫降	P122	

10	有准备水上迫降	P123	
11	无准备水上迫降	P125	
12	无准备陆地迫降	P125	
13	失火处置——洗手间失火处置	P152	
14	失火处置——行李架内充电宝失火处置	P158	
15	颠簸1	P173	
16	颠簸2	P174	
17	绷带包扎	P199	
18	三角巾包扎	P199	

模块一

客舱安全设备保障

1. 熟悉客舱服务设备和应急设备的种类;
2. 掌握客舱服务设备和应急设备的安全检查与操作。

1. 能够熟练掌握客舱服务设备的安全检查与操作;
2. 能够熟练掌握客舱应急设备的安全检查与操作。

1. 学会查阅相关资料,将资料进行分析与整理;
2. 能够制订学时计划,并按计划实施学习,扎实理论知识的学习;
3. 参与实践,在实践中总结经验教训,提高应变能力;
4. 具有吃苦耐劳、耐心细致的敬业精神。

2015年3月14日，新疆机场公安局接到乌鲁木齐机场报警，有旅客在2505号航班上打开了应急出口安全门。接到报警后，机场公安局民警立即前往机场15号廊桥，将该旅客带回公安局调查。

经调查，该旅客就座于客机的紧急出口座位，在入座时由于没坐稳，顺势拉了旁边窗户上的手柄，本以为可以像公共汽车里的扶手一样触碰，却不料把应急出口安全门打开了。

根据《中华人民共和国治安管理处罚法》第23条第3款规定，扰乱客机或者其他公共交通秩序的，处警告或者200元以下罚款；情节较重的，处5日以上10日以下拘留，并处500元以下罚款。新疆机场公安局依法对其予以行政拘留10日的处罚。

事实上，如果准备充分，处理得当，上述案例中的意外状况是完全可以避免的。那么，作为客机上的服务人员，该如何通过专业的服务避免上述事件的发生呢？

单元一　客舱服务设备安全检查与操作

为保证客舱安全，飞前阶段，乘务员需要对客舱服务设备进行检查。飞前阶段是指舱门还未关闭、飞机还未开始滑行之前的阶段。

一、登机梯

登机梯是供旅客上下客机使用的设备，由客机自备，从客机的内部和外部都可以对其进行控制，如图1-1所示。登机梯存放在登机门下面的隔舱里。该隔舱有一压力门，此门在登机梯启动前会自动打开。

图1-1　登机梯

（1）内部控制。登机梯的内部控制面板在乘务员座椅上方。等客机完全停稳后方可放下登机梯，乘务员将登机梯的收放开关扳至"放出"位置，登机梯指示灯亮，登机梯自动伸出；待指示灯灭后，登机梯放置完毕，乘务员将扶手杆立好，固定登机梯。在客舱内回收登机梯时，乘务员应先把扶手杆取下，将开关扳至"回收"位置，指示灯亮，登机梯自动回缩，待指示灯灭后松开开关，回收完毕。

（2）外部控制。登机梯的外部控制板位于登机门的右下方。乘务员放出登机梯时应先将手柄从控制板拉出，按下手柄的中央按钮，将手柄松开，顺时针旋转手柄，登机梯自动伸开。回收时，先将手柄移出，按下手柄的中央按钮，再逆时针转动手柄，直至登机梯完全收回。

微课：服务设备检查

二、座椅

（1）检查座椅外观（如椅套、座椅部件、装饰板、杂志袋、扶手、搁腿板等）有无破损，如图1-2所示。

（2）确认座椅椅垫齐全，安装到位。

（3）检查座椅调节功能、小桌板功能是否正常。

图1-2　座椅

拓展阅读

紧急出口座位

紧急出口是在紧急情况下帮助旅客快速撤离客机的出口。紧急出口座位，是位于紧急出口边上的一排座椅，一般情况下，紧急出口座位的活动空间要比一般座位的活动空间大。当客机紧急迫降时，坐在紧急出口座位的旅客需要充当乘务员的援助者，协助乘务员帮助机上旅客撤离。所以，紧急出口座位的管理极为重要。

（1）迎客期间，乘务员要第一时间向就座于紧急出口座位的旅客介绍该座位，并强调在正常情况下不要触碰紧急出口的手柄。

（2）请旅客阅读《安全须知卡》，询问旅客是否理解自己的义务并愿意就座于紧急出口座位，得到旅客确认。

（3）当旅客不理解或不愿意履行义务时，乘务员应按照规定更换旅客的座位，确保就座人员有足够的能力充当援助者。

三、控制面板

确认控制面板能正常工作，标示清晰，按键可正常操作，如图1-3所示。

四、通信设备

通信设备是用于客机每个区域之间传递信息的设备系统，它主要包括旅客广播系统、飞行机组呼叫系统和客舱话音记录系统。检查通信设备主要是确认广播、内话系统能正常工作，音质良好，如图1-4所示。

图1-3 控制面板

图1-4 广播、内话系统

> **拓展阅读**
>
> **客舱通信设备简介**
>
> （1）旅客广播系统。旅客广播系统的主要用途是对指定区域的客舱进行广播。广播的话筒安置在驾驶舱和每位乘务员的座位旁。一般情况下，广播的执行者由乘务长选定，广播乘务员要按照航空公司规定的《客舱广播词》的内容进行广播，广播的语言顺序是中文—英文—目的地国家的语言。在任何情况下，都不得让旅客使用客舱上的广播设备。
>
> （2）飞行机组呼叫系统。飞行机组呼叫系统是乘务员与驾驶舱成员之间的通话提醒系统。飞行机组呼叫系统的操作听筒在每个乘务员的客舱服务面板下面，呼叫灯在前后客舱的天花板上，如图1-5所示。驾驶舱内的呼叫面板在驾驶舱的前电子板上。机组成员可以通过系统的声音和灯光指示进行呼叫对话。
>
>
>
> 图1-5 呼叫灯
>
> （3）客舱话音记录系统。通常情况下，客机上都会装有一套客舱话音记录系统。在客机运行时，客舱话音记录系统会自动、连续地记录机组成员发出和接收的话音信号，以便在事故发生后进行事故分析。客舱话音记录系统包括飞行数据记录器、加速度计、飞行数据输入板、管理控制装置等设备。

五、客舱照明设备、影音系统

（1）客舱照明设备是客舱服务设备中重要的组成部分。其特点是数量多、分布广，可由乘务员统一调控，也可由旅客自行调节。检查照明设备主要是检查照明设备是否能够正常开关，并将灯光调节至适中亮度。

（2）检查电视画面是否清晰，影音系统的音质、音量是否良好。

> **拓展阅读**
>
> **客舱照明设备的类型**
>
> 客舱内的照明设备主要包括顶灯、窗口灯、入口灯、工作灯、应急灯和阅读灯等。
>
> （1）顶灯，一般位于行李架舱的顶部和天花板内，用于提供客舱走廊的大面积照明，是客舱内部的主光源。

（2）窗口灯，一般位于窗户上方的侧壁板上，用于提供行李架下方区域的照明。

（3）入口灯，一般位于客舱前后端接近入口处的天花板上，是提供客舱入口照明的主要光源。

（4）工作灯，一般位于乘务员工作台上方的天花板上，主要提供乘务工作台的照明。

（5）应急灯，在紧急情况下，供旅客和机组人员照明用的灯。

（6）阅读灯，一般位于每个旅客座位的头顶上方，当客舱内的灯光强度影响阅读时，可打开阅读灯。

六、行李架

行李架是安装在客舱座位上方，用来存放客机设备、机组和旅客行李或其他物品的装置。每架客机都安装有行李架，根据客机型号的不同，行李架的大小也存在差异。

（1）检查内容。行李架的检查内容如下：

1）确认行李架表面及内部清洁，无损伤。

2）确认行李架盖能正常开关，行李架锁功能正常。

3）航行前将行李架全部开启，让乘客能正常使用。

（2）检查步骤。一般情况下，行李架的检查操作步骤如下：

1）在打开行李架时要小心谨慎，一只手开锁扣，另一只手扶住行李架盖板，慢慢开启直至行李架完全打开，松开盖板前确保无行李滑落。

2）在确认行李全部放置稳妥后再关闭行李架，关闭行李架时乘务员的双手要等距放在行李架盖板的两侧，双臂向下合盖板，盖板完全封闭后再反扣锁扣。反扣锁扣的目的是避免行李架因颠簸等原因开启，行李飞出砸伤旅客。

职场小贴士

应当注意的是，除放置行李外，其他任何时候都应该保持行李架处于关闭状态；开启行李架时要提醒坐在行李架下方的旅客，以防旅客被行李砸伤。

七、厨房设备

客舱的厨房主要用于储备、加工客机上的餐饮。厨房中一般配有烤箱、热水器、餐车、杂物储物柜、废物箱、烧水杯、控制板和服务台照明灯等设备。

在飞行准备阶段，乘务员要对厨房设备进行检查。检查包括以下内容：

（1）检查厨房的电源是否接通，区域内设备是否齐全、有效，供应品的种类、数量和质量是否符合要求，并按规定合理摆放各种设备。

（2）确认烤箱、煮水器、冰箱、咖啡机、储物柜等厨房设备能正常工作。

（3）检查餐车、水车、储物柜的锁扣是否齐全且扣好。

> **职场小贴士**
>
> 乘务员要养成随手扣好锁扣和柜子的习惯，在飞行期间，严格按照各个设备的使用方法操作厨房设备，绝不能偷懒。在客机起飞和降落时，乘务员要关闭厨房内的所有电器设备，避免电源跳闸或厨房失火。

八、卫生间设备

客舱的卫生间由冲水式坐便器、洗手池、镜子、烟雾报警系统、垃圾箱自动灭火系统、乘务员呼叫开关等服务设备组成。

在飞行准备阶段，乘务员应对客舱的卫生间进行严格的检查，及时增补卫生用品及安全须知卡，确认卫生间门、洗手台、储物柜、马桶等设备的外观无破损、无污渍，功能正常。当设备发生异常时，乘务员应立即向乘务长汇报，及时修理、更换卫生间设备，在确保所有设备能正常使用前，客机不能起飞。当卫生间内的设备在飞行中发生异常时，乘务员应立即切断卫生间的供水阀门并在卫生间门口贴上标签，停用卫生间；然后向乘务长汇报，并广播通知旅客。在客机落地后，将设备故障填写在《客舱记录本》上。

九、其他服务设备

1. 门帘

（1）确认门帘安装到位，表面无污渍、破损。

（2）确认门帘挂钩完好，固定门帘的扣带齐全无破损，能正常滑动门帘。

2. 乘客服务组件

确认阅读灯、通风口、呼唤铃、耳机等服务组件的功能正常，使用情况良好。

单元二　应急设备安全检查与操作

应急设备是当客机发生事故时，为了救护和逃生，供机上人员使用的各种装置和系统的总称。客舱的应急设备在一般情况下不会用到，但在客机发生事故时，它对机上人员的安全起到至关重要的作用。

根据规定，所有客机应当装备与载客量相应的、足够并易于取用的应急设备。客舱内的应急设备应该标有明显的指示公告，避免旅客在正常情况下随意使用。

微课：应急设备检查

客舱应急设备的完好是航班飞行安全的保障，乘务员在登机后应根据《客舱设备检查单》对应急设备进行仔细的检查，确保应急设备的正常运行。

一、撤离设备

1. 舱门

舱门是飞机上供人员、货物和设备出入的门。按照试航条款的要求，为保证机上人员安全，乘务员在客机起飞前应对舱门进行二次检查，检查完毕后，飞机方可起飞。

（1）舱门操作程序。客机的舱门有关闭和开启两个操作程序。

1）关闭舱门。在旅客登机完毕后，乘务员要按以下步骤关闭客舱舱门：按下门锁，松开门闩→握住门闩，将手柄拉到与箭头相反的方向→松开手柄，将舱门推到关闭位置→握住手柄，沿箭头相反方向转动180°后，舱门上锁。

2）开启舱门。在客机着陆后，乘务员可以按以下步骤从客舱内部开启舱门：按舱门上的箭头方向，转动手柄至180°→先将舱门推进客舱，再向外移动→将门推动打开，当开至与机身平行位置时，通过舱门上部的门闩装置使舱门固定。

（2）舱门检查。舱门检查包括以下内容：

1）检查是否能正常打开或关闭舱门，舱门有无损坏，如图1-6所示。

2）关闭舱门后，推动舱门确认是否关闭到位，并检查舱门有无夹带物品。

图1-6　飞机舱门

3）检查各舱门状况是否正常，确认滑梯压力指针在绿色区域内（滑梯压力正常，能保证舱门应急滑梯在 5～8 秒内快速充气，让乘客迅速逃离）。

（3）舱门安全操作要求。

1）舱门的正常开/关、滑梯的待命、解除待命，应严格按照"两人制"（一人监控一人操作）操作要求执行，监控者与操作者应保持可控距离，以防误操作时能及时制止。

2）舱门操作为"乘务工作的重要阶段"，此阶段不应受任何其他因素的影响。

3）在航班正常运行的过程中，舱门的开启、关闭、滑梯的待命、解除待命，必须由责任乘务员完成，严禁代操作。

4）任何舱门的正常开/关都需向客舱经理/乘务长汇报，在得到许可后方可操作。

5）客舱具备舱门监控系统的飞机，客舱经理/乘务长应在舱门的开启、关闭、滑梯的待命、解除待命前，将前乘务员面板调整到舱门页面，并与驾驶舱做好汇报与确认。

6）舱门正常开启前，责任乘务员必须在得到机外工作人员给出可以开门的提示，且确认舱门内、外均已安全后，按"两人制"的要求开启舱门。

7）舱门关闭后，必须按照机型要求检查确认舱门已经锁闭。

8）舱门关闭后如需重新开启舱门时：

①客舱经理/乘务长必须请示机长。

②所有滑梯必须解除待命，并进行确认。

③在重新停靠廊桥或客梯车的情况下，责任乘务员必须按照上述第 6）款开启舱门；在不需要重新停靠廊桥或客梯车的情况下，责任乘务员需通过观察窗，看到地面机务给出机外已安全的提示后，确保舱门内、外均已安全后，按"两人制"的要求开启舱门。

9）如舱门需由机务人员从外部打开，则客舱乘务员应给出"大拇指向上"的手势，表明所有舱门已解除待命，可以打开舱门。

职场小贴士

驾驶舱舱门管理

驾驶舱舱门是安装在客舱和驾驶舱之间的可锁门。正常情况下，客机运行后，驾驶舱舱门会自动锁定关闭。机组成员可以通过舱门外部的请求进入键请求进入驾驶舱，机长通过可视设备或其他程序，确认请求者的进入资格。

（1）驾驶舱舱门必须具备以下功能：

1）供机组成员正常出入驾驶舱。

2）驾驶舱失压时快速卸压。

3）阻挡非机组成员进入驾驶舱。

4）显示舱门开启或关闭状态。

（2）允许进入驾驶舱的人员包括：

1）机组成员，即飞行期间在客机上执行任务的航空人员。

2）正在执行任务的中国民航管理局监察员或民航局委任代表。

3）得到机关长允许且在进入驾驶舱后对客机安全运行有益的人员。

4）经机长同意，并经航空公司特别批准进入驾驶舱的其他人员。

当飞行机组成员离开驾驶舱时，应首先同乘务员联系，由乘务员通知航空安全员到驾驶舱门口保护监控。乘务员应拉上服务间与客舱之间的隔帘，将餐车横向挡住服务间的通道，踩好刹车。在完成上述程序后，乘务员通过内话系统报告驾驶舱，飞行机组成员在观察确认后，方可打开驾驶舱舱门。

航空安全员在飞行机组成员离开驾驶舱的时间里必须停留在舱门前，确保无机组成员以外的人员进入驾驶舱。

2. 应急出口

应急出口是指在客机遇有危险情况需要紧急撤离时，为了减少机内人员在客舱内的滞留时间而开启的客舱出口，如图1-7所示。根据规定，每个应急出口，包括驾驶舱应急出口在内，必须是机壁上能通向外部的无障碍的活动舱门或带盖舱口，该出口在正常情况下不得开启。

每架客机根据乘坐旅客的座位数，安排一定数量的应急出口。应急出口一般位于客机机身的前段、中段和后段，有醒目的标志，并配有相应的应急滑梯和应急绳。应急出口必须具有能够观察外部状况的设施，该观察设施可以设置在出口或者与出口相连。每个应急出口必须能从客机的内外两侧开启，如果驾驶员能够方便且迅速地接近客舱内的应急出口，则驾驶舱内的应急出口可仅从内侧开启。

图1-7 应急出口

当发生意外事故时，只要将应急门上的拉手拉到应急打开位置，应急门就会打开，并敞开应急出口，如图1-8所示。开启应急出口后，机上人员应迅速疏散到机外。

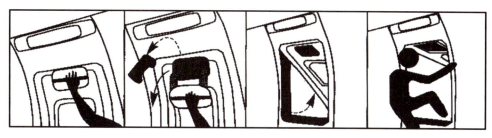

图1-8 应急出口操作步骤

拓展阅读

客机上不配备降落伞的原因

（1）跳伞所需的专业知识比较多，必须经过训练才能掌握跳伞方法。
（2）穿戴过程复杂，如遇紧急情况会耽误逃生。
（3）伞包体积较大，质量较重，座位底下没有空间安放。
（4）飞机失事通常都是在瞬间发生的，即使每位乘客都拥有降落伞，也来不及完成跳伞的准备工作。
（5）民航飞机飞行高度一般在万米以上，不适合跳伞。
（6）开伞时，伞对人的瞬间拉力可能会对某些身体条件较差的人产生致命危险。

3. 应急滑梯

由于现代大型客机的舱门离地有3～4米的距离，为了保证应急迫降时旅客能够迅速撤离客机，客机的每个应急出口和客舱舱门处都备有相应的应急滑梯。应急滑梯由滑梯、充气瓶、连杆和操作手柄组成，折叠镶嵌在应急门、客舱舱门内部。

应急滑梯有"预位"和"解除预位"两种工作模式。乘务员可以通过操作手柄使滑梯处于不同的工作状态。每次关闭舱门后，乘务员会旋转手柄到"预位"挡。当遇到紧急情况机上成员需要紧急撤离时，在乘务员打开舱门的同时应急滑梯会自动充气膨胀并冲出舱外。机上成员可以顺着应急滑梯从客机上滑下，迅速、安全地撤离到地面。

在飞机落地后开启舱门前，乘务员会旋转操作手柄至"解除预位"挡，此时打开客舱舱门，应急滑梯不会被放出。

当客机在水上迫降时，应急滑梯还可作为救生筏使用。

4. 应急灯

应急灯主要包括出口标识灯、地板灯、走廊灯等，分散安装在客舱的顶部和地板上，如图 1-9 所示。在紧急情况下，应急灯可以帮助旅客和机组成员看清走廊，指出所有出口的方向，迅速撤离。检查应急灯主要是确认应急灯能够正常开关。

图 1-9　应急灯

5. 救生船

救生船又称为救生艇，是当飞机迫降在水面时应急脱离飞机所使用的充气艇。平时，救生船不充气，并且折叠包装好以后储存在机舱顶部的天花板内，需要时可立即取出并充气使用。现代客机所携带的救生船数量根据飞机的载客数量而定，标牌上标示存放有救生船。救生船的位置需参照便携式应急设备的位置，一般救生船可容纳 25 人并配有供海上使用的天棚、天棚支杆（3 根）、海锚、扶手、救生筏专用刀、救生索、遮棚、系留绳、手动充气泵等。

救生船的操作如下：

（1）当需要使用救生船时，机组成员应先将救生船取出并搬到机上出口处。

（2）找到救生船端部的小红布，将其揭开，适当拉出白色的绳子，注意不能将绳子全部拉出，否则救生船会立即充气堵塞出口。

（3）将绳子系在机上出口处的牢固装置上，把救生船投入水中，用力拉出全部绳子，使救生船充气。

（4）待救生船充气完毕后，请旅客登船。为防止救生船在客机沉没时被吸入水中或损坏，在全部人员上船后，机组成员应立即解开或用小刀割断绳子，使救生船脱离客机。

> **职场小贴士**
>
> 救生船由两个相互独立的充气气囊组成，其充气时间为 30 秒。

6. 救生衣

救生衣是飞机在水面迫降后，供单人使用的水上救生器材，可以确保紧急情况下旅客在水中的安全。在每一位旅客的座位底下都储藏有用于水上迫降的救生衣，机组救生衣是红色或橘黄色，旅客救生衣是黄色，如图1-10所示。救生衣上的主要组件包括救生圈、带锁扣和拉片的腰带、气体充气系统、口部充气系统、水激发灯光组件、口哨。除此之外，民航飞机上前排或后排的行李架上还储藏着集成包装的儿童救生衣和婴儿救生衣，供水上迫降的紧急情况下使用。在救生衣上同时标有使用说明书，而且乘务员会给旅客做示范。

图1-10　救生衣

成人救生衣提供给客舱内的成年人使用。使用时，先取出救生衣，经头部穿好；将带子从后向前扣好系紧，并将多余的带子系在后腰处；拉动救生衣两侧的充气阀门，便可使救生衣充气膨胀；充气不足时，可将救生衣上部的人工充气管拉出，用嘴向里面吹气。救生衣上设有触水式救生定位指示灯，用于在夜间确认落水旅客的方位，救生定位指示灯可持续闪亮8～10小时。

航空公司规定，1周岁以下的儿童穿戴婴儿救生衣，1周岁以上的儿童穿戴成人救生衣。成人应在穿好成人救生衣后，再帮助儿童穿戴救生衣。穿戴时先将救生衣经儿童的头部穿好，带子绕过儿童的腿部扣好系紧；拉动充气阀门给救生衣充气；当充气不足时，拉出人工充气管，用嘴向里面吹气。婴儿救生衣应和监护人的救生衣系在一起。

乘务员在飞机起飞前应确认客舱内每个座椅下都备有救生衣并固定完好，并检查救生衣的外包装是否完好无损。

职场小贴士

穿戴救生衣时应注意以下几点：

（1）穿好救生衣后，不要在客舱内充气，应等到离开客机后再充气。

（2）救生衣充气完毕后，不要用手按住人工充气管的顶部，这样会放出救生衣内的空气。

（3）除非救生船已损坏，否则不要尝试穿救生衣游泳。

7. 救生包

每个救生船上都有一个救生包，如图1-11所示，救生包一般存放在客机前、后舱的行李架上。出现紧急情况时，救生包由乘务员负责带离客机。救生包内一般放有昼夜信号弹、人工充气泵、信号反光镜、海水染色剂、海水手电筒、药用包、修补钳、救生船使用手册、饮用水、小刀、舀水桶、吸水棉、安全灯棒等，见表1-1。

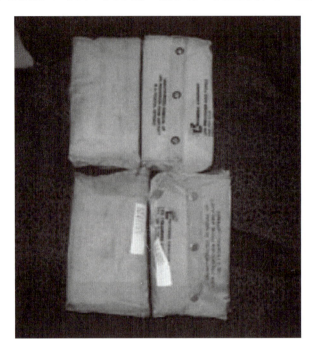

图 1-11　救生包

表 1-1　救生包内物品简介

项目	内容
昼夜信号弹	昼夜信号弹是在客机应急迫降后向外界发出紧急信号的设备。昼夜信号弹为筒状柱体，一端盖面平滑，另一端盖面有突出的圆点。平滑的一端用于白天发射信号使用，使用时弹筒内会发射出橘红色或红色的烟雾，并持续20秒，晴朗无风的条件下可在15～18千米外被看到。有圆点的一端用于夜晚求救时使用，使用时可发射出闪亮的红色火光，并持续20秒，晴空的夜晚可在4～6千米外被看到。 只有当搜救人员接近时，才可以使用昼夜信号弹。使用时，使用人应戴上手套，确认使用的端头，将其竖直握在手中；打开盖子，拉出昼夜信号弹中的环形导火线引燃信号弹。在水上使用昼夜信号弹时应站在船的下风侧，为防止引燃后的燃烧屑烧坏救生船，昼夜信号弹发射时应将手伸出船外，与水平方向呈45°角。陆地使用时选择高且开阔的地带即可
人工充气泵	人工充气泵主要用来给救生船的气囊充气。救生船的气囊阀门分为插入式和拧入式两种。充气时，必须保证气囊的阀门处于打开位置，再将阀门连接人工充气泵，充气完毕后关闭阀门

续表

信号反光镜	信号反光镜是通过向过往的飞机或船只反射太阳光来发出求救信号的设备。信号反光镜的反光视程超过 23 千米。信号反光镜可反复使用，是实用性极强的野外求生工具。 使用时，先用信号反光镜将太阳光反射到一个近处的物体表面，再渐渐将镜子向上移到视线水平处，此时可通过小孔观察到一个光亮点，此点即为目标的指示点；然后慢慢转动身体调节信号反光镜的方向，使目标指示点落在来往的飞机或船只上，以此引起目标的注意。为防止丢失，可将信号反光镜挂在手腕或脖子上
海水染色剂	海水染色剂是一种可以将海水染色的化学药品，将其洒在救生船的周围，可以使救生船附近 300 米的海域染成荧光绿色。天气晴朗时，作用时间可持续 45 分钟；遇大浪时作用时间可持续 15 分钟。注意，每次应只使用一个海水染色剂
海水手电筒	海水手电筒是用于海上照明和发出求救信号时使用的设备，通常在 15 千米的海域内可以看到光亮。海水手电筒的发电原理与电池相似，在海水手电筒的内部有一根电解棒，当向海水手电筒内灌入海水时，电解棒会分解海水中的电离子，使其形成正负极，从而产生电流，海水手电筒便会发光。当光亮减弱时，可向海水手电筒内重新加入海水，就能保持持续照明
药用包	每个救生包内都有一个药用包，主要用于救助因客机迫降而受伤的人员。药用包中存有烧伤药膏、消毒棉擦、晕船药、绷带、胶布以及淡水净化药片（用于净化淡水，不可吞服）等
修补钳	修补钳可用于修补破损救生船的漏洞。使用时，首先将修补钳下部的垫片穿入破损口；然后面向内层将垫片放平，将上方的盖片压下，盖好密封；最后将螺母拧紧，把中间用于固定的铁丝向内弯曲，以防再次划伤船面

8. 应急定位发射机

应急定位发射机简称 ELT，是客机上的应急通信设备，具有自动向卫星发送地点信号的功能，可用于客机发生事故后的应急定位，有助于搜救工作。应急定位发射机采用自浮式双频率电台，电台发射频率为 121.5 MHz 和 406.082 MHz。这些频率是国际民航组织通用的遇难时发出求救信号的频率。应急定位发射机的使用时间为 48 小时，作用范围大约为 350 千米。

在水中使用应急定位发射机时，先取下应急定位发射机的袋子，将尼龙绳的末端系在救生船上，然后将应急定位发射机扔入水中。5 秒后天线自动竖起，应急定位发射机开始工作并漂到绳端处。关闭时，将应急定位发射机从水中取出，天线折回，躺倒放置。

在陆地使用应急定位发射机时，要选取开阔地带。取下应急定位发射机的袋子，解开尼龙绳，割断水溶带，拨直天线，将袋子内装入一半的电解质液体（如湖水、溪水、咖啡、果汁、尿液等），把应急定位发射机放入袋子内。关闭时，将应急定位发射机从袋子中取出，天线折回，躺倒放置。

使用应急发射定位机时应注意以下几点：
(1) 在淡水中，应急定位发射机要 5 分钟后才开始工作。
(2) 袋子内只能放电解质液体。
(3) 陆地使用时，应急定位发射机不要倒放、躺放。
(4) 每次应只使用一个应急定位发射机。

二、供氧设备

1. 氧气瓶

民航飞行中在应急情况下使用的氧气瓶为手提式氧气瓶，主要用于飞行时在飞机座舱内游动医疗救助，每一个氧气瓶都是一个独立的氧气系统。手提式氧气瓶多是高压氧气瓶，在 21.11 ℃ 时其充气压力达到 1 800 psig。

手提式氧气瓶结构如图 1-12 所示。

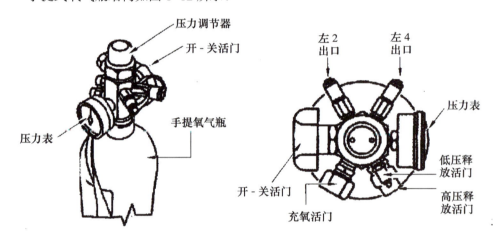

图 1-12　手提式氧气瓶结构

氧气瓶上有压力表，显示氧气瓶的压力，同时也显示了氧气瓶内的氧气量。关断活门用于控制高压氧气瓶供到头部连接组件。氧气瓶头部连接组件内有压力调节器，可以调节供往氧气面罩的压力和流量。关断活门时，顺时针方向转动是关闭，逆时针方向转动是打开。只有插入氧气面罩，接头才会有氧气流到氧气面罩。

氧气瓶的使用时间受氧气瓶的标定压力、氧气瓶的容量和供氧时高度三个因素影响。不同机型的手提氧气瓶容量是不同的，氧气瓶容量分别为 311 升、310 升和 120 升。

(1) 手提式氧气瓶操作。

1) 311 升的氧气瓶使用高流量出口（HI），流量为每分钟 4 升，使用时间 77 分钟；使用低流量出口（LO），流量为每分钟 2 升，使用时间 155 分钟。

2) 310 升的氧气瓶使用高流量出口 FI（HI），流量为每分钟 4 升，使用时间 77 分钟，使用低流量出口（LO）；流量为每分钟 2 升，使用时间 155 分钟。

3）120升的氧气瓶使用高流量出口（HI），流量为每分钟4立升，使用时间30分钟；使用低流量出口（LO），流量为每分钟2升，使用时间60分钟。

（2）手提式氧气瓶检查。

1）检查氧气瓶是否在位、固定牢固，并清点数量。

2）确认每个氧气瓶都对应配有一个适用且包装完好的氧气面罩。

3）检查氧气瓶压力表是否处在1 800磅/平方英寸（约126.55千克/平方厘米）位置（红色区域），确认氧气瓶压力正常，确认开关阀门处于"关"的位置。

> **职场小贴士**
>
> 使用手提式氧气瓶时应注意：氧气面罩要完好，使用前要进行消毒清洁。避免氧气与油或脂肪接触，擦掉浓重的口红或润肤油。开氧时速度要慢，边开边询问旅客的感觉，直到旅客感觉合适为止。肺气肿患者要使用低（LO）流量。氧气用到500 psi时，停止使用，便于紧急情况下机组、乘务员使用。

2. 氧气面罩

氧气面罩是在客舱释压的紧急情况时为乘客及客舱乘务员提供氧气的工具，当座舱高度达到14 000英尺时，氧气面罩储藏箱的门自动打开，氧气面罩会自动脱落。氧气面罩由化学氧气发生器、化学氧气组件安装盒及盖子、系紧绳、柔性供应软管、氧气面罩、氧气储存袋、流动指示器等组成（图1-13）。乘客氧气面罩位于每一排乘客座椅上方氧气面罩储藏箱内和洗手间马桶上方及客舱乘务员座椅上方。

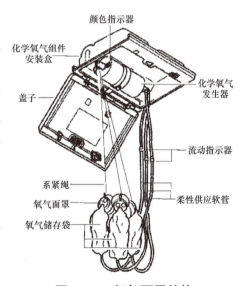

图1-13 氧气面罩结构

（1）氧气面罩的操作。氧气面罩的氧气由氧气面罩储藏箱内的化学氧气发生器提供。氧气面罩储藏箱的门有三种方式可以打开。

1）自动方式。当客舱释压后，氧气面罩储藏箱的门自动打开，氧气面罩自动脱落。

2）电动方式。当自动方式失效后，在任何高度由机组操作驾驶舱内的一个电门，氧气面罩储藏箱的门也可以打开，氧气面罩自动脱落。

3）人工方式。当自动和电动方式都无法打开氧气面罩储藏箱的门时，可采用人工方式，客舱乘务员可以使用尖细的物品，如笔尖、别针、发卡等打开氧气面罩储藏箱的门，使氧气面罩自动脱落。

（2）氧气面罩的使用方法。

1）当氧气面罩脱落后，用力拉下面罩。

2）将面罩罩在口鼻处。

3）把带子套在头上。

4）进行正常呼吸（图1-14）。

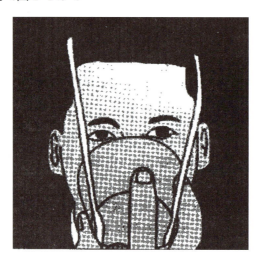

图1-14　氧气面罩的使用方法

职场小贴士

使用氧气面罩时应注意以下几点：

（1）每一排乘客人数不得超过氧气面罩数量。

（2）氧气面罩只有在拉动面罩后才开始工作，拉动一个面罩可使该氧气储藏箱内所有的面罩都有氧气流出（氧气流动时间为12分钟，不能关闭）。

（3）化学氧气发生器工作时间不要用手触摸，以免烫伤。

（4）氧气面罩不能做防烟面罩使用，不要将使用过后的氧气面罩放回储藏箱内。

三、灭火设备

当客机在空中飞行时，发生在客舱内最危险的事故莫过于火灾。现代民航客机为防止火灾的发生及火灾无可避免时能够更好地帮助旅客逃生，都会装备灭火设备。

1. 手提式灭火瓶

根据相关规定，客舱内必须配备与客机旅客座位数量相应的手提式灭火瓶，这些手提式灭火瓶应当均匀地分布在客舱内便于乘务员取用的地方，其配备数量应符合表 1-2 的要求。

表 1-2　手提式灭火瓶的配备数量

旅客座位数 / 座	手提式灭火瓶的最少数量 / 个
7～30	1
31～60	2
61～200	3
201～300	4
301～400	5
401～500	6
501～600	7
601 以上	8

手提式灭火瓶是客舱内的主要灭火设备，最常见的是海伦灭火瓶和水灭火瓶。

（1）海伦灭火瓶。海伦灭火瓶适用于所有类型的火灾，最适合电器、燃油和润滑油脂引起的火灾。如图 1-15 所示，海伦灭火瓶由释放喷嘴、手柄、压力表、安全锁销、触发器（释放活门）和装海伦（卤代烷）灭火剂的瓶体组成。

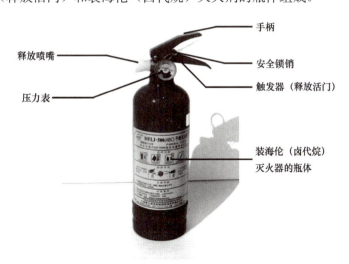

图 1-15　海伦灭火瓶

使用海伦灭火瓶时应先竖直握住瓶体，快速拔下安全锁销。把海伦灭火瓶拿到距离火源约2米的地方，将喷嘴对准火源根部，压下触发器由外向里做圆圈状喷射海伦灭火剂。每按压一次，海伦灭火剂可持续喷射9～12秒，其喷射距离为1.5～2米。海伦灭火瓶可反复多次按压，直至海伦灭火剂用完。

职场小贴士

使用海伦灭火瓶时应注意以下几点：

（1）海伦灭火瓶喷出的海伦灭火剂，可以隔绝空气使火扑灭。大多时候，在失火物表层的火被扑灭后，里层仍有余火，所以使用海伦灭火瓶将物体表层的火扑灭后，还应用水将失火物浸透，确保里层没有余火残留。

（2）海伦灭火瓶不能用于扑灭人身上的火，以免造成窒息。

（3）灭火时，海伦灭火瓶的瓶体不要横握或倒握。

（4）乘务员应在飞行前着重检查海伦灭火瓶的存放位置和存储状态，确保海伦灭火瓶存放得当，安全锁销完好无损，压力表指针指向绿色区域。

（2）水灭火瓶。水灭火瓶只适用于一般性物质（如纸屑、木制品、纺织物等）失火的处理，如图1-16所示，水灭火瓶由触发器、释放喷嘴、手柄、快卸固定夹、装水灭火剂的瓶体构成，由于水灭火瓶处理火灾的种类单一，现在的客机上很少配备水灭火瓶。

一般情况下，水灭火瓶的筒芯是堵住的。在使用水灭火瓶前，应先将手柄顺时针方向转到底，听到"咝"的一声，表示筒芯被刺穿，方可使用水灭火瓶。使用时，将水灭火瓶拿至距离火源约2米的位置，压下触发器，喷嘴对准火源根部喷射。水灭火瓶的有效工作范围为2～2.5米，每按压一次可持续喷射20～25秒。灭火时可反复按压水灭火瓶，直至灭火剂用完。

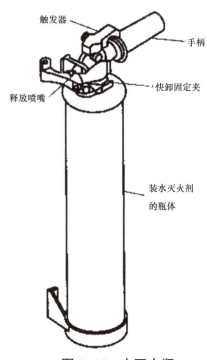

图1-16　水灭火瓶

> **职场小贴士**
>
> 使用水灭火器时应注意以下内容：
> （1）水灭火瓶不能用于可燃性液体和电气失火。
> （2）灭火时，水灭火瓶的瓶体不要横握或倒握。
> （3）水灭火瓶内的水灭火剂不能饮用。
> （4）乘务员应在飞行前着重检查水灭火瓶的存放位置和存储状态，确保水灭火瓶存放得当，铅封处于完好状态，无损坏。

2. 卫生间灭火系统

卫生间灭火系统包括烟雾报警系统和自动灭火系统两部分。

（1）烟雾报警系统。烟雾报警系统可以及早发现突发的火情并自动发出警报，它包括烟雾感应器（图1-17）和信号显示系统。烟雾感应器安装在卫生间的顶部，当卫生间内的烟雾达到一定浓度时，通过它的感应传给信号显示系统。当洗手间内的烟雾达到一定浓度时，探测器将自动启动，洗手间内的报警扬声器会自动发出连续不断的"叮咚"报警声，同时洗手间门外壁板上的红色报警指示灯闪亮，在前乘务员控制面板及后乘务员显示面板处的 SMOKE LAV 灯亮，位于客舱天花板上的区域呼叫显示灯的黄色灯亮。当需要关断信号系统时，按下感应器侧面的按钮，即可截断声音，关闭指示灯，再次感应烟雾情况。主任乘务长登机时要检查主控板显示灯状态，各舱位负责洗手间的乘务员要检查烟雾报警器有无覆盖物，待命状态是否良好。需要说明的是，烟雾报警器在正常工作时，有一个绿色的能量指示灯亮；如果此灯不亮，代表烟雾报警器不能正常使用。此时如果在地面，乘务员要填写客舱记录本，报告机长，并通知维修人员进行维修；如果在空中，乘务员要检查洗手间垃圾箱有无火情，并锁上该洗手间的门，贴上不能使用标签，并填写客舱记录本。

图1-17　烟雾感应器

（2）自动灭火系统。飞机卫生间的盆池下面都有一个自动灭火装置，里面包括一个海伦灭火器和两个指向废物箱的喷嘴，当达到一定温度时，两个喷嘴会向废物箱内喷射海伦灭火剂。通常情况下温度显示器为白色，两个喷嘴用密封剂封死，当环境温度达到77℃～79℃时，温度指示器由白色变成黑色，喷嘴的密封剂自动溶化，灭火器开始喷射，当灭火剂释放完毕后，喷嘴尖端的颜色为白色。飞机起飞前，应检查温度指示器是否为白色圆点，如果不是，要报告机长和地面机务人员。

3. 防烟面罩

防烟面罩（图 1-18）是供机组人员在客舱封闭区域失火和有浓烟时使用的，它可以保护机组人员或灭火者不受烟雾、毒气对眼睛、呼吸道等部位的伤害。飞机起飞前，应检查防烟面罩是否在位并清点数量，检查防烟面罩的包装是否密封完好。

紧急情况下，机组人员或灭火者戴上面罩后可以通过面罩前部的送话器与外界联系，当氧气充满面罩时，面罩应为饱满状态；当氧气用完后，由于内部压力较小会导致面罩开始内吸。应学会辨别这种状况。

图 1-18　防烟面罩

防烟面罩的使用时间为 15 分钟（平均为 15 分钟，呼吸快时可能有灰尘感和咸味，时间相对要短一些）。氧气是靠防烟面罩上的化学氧气发生器提供的，当拉动调整带触发拉绳被断开后，发生器中的化学元素发生了化学反应并释放出热量，使化学氧气发生器中的温度上升并与使用者呼出的二氧化碳反应，化学发生器开始工作，产生氧气。

防烟面罩的使用方法：打开包装盒→取出防烟面罩并展开→撑开密封胶圈（大小与头同大）→戴上防烟面罩→整理面罩位置→系紧固定拉绳，拉动触发绳→开始供氧。

> **职场小贴士**
>
> 使用防烟面罩时应注意以下几点：
> （1）必须在无烟区穿戴好。
> （2）头发必须全部放入面罩内，衣领不要卡在密封胶圈处。
> （3）当呼吸困难时，可能是氧气用完或穿戴不当。
> （4）当面罩开始内吸时，使用时间已到，应迅速到安全区摘下面罩。
> （5）如果戴着眼镜使用，戴好后要在面罩外面调整眼镜位置。

4. 防烟镜

当烟雾充满驾驶舱时,防烟镜可以保护驾驶员的眼睛不受伤害。使用时,将防烟镜的密封边紧贴在眼部,橡胶带拉至脑后,再配合氧气面罩一起戴在脸上,如图1-19所示。

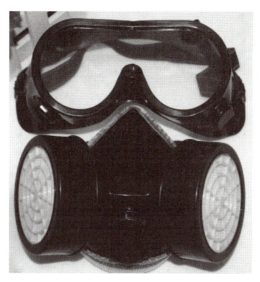

图 1-19　防烟镜

5. 防火衣

防火衣放置于飞机L4门上方的储藏箱内,用于灭火时使用。在进入火场前,灭火者应先穿戴好防火衣,再进入着火区域,防火衣可以保护灭火者的四肢躯干不受侵害。

6. 防护手套

防护手套具有防火隔热的作用,与防火衣一起放置于飞机L4门上方的储藏箱内,在驾驶舱失火时,驾驶员可穿戴防护手套继续操作客机或抓取高温金属及易燃物件。

四、急救设备

1. 急救箱

急救箱(图1-20)用于乘客或机组人员受伤止血、包扎、固定等应急处理。急救箱适用于机上出现外伤或需取用其中用品时。使用前一定要详细询问病人的病史、过敏史等。经过急救训练的客舱乘务员、在场的医务人员或经过专门训练的其他人员均可打开并使用急救箱里的物品,但非本航班的客舱乘务员应在打开箱时出示相关的证书证件,用后客舱乘务员要做好相应记录,按公司要求,乘务长或机长应在记录单上签字。急救箱内配备了相应药品和医疗器械,见表1-3。飞机起飞前应检查急救箱是否在位且固定完好,清点数量,确认急救箱外壳是否完好,保证箱内用品的使用时间在有效期内。

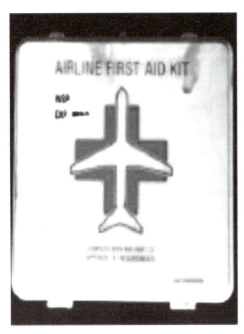

图 1-20　急救箱

表 1-3　急救箱内配备物品清单

物品	数量
绷带，3 列（5 厘米）、5 列（3 厘米）	各 5 卷
敷料（纱布），10 厘米×10 厘米	10 块
三角巾（带安全别针）	5 条
胶布，1 厘米、2 厘米（宽度）	各 1 卷
动脉止血带	1 条
外用烧伤药膏	3 支
手臂夹板	1 副
腿部夹板	1 副
医用剪刀	1 把
医用橡胶手套	1 副
皮肤消毒剂及消毒棉	适量
单向活瓣嘴对嘴复苏面罩	1 个
急救箱手册（含物品清单）	1 本
事件记录本或机上应急事件报告单	1 本（若干页）

机载急救箱的数量因乘客座位数的多少而不同。每架飞机在载客飞行中所配急救箱的数量不得少于表 1-4 的规定。

表 1-4 急救箱配备数量

乘客座位数	急救箱数量
100 以下（含 100）	1
101～200	2
201～300	3
301～400	4
401～500	5
500 以上	6

2. 卫生防疫包

卫生防疫包（图 1-21）是用于清理客舱内血液、尿液、呕吐物和排泄物等潜在传染源（鼠疫、肝炎、流感等）的设备，一般存放在客机前、后排的行李架或储藏柜里。每架客机配备的卫生防疫包的数量不得少于每 100 个旅客座位 1 个（100 座以内配 1 个），卫生防疫包应具备防尘、防潮的功能，其存放位置应避免高温或低温环境。

图 1-21 卫生防疫包

卫生防疫包内应至少配备表 1-5 所列的物品。

表 1-5 卫生防疫包的物品

物品	数量
液体、排泄物消毒凝固剂	100 克
表面清理消毒剂	1～3 克
皮肤消毒擦拭纸巾	10 块
医用口罩和眼罩	各 1 个
医用橡皮手套	2 副

续表

防渗透橡胶围裙	1 条
大块吸水纸巾	2 块
便携拾物铲	1 套
生物有害物专用垃圾袋	1 套
物品清单和使用说明书	1 份
事件记录本和机上应急事件报告单	1 本（若干页）

在使用卫生防疫包清理客舱内的潜在传染源时，乘务员可按以下步骤操作：

（1）取出卫生防疫包，依次戴上口罩、眼罩、手套、围裙。

（2）取一片表面清理消毒片，放入 250～500 升水中，配置成 1∶500～1∶1 000 浓度的消毒液。

（3）将消毒液均匀覆盖于污染物表面 3～5 分钟，该消毒液会使污染物固化，并对被污染的位置初步消毒。

（4）拿出便携式拾物铲，将固化污染物铲入生物有害物专用垃圾袋里。

（5）用泡过消毒液的吸水纸对被污染的位置进行再次消毒，此过程可重复多次，每次应尽量保持 5 分钟。

（6）用清水清洗被污染的位置，之后把所有物品全部放入生物有害物专用垃圾袋中。

（7）在生物有害物专用垃圾袋的封口处贴上"生物有害物垃圾"的标签，并将该垃圾袋放置在一个不会对客舱环境造成污染的空间。

（8）在客机降落后，生物有害物专用垃圾袋由机长通知地面相关部门接收和处理。

五、其他应急设备

1. 安全带

安全带是安装在座椅上的一套安全设备。在飞机滑行、起飞、颠簸、着陆的过程中以及"系好安全带"灯亮时，所有人员都必须系好安全带。

（1）成人安全带。成人安全带如图 1-22 所示，是供正常的成年人使用的安全带。

（2）婴儿安全带。婴儿安全带如图 1-23 所示，是供两岁以内的未成年人使用的安全带。

（3）乘务员安全带。乘务员安全带如图 1-24 所示，是由腰部安全带和肩部安全带组成，乘务员折叠座椅下部都有弹簧负载使其成垂直位置并装有限制装置。腿部有安全带的固定器，在每个带子顶端装有惯性的卷轴肩带，在每个带子靠近腰部处装有金属调节扣，可用来调节与腿部安全带相连的肩带。

图 1-22 成人安全带

图 1-23 婴儿安全带

图 1-24 乘务员安全带

（4）加长安全带是为了延长正常安全带的长度而接在座椅安全带上的带子，专门供给标准座椅安全带长度不够用的旅客使用。要注意的是，必须与该机型飞机上的乘客安全带相匹配，不用于乘务员折叠座椅。

职场小贴士

系安全带的规定

（1）在下列情况下检查或广播通知乘客系好安全带：

1）滑行、起飞和着陆前。

2）"系好安全带"信号灯亮时。

3）遇有颠簸。

4）夜间飞行。

5）遇有劫机。

6）紧急下降。

（2）起飞后，在"系好安全带"信号灯熄灭时，为了防止突然的颠簸，仍应通过广播要求乘客继续系好安全带。

（3）客舱乘务员座席可面向飞机前方或后方，其位置应尽可能地靠近地板高度出口，而且应在整个客舱内均匀分布，以便客舱乘务员在应急撤离时最有效地疏散旅客。在滑行期间、起飞和着陆过程中，或空中"系好安全带"信号灯亮或接到机长指令时，除了在完成保障有关飞机和机上人员安全的任务外，客舱乘务员应当在其值勤位置坐好，并系好安全带和肩带。

（4）客舱乘务员在进行客舱安全检查时，应确认空座位上的安全带是在固定位置（包括客舱乘务员座席的肩带和安全带）。

（5）机上遇有腰围较大的乘客，应提供加长安全带。

（6）机上遇有带婴儿的乘客，应提供婴儿安全带。

2. 麦克风

麦克风是用于在应急情况下指挥旅客的广播系统，可以在客舱内外使用。使用时将麦克风取下，将喇叭面向乘客，按下送话键。

3. 应急救生斧

应急救生斧是在紧急情况下清理障碍物及灭火时使用，可用于劈凿门窗、舱壁。应急救生斧手柄包裹着橡胶绝缘材料，足以耐 2 400 伏电压，以防止与电线接触时遭电击。刀口有一个防护套，以防不使用时误伤人。

4. 安全演示包

安全演示包是乘务员进行客舱安全演示时使用的物品，包内一般放有旅客救生衣、氧气面罩、安全带及安全须知卡。安全演示包一般存放于乘务员座位附近的存储柜或行李架。客机飞行前，乘务员应检查安全演示包的存放位置，核实包内物品是否齐全。

5. 手电筒

飞机上的手电筒如图 1-25 所示，飞机起飞前，乘务员应检查手电筒是否在位并清点数量，确认手电筒能正常使用，灯光亮度适中。

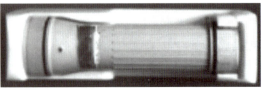

图 1-25　手电筒

6. 安全须知说明

飞机起飞前，乘务员应检查各种须知说明，包括以下内容：

（1）确认每个座椅背后的须知说明 [如安全须知（图 1-26）、出口座位旅客须知卡（图 1-27）] 是否配备齐全，无损坏。

（2）检查各须知说明与航班机型是否匹配。

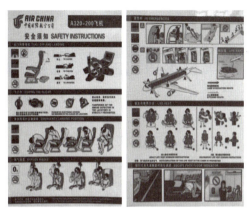

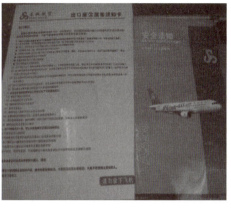

图 1-26　安全须知　　　　　图 1-27　出口座位旅客须知卡

> **拓展阅读**
>
> ### 应急设备标识
>
> 客舱应急设备标识及其中英文名称如图 1-28 所示。
>
>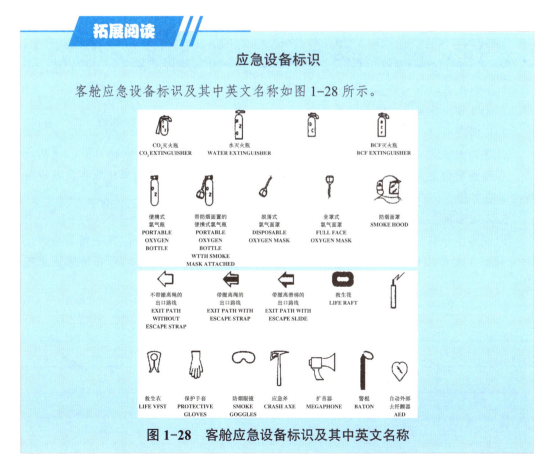
>
> 图 1-28　客舱应急设备标识及其中英文名称

图1-28 客舱应急设备标识及其中英文名称（续）

模块小结

客舱服务设备包括登机梯、座椅、控制面板、通信设备、客舱照明设备与影音系统、行李架、厨房设备、卫生间设备等，客舱应急设备包括撤离设备（包括舱门、应急出口、应急滑梯、应急灯、救生船、救生衣、救生包、应急定位发射器等），供氧设备（包括氧气瓶和氧气面罩），灭火设备（包括手提式灭火瓶、卫生间灭火系统、防烟面罩、防烟镜、防火衣、防护手套等），急救设备（包括急救箱和卫生防疫包）及安全带、麦克风、应急救生斧、安全演示包、手电筒、安全须知说明等。民航服务人员应重点掌握上述服务设备、应急设备的安全检查内容及正确的操作方法，保证飞机运行各阶段的安全。

岗位实训

1. 实训项目

客舱服务设备的安全检查与操作。

2. 实训内容

同学们分成两组。一组模拟民航服务人员对登机梯、座椅、控制面板、通信设备、客舱照明设备与影音系统、行李架、厨房设备、卫生间设备等客舱服务设备进行安全检查与操作；另一组同学观看，并为其操作进行打分。

3. 实训分析

两组同学分别针对实训的内容进行分析与评价，总结实训经验，想一想如果自己是民航服务人员，该如何更好地进行客舱服务设备的检查与操作，更好地保证客舱安全。

模块二
客舱安全服务保障

1. 了解机组人员安全职责；
2. 掌握客舱安全检查服务、安全广播与安全演示服务及危险品检查运输服务的内容、工作流程及服务规定。

1. 能够按流程和规定为旅客做好客舱安全检查服务、安全广播与安全演示服务；
2. 能够按流程和规定为旅客做好危险品检查运输服务。

1. 学会查阅相关资料，将资料进行分析与整理；
2. 能够制订学时计划，并按计划实施学习，扎实理论知识的学习；
3. 参与实践，在实践中总结经验教训，提高应变能力；
4. 具有吃苦耐劳、耐心细致的敬业精神。

1973年，加利福尼亚一家电子厂将一批由零件、设备和化工产品组成的货物运往其位于苏格兰的工厂。一部分从加利福尼亚运出，另一部分货物包括160只装有硝酸的木箱从新泽西运出。这两部分货物在纽约组成一票货物申报为"电子设备"。在拼板时工人将一些包装件倒置过来，拼板完成5小时后装上了飞机，飞机到达巡航高度不久机组人员闻到了烟味。由于烟雾越来越浓，机组决定在波士顿机场紧急迫降。在降落的过程中飞机撞到地面，3名机组人员全部罹难，飞机坠毁，货物抛洒在波士顿湾。

1996年美国VALUE JET航空公司的592航班（DC-9飞机）运输使用过的氧气发生器，因氧气发生器意外发生反应，造成货舱内剧烈燃烧（温度高达1 648.89 ℃），592航班在起飞15分钟后坠毁，机上110名旅客和机组人员全部罹难。

从以上两个案例我们不难看出，危险品航空运输安全的极端重要性，两起事故都导致了机毁人亡的重大事故，血的教训是惨痛的，在警醒的同时，我们应该反思如何才能防止这样的悲剧再次发生。

单元一　机组人员安全职责

每个航班都有一个团队，包括飞行机组成员和乘务组成员。飞行机组包括机长、副驾驶，乘务组包括乘务长和民航乘务员。每个人在这个指挥链中都有特定的岗位和职责。

一、飞行机组安全职责

1. 机长安全职责

机长对整个团队和旅客负有全责，在飞行前、飞行中和飞行结束时，机长负责并有权处置机上一切事务。具体职责如下：

（1）在飞行期间，飞机的操作由机长负责，机长应当严格履行职责并对飞机的安全运行、机上所载人员和财产的安全负责。

（2）机长对飞机拥有完全的控制权、管理权和最终决定权，这些权力没有限制，可以超越机组其他成员及他们的职责；机长在其职权范围内发布命令，为保证飞机及机上人员安全和良好的客舱秩序，机上所有的人员都必须听从机长的指挥，服从机长的命令。

（3）机长发现机组人员不适合执行飞行任务的，为保证飞行安全，有权提出调整。

（4）机长负责组织机组进行飞行前的预先和直接准备，与飞行签派员共同签字放行；并对飞机实施必要的检查；未经检查，不得起飞。机长发现飞机、机场、气象条件等不符合规定，不能保证飞行安全时，有权拒绝起飞。

（5）对于任何破坏飞机、扰乱飞机内秩序、危害飞机所载人员或者财产安全以及其他危及飞行安全的行为，在保证安全的前提下，机长有权决定有关人员或货物离开飞机。

（6）严格执行相关程序、检查单和操作手册中的要求，以及燃油量、氧气量、最低安全飞行高度、机场最低标准和备降场等规定；依据MEL、CDL（MEL指最低设备清单，CDL指飞机构型缺陷清单）确定飞机满足适航要求。

（7）确保载重平衡符合安全要求；检查技术记录本上所填写的故障处理情况和故障保留单，确认飞机的适航能力。

（8）向全体机组人员下达指令，可将部分职责授权给指定的机组人员和分配任务；当其离开驾驶舱时，应做出适当的指示；返回时，应立即听取汇报；履行职责，严格按操作规范驾驶飞机，严格按飞行计划飞行，并遵守其运行规范规定的限制和空中规则。

（9）应保证始终在有效的通信频率上进行无线电通信，并与其他机组人员建立有效的联系。

（10）飞机发生事故，机长应当直接或者通过空中交通管制部门，如实将事故情况及时报告空中交通管制部门；确保运行期间飞行记录器不被人为关断。

（11）在需立即决策或行动紧急的情况下，可采取任何必要的行动，在此情况下，为了安全起见，可不必遵循常规操作程序及方法，但对其结果负责。

（12）飞机遇险时，机长指挥机组人员和飞机上其他人员采取一切必要抢救措施。在必须撤离遇险飞机的紧急情况下，首先组织乘客安全离开飞机；未经机长允许，机组人员不得擅自离开飞机；机长应当最后离开飞机。

（13）机长收到船舶或者其他航空器的遇险信号，或者发现遇险的船舶、航空器及其人员，应当将遇险情况及时报告就近的空中交通管制单位并给予可能的合理的援助。

（14）飞行中，机长因故不能履行职务的，由仅次于机长职务的飞行员代理机长；在下一个经停地起飞前，民用航空器所有人或者承租人应当指派新机长接任。

（15）当机长使用应急权力时，必须将飞行进程情况及时准确地向相应的空中交通管制部门和公司运行控制中心报告，并在返回住地后 24 小时内向安全监察部门提交书面报告。

（16）飞行结束后，机长检查各种记录本、文件及报告填写正确与否。适时进行机组讲评。

2. 副驾驶安全职责

副驾驶是第二指挥官，通常与机长交替驾驶飞机。除了驾驶飞机，副驾驶还要参与航前准备，检查飞行文件并做飞机的航前检查工作。

二、客舱乘务组安全职责

1. 主任乘务长（乘务长）安全职责

主任乘务长（乘务长）领导乘务组，在执行航班任务过程中隶属机长领导，主要职责如下：

（1）组织乘务组成员履行客舱安全和服务工作职责，负责处理机上服务及客舱安全方面的各项事宜，执行机长在其职责范围内发布的指令，协助机长保证旅客、客舱和货物安全。

（2）组织乘务组完成飞行前准备工作，对机上重要的安全和服务设施、设备，机上供应品，配餐食品以及客舱清洁等进行检查和确认。

主任乘务长（乘务长）在服务工作中，负责对乘务工作的组织、协调、管理，督促民航乘务员按照业务部门的有关规定做好服务工作，确保优质服务及客舱安全。认真学习、理解有关服务的规章、业务通告，善于观察、总结服务工作经验，及时反馈各种信息，提出合理化建议，并公平、客观地给民航乘务员的绩效作出评估。召集和主持乘务组讲评会，按要求提交各类书面情况报告，妥善处理与飞行组、地面各部门的关系。飞行中，遇有紧急情况及时报告机长，负责机上紧急情况下的广播，并在机长的指示下指挥民航乘务员充分利用机上应急设备沉着、冷静地进行处置，尽全力保证飞机和旅客安全。

拓展阅读

主任乘务长（乘务长）的权力

主任乘务长（乘务长）的权力如下：

（1）有权组织指挥乘务组全体组员的机上服务工作，要求并监督组员遵守落实各项安全规定，纠正组员的违规行为，组员必须服从管理。

（2）有权根据组员的工作能力，编排组员工作岗位，组员必须按照岗位分工完成本岗位职责。

（3）当航班由于各种原因而出现低于正常乘务组定员飞行的情况时，有权合理调整各区域民航乘务员职责。

（4）当航班中出现特殊情况时，有权更改服务计划，合理调整民航乘务员的工作区域，及时妥善处理旅客投诉等各种事宜，并将有关情况填写在《乘务日志》《航班特殊情况报告表》等文件中。

（5）有权向管理部门提出对违反规章制度的民航乘务员给予处理的建议。

（6）有权向管理部门提出对未能严格管理的区域乘务长进行降级处理的建议。

（7）有权取消由于证件失效、证件或资料携带不齐全及其他严重影响组员合作的组员之飞行资格。

（8）有权提出更换健康状况不符合飞行要求的组员。

此外，主任乘务长（乘务长）有向主管部门提出改进服务的建议的权利，以及向主管部门建议奖励民航乘务员（长）的权利。

2. 区域乘务长职责

区域乘务长隶属机长、主任乘务长领导，协助主任乘务长处理机上及客舱安全的有关事宜。在服务工作中，区域乘务长除承担本区域规定的工作职责外，还应对所管辖区域的服务工作及客舱安全进行全面管理，督促该区域民航乘务员按规定做好服务工作，如签收所负责的文件及物品（食品、供应品、免税品、CIQ 单据、限制性物品、药品等），并向主任乘务长报告本区域需要报告的情况（客舱设备故障、本区域旅客的反映等）。协助主任乘务长做好对组员的绩效评估、驻外管理及业务培训等。认真学习、理解有关服务规章、业务通告等，及时向主任乘务长反馈各种信息，提出合理化建议。

3. 乘务员职责

乘务员隶属机长、主任乘务长（乘务长）领导，其最高职责是保证旅客安全。民航乘务员在执行航班任务过程中应认真执行《中华人民共和国民用航空法》（以下简称《民用航空法》）有关规定，遵守公布的标准、规范、程序和准则。在每次航班飞行中，民航乘务员隶属机长领导并协助机长保障客舱、旅客和货舱的安全。在飞行遇到特殊情况时，民航乘务员能够充分利用机上的应急设备，沉着、冷静地进行处置。在整个飞行期间，乘务组应团结、协作履行服务职责，提高服务质量，保证航班正常飞行。作为民航乘务员，在每个航班上都将从乘务长那里得到指令和任务，而乘务长向机长报告。乘务员的主要职责如下：

（1）完成准备工作，检查落实本区域内客舱各项安全和服务设施、设备处于良好状态，服务用品到位。

（2）负责管辖区域的客舱安全，在紧急情况下根据机长、主任乘务长（乘务长）指令实施客舱紧急程序。

（3）与其他民航乘务员做好协调配合工作，及时将本区域旅客的特殊情况报告区域乘务长。

（4）负责保管、交还旅客的物品及落地后的客舱检查，过站时与接班的乘务组做好交接。

（5）正确操作、爱护机上设备，如有损坏或缺少，及时报告区域乘务长。

（6）航班中途过站，应及时向相关人员说明旅客物品情况，以免丢失。此外，中途留守的民航乘务员不得随意离开指定岗位。

4. 厨房民航乘务员职责

厨房民航乘务员在主任乘务长和区域乘务长的领导下开展工作。负责所管辖厨房内食品、供应品的检查，确保食品、供应品的数量，餐食的种类、质量，明确存放位置，并报告区域乘务长。空中服务时做好餐饮服务的各项准备工作，按规定烘烤餐食，冷热饮及餐食温度适中。

正确使用厨房设备，确保厨房整洁、餐具干净无污物，各种物品摆放美观。认真填写各项单据，做好交接工作。

职场小贴士

客舱热饮、热食发放规范

（1）确认热饮是否烫手。

（2）给乘客递送热饮时，必须用语言提示乘客小心烫伤，同时确认乘客已经拿稳后再松手。禁止出现无语言交接现象。

（3）在给乘客提供茶水、咖啡时，须将水壶拿至餐车水平位置的下方，避免水渍过高溅到乘客身上。

（4）在为乘客提供茶、咖啡、牛奶等热饮或开水时，以提供不超过 2～3 杯为宜。

（5）不得出现将餐车单独留在客舱或在乘客头顶传递物品的现象。

5. 广播员职责

广播员在主任乘务长（乘务长）的领导下，除完成本区域的工作职责外，履行机上广播员的职责。在执行航班任务中，按规定的内容，适时向旅客进行中外广播。遇有航班延误、颠簸等特殊情况，及时用中外文广播通知旅客。广播时，要亲切、热情，发音要清晰准确，语调柔和，语速音量适中。正确使用广播、录像设备，广播器不得让旅客使用。

6. 头等舱（公务舱）民航乘务员工作职责

头等舱（公务舱）民航乘务员要求着装整洁美观，举止文雅大方，待客热情有礼，动作准确娴熟，服务积极主动。了解旅客的姓氏，在服务中提供尊称服务。起飞前，按检查单严格检查服务供应品、纪念品、餐具、食品、餐食的配备情况，供餐前要保证餐食和食品新鲜、美观，餐具整洁，认真布置和摆放好服务用品。热情迎候旅客登机，主动帮助旅客挂好衣物（并确认有无贵重物品），摆放好手提物品，视旅客需求提供热毛巾及迎宾饮料。始终保持头等舱（公务舱）洗手间的整洁，无异味，物品摆放整齐美观。旅客使用后及时进行清洁。随时注意客舱温度的调节，保持客舱的安静与舒适。有礼貌地劝阻其他旅客不要到头等舱（公务舱）闲逛。熟练掌握头等舱（公务舱）中餐、西餐的供应程序和服务技能，熟悉混合酒、鸡尾酒的调配方法。细心观察旅客的需求，提供及时主动的服务。着陆前归还头等舱（公务舱）旅客的衣物，下机时安排头等舱（公务舱）旅客先下。

三、空中警察（航空安全员）安全职责

中国民航局公安局向公共航空运输企业派驻空中警察队伍。空中警察队伍受中国民航局公安局和公共航空运输企业双重管理，以中国民航局公安局领导为主，公共航空运输企业应当配备航空安全员，航空安全员在业务上接受中国民航局公安局的领导。

民用航空器在飞行中的安全保卫工作由机长统一负责。空中警察和航空安全员在机长领导下，承担安全保卫的具体工作。

（1）对民用航空器客舱实施安全检查。

（2）在民用航空器起飞前，发现所载旅客、行李、物品未经过安全检查或者发现

危及航空安全的情况时，应当建议机长暂缓起飞。

（3）维护民用航空器客舱内秩序，及时制止危及航空安全的行为。

（4）制止未经批准的人员进入驾驶舱。

（5）依法对民用航空器所载的可疑人员和行李物品进行检查。

（6）防范和制止劫持、爆炸、破坏民用航空器等违法犯罪行为及其他非法干扰民用航空活动的行为。

（7）协助有关部门做好被押解对象和被遣返人员的看管工作。

（8）法律、法规规定的其他职责。

空中警察和航空安全员携带武器执行国际或地区航班任务，应当遵守到达国（地区）有关规定，或者按照双边有关协定执行。

拓展阅读

机上指挥权的接替

机组成员的姓名和他们在飞行中所担当的职位，按规定写在每次航班的飞行任务书上，排在飞行任务书上机长栏内第一位的，是该次航班的机长，在需两名（含）以上的飞行员的飞行中，排在飞行任务书上机长栏内的第二位为第二机长。

在飞行期间，机长对飞机的运行拥有完全的控制权和管理权，这种权力没有限制。当机长由于生病、生理或其他原因丧失指挥能力时，接替指挥、管理权的顺序是第二机长、副驾驶、飞行机械员、领航员、报务员和主任乘务长（乘务长）。

乘务组的接替指挥顺序是主任乘务长（乘务长）、区域乘务长、头等舱（公务舱）民航乘务员、普通舱民航乘务员、见习民航乘务员。

例如：

（1）737乘务组的接替指挥顺序是乘务长、2号民航乘务员、3号民航乘务员、4号民航乘务员、5号民航乘务员、6号民航乘务员。

（2）767乘务组的接替指挥顺序是主任乘务长、2号民航乘务员、3号民航乘务员、4号民航乘务员、5号民航乘务员、6号民航乘务员、7号民航乘务员、8号民航乘务员、9号民航乘务员、10号民航乘务员、11号民航乘务员。

单元二 客舱安全检查服务

一、乘客登机前的安全检查

乘客登机前，民航服务人员应检查的内容如下：

（1）按规定数量配备的民航乘务员已到位。

（2）分配客舱安全检查和服务准备工作。

（3）供旅客存放物品的行李架已全部打开，机组的行李和飞行箱已放在指定的行李架或储物间里。

微课：清舱

（4）旅客登机前完成客舱清仓工作，确保无外来人员和外来物品。

（5）准备工作完毕并报告机长。

（6）旅客登机时应注意以下内容：

1）注意旅客登机情况，如手提行李及行李的摆放、质量限制。

2）如果手提行李超出规定，应通知机长和地面值机人员进行处理。

3）关闭并锁好行李架。

4）应急出口座位的控制：评估旅客是否适合坐在此座位；向旅客讲解应急出口座位并要求旅客仔细阅读应急出口《安全须知卡》。

二、舱门关闭前、后的安全检查

1. 舱门关闭前

（1）全体机组成员完成地面工作并已登机。

（2）确认所有文件已齐备，确认《客舱记录本》已放回机上，与地面值班人员核实乘客人数。

（3）确认坐在应急出口座位的乘客具备相应能力，已阅读《安全须知卡》，并愿意承担其中规定的义务。

（4）确认客舱所有行李都已按规定储藏、所有乘客都已坐好。

（5）向机长报告客舱准备情况及特殊旅客信息，请示机长关门，得到允许后，再关闭舱门。如客舱安全准备工作未完成，应及时向机长汇报，并讲明预计关闭舱门的时间。

（6）关闭舱门前，与地面工作人员确认机舱外的状况，相互确认后，关闭舱门。

2. 舱门关闭后

（1）乘务长观察外部廊桥、客梯是否已撤离飞机，通过客舱广播系统下达滑梯预位指令。

（2）各区域客舱乘务员依照主任乘务长（乘务长）指令操作滑梯预位，并相互检查。

（3）各舱门滑梯预位后，各区域客舱乘务员依照主任乘务长（乘务长）指令，通过内话系统报告滑梯预位情况。

（4）主任乘务长（乘务长）确认滑梯预位完毕及推出前客舱准备完成后，通过内话系统报告驾驶舱飞行机组。此时表明客舱已做好飞机推出前的准备。

（5）机长决定飞机推出前必须确认上述信息沟通已完成。

（6）广播员向客舱广播关闭电子设备，客舱乘务员确认所有便携式电子设备已关闭。

（7）飞机应急撤离的能力检查。

1）载有乘客的飞机，当在地面移动之前，飞机至少有一个地板高度的出口，可供乘客在正常或应急情况下撤出。

2）载有乘客的飞机，当在地面移动、起飞或着陆时，飞机上每个展开的应急撤离辅助设备均在预位、待用状态。

（8）电子设备使用要求。在飞机为开始飞行而关闭舱门时起，至结束飞行打开舱门时止，机上全体乘员（包括旅客、机组人员和特许人员等）应遵守下列电子设备使用要求：

1）飞行全程禁止打开电子设备的蜂窝移动通信功能（语音和数据）。

2）飞行全程禁止使用锂电池移动电源（充电宝）为 PED 充电。

微课：客舱安全检查

拓展阅读

便携式电子设备（PED）的禁用和限制

（1）不同种类的电子设备使用限制。

1）飞行全程允许使用的电子设备包括便携式录音机、助听器、心脏起搏器、电动剃须刀、不会影响飞机导航和通信系统的用于维持生命的电子设备（装置）。

2）小型 PED 在飞行中可全程使用，但在飞机滑行、起飞、下降和着陆等飞行关键阶段不允许连接配件（如耳机、充电线等）。此类小型 PED 包括但不限于：具有飞行模式的移动电话（智能手机）、便携式计算机或平板计算机、电子书、视/音频播放机、电子游戏机。

3）大型 PED（如便携式计算机、平板电脑等）仅限在飞机巡航阶段使用，在飞机滑行、起飞、下降和着陆等飞行关键阶段禁止使用。

4）飞行全程禁止使用的电子设备包括不具备飞行模式的移动电话，如仅具备蜂窝移动通信功能（语音和数据）的设备，如有移动通信功能的手表、对讲机、遥控设备（遥控玩具及其他带遥控装置的电子设备）。

（2）机上禁止使用便携式电子设备的程序。

1）关闭舱门后，乘务员向乘客广播禁止使用电子设备，检查乘客便携式电子设备是否处于关闭状态，客舱乘务员发现乘客违规使用电子设备时，要及时制止。

2）当机长发现存在电子设备干扰并怀疑该干扰来自客舱时，客舱乘务员应立即对客舱进行广播，要求乘客关闭便携式电子设备，查找电子干扰信号的来源，及时制止。

3）如果乘客不听劝告，应向违规乘客宣读我国法律法规的有关规定，按照机上扰乱处置程序进行处置。

4）乘务组填写"机上紧急事件报告单"，上报客舱服务部门。

（9）乘客安全告示。

1）"系好安全带"告示。

①飞机在地面做任何移动，以及每次起飞、着陆和机长认为必要的其他任何时间，"系好安全带"信号应当接通。

②当"系好安全带"信号灯亮时，所有乘客都应当系好安全带。

③当部分"系好安全带"告示不工作时，乘务长、区域乘务员负责提示该区域乘客"系好安全带"。

④在夜航或长航线上巡航、旅客进入较长的休息期间，乘务长告知机组接通"系好安全带"告示牌，并进行客舱广播，通知旅客为防止突发性颠簸在休息时应系好安全带。遇到中度以上颠簸时，机长应再次闪烁该信号灯以告知乘务组和旅客飞机颠簸加剧。

⑤飞机运行中如遇客舱告示牌系统不工作时，乘务长应使用客舱广播告知旅客遇到颠簸时系好安全带。

2）"禁止吸烟"告示。根据中国民用航空局的规定，航空公司已在所有航线上实行禁烟。在飞机上的任何人应当遵守下列规定：

①不得摆弄、损害或毁坏飞机厕所内的烟雾探测器。

②飞机运行中如遇客舱告示牌系统不工作时，乘务长应使用客舱广播告知旅客舱内禁止吸烟。

3）《安全须知卡》。

①公司在各机型上装备与机型相符的乘客告示和标牌，并配备与机型相符的带有图示的《安全须知卡》《出口座位旅客须知卡》。

②图卡、图表和词语使用国际统一认同的符号，描述识别和操作方法。

3. 舱门再次开启程序

（1）主任乘务长（乘务长）报告机长，获得机长许可（或在机长的指令下再开门）。

（2）主任乘务长（乘务长）使用客舱内话系统通知所有区域客舱乘务员解除滑梯预位。

（3）相对应舱门互检。

（4）客舱乘务员在开启舱门时，必须有另外一名乘务员在现场监控。

再次关闭舱门时，执行舱门关闭程序。

三、飞机推出前的安全检查

飞机推出前，民航乘务员应完成下列安全检查工作：

（1）安全广播和安全演示。

（2）确认每个旅客已系好安全带。

（3）确认所有的移动电话处于飞行模式或已关闭，便携式计算机等电子设备已关闭并妥善存放。

（4）旅客禁止吸烟。

（5）调直座椅靠背，脚踏板收起，空座椅上的安全带已扣好。

（6）扣好小桌板，打开遮光板。

（7）所有的帘子拉开系紧，行李架扣好。

（8）确保应急出口、走廊过道及机门附近无任何手提行李。

（9）应急出口座位旅客符合乘坐规定。

（10）洗手间无人占用并锁好。

（11）固定好厨房餐具、餐车及供应品。

（12）调暗客舱灯光。

（13）电视屏幕已收起。

（14）向驾驶舱报告"客舱准备完毕"。

职场小贴士

座位调换与应急出口座位安排规定

（1）调换座位。在航班中，经乘务员同意后，旅客可以调换座位，但不允许不符合应急出口限制条件的旅客坐到应急出口座位。

（2）在应急出口座位就座的旅客应当具备的能力是指完成下列职责的能力：

1）确定应急出口的位置。

2）认出应急出口开启结构，并能够操作打开应急出口。

3）理解操作应急出口的指示。

4）评估打开应急出口是否会增加由于暴露旅客而带来的伤害。

5）能够配合机组成员给予的口头指令或手势。

6）如发生紧急撤离，能够取下应急出口门并妥善放置，不妨碍机上人员的撤离行动。

7）评估滑梯的状况，操作滑梯，并在其展开后稳定住滑梯，协助他人从滑梯迅速离开。

8）迅速地通过应急出口。

9）评估、选择和沿着安全路线从应急出口离开。

（3）具有下列情况的旅客不宜坐在应急出口座位：

1）该人的两臂、双手和双腿缺乏足够的运动功能、体力或灵活性导致下列能力缺陷：

①向上、向旁边和向下达不到应急出口位置和应急滑梯操纵机器。

②不能握住并推、拉、转动或不能操作应急出口操纵机器。

③不能推、撞、拉应急出口舱门操纵机器或不能打开应急出口。

④不能把与机翼上方出口窗门的尺寸和质量相似的东西提起、握住、放在旁边的座椅上，或把它越过椅背搬到下一排去。

⑤不能搬动在尺寸与质量上与机翼上方出口门相似的障碍物。

⑥不能迅速地到达应急出口。

⑦当移动障碍物时不能保持平衡。

⑧不能迅速走出出口。

⑨在滑梯展开后不能稳定该滑梯。

⑩不能帮助他人使用滑梯迅速离开。

2）该人不足15岁，或者有陪伴的成年人、父母、其他亲属的协助，不具备出口座位乘客的要求。

3）该人缺乏阅读和理解要求的、航空公司用文字或图表形式提供的有关应急撤离指示的能力，或者缺乏理解机组人员口头命令的能力。

4）该人在没有隐形眼镜或普通眼镜以外的视觉器材帮助时，缺乏足够的视觉能力导致缺乏上述1）中列出的一项或多项能力。

5）该人在没有助听器以外的帮助时，缺乏足够的听觉能力听取和理解乘务员的大声指示。

6）该人缺乏足够的能力将信息口头传达给其他旅客。

7）该人具有可能妨碍其履行出口座位乘客的功能的情况或职责，如要照料幼小的孩子，或者履行出口座位乘客功能可能会使本人受到伤害。

（4）可以要求调换座位的情况是指在应急出口座位的旅客，按应急出口座位旅客须知卡或者按机组成员向旅客进行的简介进行自我对照，有下列情形之一时，可以向机组成员提出调换座位的情况：

1）属于不宜在出口座位就座的情况的。

2）不能确定自己是否具备应当具备的能力的。

3）为了履行出口座位处的功能有可能伤害其身体的。

4）不能履行出口座位处可能要求其履行的职责的。

5）由于语言、理解等原因，不能理解旅客安全须知卡内容和机组成员讲解的内容。

（5）应急出口座位的安排和调整。

1）在航空公司实施旅客运营的机场的旅客登机门或售票柜台处，应将所制定的有关应急出口座位旅客安排的规定提供给公众，使旅客了解靠应急出口座位的要求，供公众监督检查。

2）被安排在应急出口座位的旅客在办理乘机手续时，值机人员应向其说明应急出口座位的相关规定和注意事项；当团体旅客集体办理登记手续时，值机人员应避免办理手续的人员随意发放应急出口座位登机牌。

3）乘坐飞机的适合坐在应急出口座位的公司员工和加入机组人员应尽可能安排其在相同舱级的应急出口位置。

4）旅客登机时，乘务员应观察了解应急出口座位乘客的情况，对不适宜坐在应急出口座位的乘客进行必要的调整，并使用介绍说明安全知识等方法劝说乘客服从调整。

5）在滑行或推出飞机之前，乘务员应核实具备能力的乘客坐在应急出口座位处，并向该处乘客说明应急出口的打开方法和打开时机；提示在应急出口座位的旅客阅读旅客安全须知卡并进行自我对照，包括卡中包含的就座于应急出口座位的旅客应当具备的能力、不宜在应急出口座位就座的情况、可以要求调换座位的情况以及服从机组成员安排和调整座位的义务，并且提示非紧急情况下禁止扳动紧急出口位置的操作手柄。

6）如果机组成员确定，被安排在应急出口座位上的旅客很可能没有能力履行出口座位的职责，或者旅客自己要求不坐在应急出口座位，机组人员应当立即将该旅客重新安排在非应急出口座位的位置；在非应急出口座位已满员的情况下，如果需要将一位旅客从应急出口座位调出，机组人员应当将一位愿意并能够完成应急撤离功能的旅客调到应急出口座位上；在应急出口座位就座的旅客要求更换座位时，机组成员不得要求其讲出理由。

7）货舱内的所有座位应被视为紧急出口座位。

四、飞机滑出时的安全检查

飞机滑出时，民航乘务员应检查的内容如下：
（1）注意观察驾驶舱和客舱情况。
（2）除为保障飞机和机上人员安全的工作外，民航乘务员应当在规定的座位上坐好并系好安全带和肩带。
（3）回顾应急准备措施：
1）应急设备的位置和使用。
2）应急出口位置和使用。
3）应急程序。
4）可以协助民航乘务员实施应急程序的旅客。
5）紧急情况下，所负责区域需要帮助才能撤离的旅客。

五、飞机起飞前的安全检查

飞机起飞前，民航乘务员应该进行"再次确认系好安全带及关闭电子设备"的广播。同时注意观察驾驶舱和客舱情况。

根据《民用航空法》的规定，在飞机关闭舱门之后和打开舱门之前的整个过程中，乘客的手机包括手机的飞行模式都必须处于关闭状态。充电宝、锂电池一旦着火不易扑灭，有火灾隐患，机上全程禁止使用充电宝。

如遇飞机上有旅客使用电子设备时，乘务员应作出提醒，内容如下：
（1）委婉提示电子设备使用时间，如果乘客配合，则表示感谢；如果乘客态度强硬，不配合工作，则报告乘务长和安全员，由安全员处理。
（2）有部分国外航空公司飞行模式是许可的，因此，跟乘客解释关闭电源的原因应避免提到"干扰通信导航系统"这样的语言，如"我们要求乘客关闭电子设备的原因是中国民航法规的要求"。
（3）飞机落地以后滑行期间乘客开手机的现象比较普遍，如果在此阶段发现乘客使用手机，口头提示一次即可，不用广播。
（4）航班延误或在起飞滑行期间，如乘客真有紧急的事情需要处理，可以视情况给乘客一点时间关机，不要频繁催促或站在一旁监督乘客关机，以免造成乘客不满。
（5）与使用电子设备旅客沟通应参考以下语言：
"先生／女士，您好！根据《民用航空法》的规定，在飞机关闭舱门之后和打开舱门之前的整个过程中，手机（包括手机的飞行模式）都必须处于关闭的状态，请将您的手机电源关闭，谢谢。"

如乘客对手机的飞行模式为何不能使用提出疑问，可参考以下语言：
"先生／女士，您好！飞行模式目前还未被中国民航局认可，请将手机电源关闭。"
"先生／女士，您好！飞机已经开始下降了，根据《民用航空法》的规定手提计算

机、MP3、手机在飞机平飞的过程中可以正常使用，但是在飞机起飞和下降的过程中必须关闭，感谢您配合。"

六、飞机飞行中的安全检查

民航乘务员在飞机飞行中应注意以下事项：
（1）在每次起飞后，"系好安全带"的信号灯即将关闭或刚刚关闭，广播通知旅客，即使"系好安全带"的信号灯熄灭了，在座位上仍然要继续系好安全带。
（2）低于10 000英尺（约3 000米）时应遵守"飞行关键阶段"原则。
（3）保证驾驶舱门附近区域安全。

七、飞机着陆前的安全检查

飞机着陆前，民航乘务员应完成以下检查：
（1）注意驾驶舱的情况。
（2）确认每个旅客系好安全带。
（3）确认所有的移动电话处于飞行模式或已关闭，便携式计算机等电子设备已关闭并妥善存放。
（4）旅客禁止吸烟。
（5）调直座椅靠背，脚踏板收起，空座椅上的安全带已扣好。
（6）扣好小桌板，打开遮光板。
（7）所有的帘子拉开系紧，行李架扣好。
（8）确保应急出口、走廊过道及机门附近无任何手提行李。
（9）洗手间无人占用并锁好。
（10）固定好厨房餐具、餐车及供应品。

八、飞机着陆后的安全检查

1. 乘客下机前

（1）飞机到达停机位，"系好安全带"指示灯熄灭后，主任乘务长（乘务长）通过客舱广播系统下达解除滑梯预位指令。
（2）各区域客舱乘务员依照主任乘务长（乘务长）指令解除滑梯预位，并相互检查。
（3）各门解除滑梯预位后，各区域客舱乘务员依照主任乘务长（乘务长）指令，通过内话系统报告解除滑梯预位情况。
（4）主任乘务长（乘务长）报告机长解除滑梯预位情况。
（5）打开客舱灯光。

（6）得到地面人员的开门许可后，方可开门，客舱乘务员在开启舱门时，必须有另外一名乘务员现场监控。

（7）确认客梯车、廊桥安全后，乘客方可下机。

2. 乘客下机后

（1）检查客舱、厕所有无滞留乘客。

（2）检查客舱有无乘客遗留物品。

（3）关闭除照明以外的一切电源。

（4）完成一切交接工作。

（5）主任乘务长（乘务长）将客舱乘务员手册放回原处。

3. 经停站乘客不下飞机

（1）经停站乘客不下飞机，应在机上留有符合完成该飞机应急撤离程序的最低配置人员。

（2）如果需要留在飞机上的乘务员数量少于最低配置的规定，则应当符合表 2-1 中"客舱乘务员经停站人数"，同时保证飞机发动机关车，并且保持打开一个地板高度的出口供乘客下飞机。

（3）如果在经停站，该飞机上只有一名客舱乘务员或其他合格人员，则该客舱乘务员或其他合格人员所在位置必须在打开的主登机舱门处，并且需要有明显的标志，易于乘客识别。

如果在飞机上保留一名以上客舱乘务员或者其他合格人员，这些客舱乘务员或者其他合格人员应当均匀分布在客舱内，以便在紧急情况下能够有效地帮助乘客撤离。

拓展阅读

不同机型乘务员人数配置

不同机型乘务员人数配置见表 2-1。

表 2-1　不同机型乘务员人数配置

机型		乘务员人数	经停站乘务员人数
B737-700		正常 5 名 / 最低 4 名	2 名
B737-800/8		正常 5 名 / 最低 4 名	3 名
B747-400P		正常 16 名 / 最低 12 名	8 名
B7747-8		正常 19 名 / 最低 12 名	8 名
B77-200		正常 12 名 / 最低 8 名	6 名
B777-300ER	布局 A	正常 13 名 / 最低 10 名	6 名
	布局 B	正常 15 名 / 最低 10 名	

续表

B787-9	正常 12 名 / 最低 8 名	6 名
A319-131/115	正常 5 名 / 最低 4 名	2 名
A320-200	正常 5 名 / 最低 4 名	3 名
A321-200	正常 7 名 / 最低 6 名	4 名
A330-200	正常 10 名 / 最低 8 名	6 名
A330-200（高原型）	正常 11 名 / 最低 8 名	6 名
A330-300	正常 11 名 / 最低 8 名	6 名
A350-900	正常 12 名 / 最低 8 名	6 名

4. 在机上有乘客时飞机加油

（1）机长应通知主任乘务长（乘务长），"禁止吸烟"信号灯亮。根据加油口位置，机长决定将距加油口位置较远的另一侧撤离口确定为主撤离口，其余撤离口为次撤离口，并通知主任乘务长（乘务长）。主任乘务长（乘务长）应及时将此信息通知其他乘务员和地面保障人员。地面保障人员应确保主疏散通道和逃生滑梯区域不得停放地面支持设备和（或）出现其他障碍物。

（2）得到机长通知后，客舱乘务员广播通知乘客飞机正在加油，请乘客在原位就座，解开安全带，不得使用任何电子设备。

（3）在有乘客的客舱区域的每一个应急出口，应至少有一名客舱乘务员负责。

（4）客舱通道、应急出口无障碍物。

（5）当有上、下飞机的乘客时，应保持走廊通道的通畅。

（6）当乘务组发现客舱秩序不能保证应急撤离的实施时，应立即通知飞行机组人员停止加油。

（7）在整个过程中，飞行机组与地面机务人员必须使用内话系统保持双向通信，如遇有特殊机场及情况，当飞行机组与地面机务人员无法使用内话系统沟通时，机组应及时告知主任乘务长（乘务长），主任乘务长（乘务长）应指派专人在机舱门口负责飞行机组与地面保障人员沟通的信息传递工作，确保信息传递及时、准确、畅通。

九、飞行结束后的安全检查

1. 旅客遗失物品的处置

（1）在旅客离机后或在旅客登机前，客舱乘务员在客舱捡到任何有价值的物品时，必须马上报告主任乘务长（乘务长）进行查看，而且需要两人在场，将遗失物品逐一记录。

（2）主任乘务长（乘务长）将捡拾到的物品交给相关部门并保留好收据。

（3）如果是在旅途中捡到并且证明是该旅客的物品，主任乘务长（乘务长）确认后归还旅客。

（4）在登机后，如果旅客提出丢失了贵重物品，客舱乘务员要将所丢失的物品了解清楚，并尽力帮助寻回。

2. 机上紧急事件的报告

（1）飞机飞行中发生的紧急事件都要以书面形式报告给本单位业务主管部门，紧急事件包括下列情况：

1）机上人员中毒、疾病、受伤、死亡等。

2）机上扰乱行为及非法干扰行为。

3）紧急撤离、烟雾（火警）、释压、危险品泄漏、滑梯包脱落或滑梯展开、人为原因导致设备损坏等。

（2）报告的形式。

1）带班乘务长应在事件发生后 24 小时内及时向客舱安全管理部门上报"机上紧急事件报告单"。

2）报告中应详细陈述事件的过程，导致事件的原因和采取的措施以及涉及的人员，特别是事件发生的时间、地点、乘客姓名、座位号、地址、电话，见证旅客姓名、座位号、地址、电话，客舱乘务员和乘客受伤情况等所有具体信息。

3）"机上紧急事件报告单"填写要客观、准确、内容详尽、完整。

4）填写"机上紧急事件报告单"时，主任乘务长（乘务长）将情况报告机长，并由机长签字。

5）乘务组与地面工作人员移交急救旅客时，要在"机上紧急事件报告单"中详细记录地面工作人员姓名、部门、电话及患者随身行李件数等信息。

> **职场小贴士**
>
> 报告单内信息仅用于紧急事件处置，不得随意泄露。各单位客舱安全管理部门须将《机上紧急事件报告单》保存 24 个月。

单元三　客舱安全广播与演示服务

一、客舱安全广播服务

客舱广播是指在空中服务过程中，机组成员借助一定的词汇、语音和语调与旅客交流的规范性的沟通方式。其内容主要涉及飞机结构、航空概况、航线地理、旅游景点介绍、空中服务等方面。客舱广播的优劣会直接影响到航空公司的整体形象。

航空公司规定，客舱的广播必须由乘务长指定的、有广播员证书的乘务员负责，该乘务员必须携带由航空公司提供的"客舱广播词"。客舱广播时，广播乘务员必须使用准确规范的专业术语，用中、英两种语言广播，并根据航线添加相应语种。

"系好安全带，调直座椅靠背，收起小桌板，拉开遮光板……"每当飞机起飞、落地前，空中乘务员都会进行客舱安全广播。相信经常乘坐飞机的旅客应该很熟悉，说不定还觉得有点琐碎甚至啰唆。但请不要小看这些不厌其烦的唠叨，它们源自前人无数次的经验积累，在国际民航界通用，与每位旅客的人身安全密切相关。

客舱安全广播的内容及其作用见表2-2。

表2-2 客舱安全广播的内容及其作用

安全广播关键词	广播提示的作用
系好安全带	乘坐飞机和开车一样，正确使用安全带，可以将旅客的身体稳稳地固定在座椅上，减少旅客在客舱中被撞伤的概率，也能减少被甩出客舱的可能性
调直座椅靠背	不仅仅是为了给后排旅客留下逃生空间，还减小了飞机在冲撞过程中前座的座椅靠背对旅客自己的碰撞强度。此外，直立的座椅靠背最为牢固
收起小桌板	为旅客留下快速撤离的空间，也可避免旅客在飞机撞击过程中受伤。头等舱收起脚踏板，也是为了腾出快速撤离的空间，免得旅客在撤离过程中因拥挤而摔倒
打开遮光板	可以让旅客随时清楚地了解飞机外部的情况，有异常情况时及时通知乘务员或飞机机长，还可以让旅客提早适应机外光线，保护眼睛加快撤离速度。这也是飞机起飞下降过程中调暗客舱灯光的原因
全程关闭手机等无线通信功能的电子产品	这类电子产品会干扰附近的无线通信，目前虽然尚无科学证据表明手机对机组空地通信产生影响，但同样也没有人或者机构能够证明手机完全安全，即便是处于飞行模式的手机。因此，为了能够提前几分钟打个电话，就让飞机上数百名旅客的人身安全受到威胁，实在是没有必要。另外，电子设备的蓝牙功能和Wi-Fi功能、对讲机、遥控玩具等都要关掉
摘下耳机	飞机起飞、落地阶段旅客需要摘下耳机。这可以保持旅客完整的听力，一旦发生紧急情况，旅客首先听到的是乘务员教大家保护自己的口令
听从乘务员指挥	一旦发生紧急情况，旅客要保持冷静并听从乘务员的指挥。过分慌张是逃生的大忌，机上乘务员在上岗前都接受过应对突发情况的培训，听从他们的指挥是逃生的最佳选择。此外，旅客还需要注意：不要在客舱内重启救生衣，救生衣的浮力和飞机下沉的重力会让旅客困在客舱里；紧急出口不要放置行李；撤离时不要携带行李。撤离时随身携带行李，既耽误时间，又可能破坏紧急滑梯

由于不同客机的话筒传输声音的效果不同，在旅客登机前，乘务长和广播乘务员必须进行广播试播，并由其他机组成员协助反馈试播效果，适时调整客舱广播的音量。

旅客登机完毕后，若遇到特殊情况需要中止客舱广播，广播乘务员应先将广播声音调小，然后关闭广播，除紧急情况外切忌直接停止广播。当客舱广播需要打断客舱音乐或视频播放时，广播乘务员应先将音乐和视频声音调小，再进行广播。若情况紧急（如颠簸），则广播乘务员可先按住播放器1~2秒为广播进行缓冲，再进行紧急播报。

二、客舱安全演示服务

客舱安全演示是航班起飞前的必备环节，它涉及客舱设备的正确使用和紧急出口的指引，其目的是确保机上旅客的安全。为了提高旅客的注意力，在真人演示的基础上，国内外航空公司往往辅以多样化的视频，具体包括涉及多语种，面向多群体，采用多元素的安全演示。无论航空公司的形式多么千变万化，其最终意向仍是提高旅客对客舱安全的重视程度。在享受飞行的同时，强化安全意识和求生技能。

1. 安全演示的内容

一般情况下，安全演示会在客机起飞前放映，其内容包括安全带的操作、紧急出口的位置示意和使用方法、氧气面罩的使用方法、禁止吸烟的规定、椅背和小桌板的使用方法、旅客安全须知、紧急滑梯的使用方法等。在延伸跨水飞行时，还需介绍救生衣、救生船和其他漂浮物品的位置及操作方法。

在旅客登机完毕，舱门关闭后，乘务员应严格按照航空公司的规定放映《安全须知》。《安全须知》为航班的必播影片，播放必须保持完整，不可中途突然停止。若因特殊情况需要中途停止播放时，必须等一个完整片段结束后才能中止（突发事件，立即关闭音像设备除外）。

当《安全须知》的影片存在画面波动（每隔3~5秒波动一次，每次波动持续5秒以上）、图像不清晰、声音断续，影响旅客观看或收听时，乘务员应停止影片播放，乘务长广播通知旅客并组织乘务员进行人工安全演示。航后将设备故障填写在《客舱记录本》上。

客舱安全演示具体包括以下内容：

（1）飞机起飞前，通过录像设备或广播形式，向乘客介绍乘机须知和应急设备使用方法。具体内容如下：

1）系好和松开安全带的方法。

2）应急出口的位置及开启的方法。

3）座舱失压时氧气面罩的使用方法及位置。

4）禁止吸烟的规定。

5）禁止摆弄、损伤和毁坏飞机厕所内的烟雾探测器。

6）乘客《安全须知卡》。

7）滑梯的使用方法。

8）应急撤离路线指示灯。

9）涉及跨水运行或距最近海岸线的水平距离超过93千米（50海里）的延伸跨水运行的航班，须介绍救生设备、救生船（筏）和其他漂浮物品的位置及操作方法。

10）限制乘客在机上使用便携式电子设备的规定。

（2）在没有录像设备的飞机上，客舱乘务员须向乘客进行安全演示（安全演示的内容同上）。

（3）《安全须知卡》的存放位置。

1）《安全须知卡》放置于乘客座椅前方的口袋里。

2）《出口座位须知卡》放置于出口座位前的口袋里。

（4）《安全须知卡》提供下列信息：

1）系好安全带及松开安全带的说明。

2）应急撤离通道及路线指示灯。

3）插图描绘出口手柄移动的方向。

4）应急撤离滑梯的使用方法。

5）安全姿势。

6）氧气面罩的位置及使用方法。

7）救生衣的使用及表明不得在客舱内充气，但儿童除外。

8）救生船的位置，使用前准备工作，充气和下水，表示下水位置。

9）坐漂浮垫的位置和使用方法。

10）禁止摆弄、损害或毁坏飞机厕所内烟雾探测器。

11）禁止吸烟。

12）应急撤离路线指示灯。

13）应急出口及过道禁止放置行李。

14）禁止电子设备的使用。

（5）为障碍性乘客做安全介绍：

1）《安全须知卡》介绍。

2）应急出口和备用出口。

3）氧气面罩的使用。

4）安全带的使用。

5）救生衣的使用。

微信：安全演示

6）应急撤离要求：指令识别；在所有乘客或绝大部分乘客撤离之后离机；需在援助者帮助下撤离。

（6）为无成人陪伴的未成年乘客和需要帮助的乘客单独进行《安全须知卡》介绍。

2. 客舱安全演示广播词

客舱安全演示广播词见表2-3。

表2-3 民航客舱安全演示广播词

项目		广播词
广播提示	中文	女士们、先生们：现在客舱乘务员向您介绍救生衣、氧气面罩、安全带的使用方法和紧急出口的位置
	英文	Ladies and Gentlemen：Now we will show you the use of life vest, oxygen mask, seatbelt，and the location of the emergency exits
救生衣演示	中文	救生衣在您的座椅下面的口袋里，使用时取出，经头部穿好。将带子从前向后扣好系紧。然后打开充气阀门，但在客舱内不要充气。充气不足时，请将救生衣上部的两个人工充气管拉出，用嘴向里充气
	英文	Your life vest is located under your seat. To put the vest on, slip it over your head. Then fasten the buckles and the straps tightly around your waist. To inflate, pull down firmly on firmly on the tabs, but do not inflate the vest in the cabin. If your vest needs further inflation, you can pull out the mouth pieces from either side of the upper part of the vest and blow into the tubes
氧气面罩演示	中文	氧气面罩储藏在您座椅上方。发生紧急情况时面罩会自动脱落。氧气面罩脱落后，请用力向下拉面罩。将面罩罩在口鼻处，将袋子套在头上进行正常呼吸
	英文	Your oxygen mask is located in a compartment above your head. It will dorp automatically if oxygen is need. Pull the mask firmly you to star the flow of oxygen. Place the mask over your nose and mouth and slip the elastic band over your head. Within a few seconds, the oxygen will begin to flow
安全带演示	中文	在您座椅上有两条可以对扣起来的安全带。将带子插进带扣，然后拉紧扣好，当您入座时，请您系好安全带
	英文	There are two pieces of belts on your seat.To fasten the belt，slip it into the buckles and pull tightly
应急出口演示	中文	本架飞机共有8个紧急出口，分别位于前部、后部和中部。请不要随意拉动紧急窗口手柄
	英文	There are 8 emergency exits on this aircraft. The exits are in the front the rear and the mid-cabin
紧急照明灯演示	中文	在客舱通道及出口处还有紧急照明指示灯，在紧急逃离时，请按紧急路线撤离
	英文	In the event of an evacuation emergency floor lights will illuminate a darkened cabin and lead you to these exits
《安全须知卡》演示	中文	在您座椅后背的口袋里备有说明书，请您尽早阅读
	英文	There is a leaflet of safety notice to passengers in the seat pocket in front of you, please read it carefully as soon as possible

3. 客舱应急撤离演示要求

（1）实施不要求旅客参加，但要在民航局观察下进行的演示，以验证其机组成员应急生存训练和应急撤离程序的有效性。在这种演示中，该型号飞机的民航乘务员，应当使用航空公司的航线操作程序，按照规定的应急撤离职责，打开50%所要求的地板高度的应急出口和50%所要求的非地板高度的应急出口，并放下50%的应急出口滑梯。这些应急出口和滑梯由民航局选定，并且应当在15秒内准备就绪以供使用。

（2）在实施这种演示之前，向负责监督其运行的民航地区管理局提出申请并获得批准。

（3）在这种演示中选用的民航乘务员，由民航局从经过该型号飞机训练大纲的训练并已通过应急设备和应急程序考试的民航乘务员中随机挑选。

（4）在开始实施该型号飞机的运行之前，向负责监督其运行的民航地区管理局提出申请并获得批准。

单元四　危险品检查运输服务

危险品是指能够危害健康、危及安全、造成财产损失或污染环境的物质或物品；或根据国际航协《危险品规则》划分，属于危险货品分类标准的物质或物品。危险品一般包括蓄电池酸、丁烷气、焰火、弹药、除草剂、油漆、水银等类物品。

一、危险品运输限制

《危险物品安全航空运输技术细则》规定，在任何情况下都禁止旅客和机组成员随身携带或托运下列物品：

（1）爆炸类物品：弹药、炸药、雷管、导火索、烟花、爆竹及上述物品的仿制品。

（2）易燃、易爆物品。

（3）毒害品：氰化物、剧毒农药等。

（4）腐蚀性物品：硫酸、氢氧化钠等。

（5）放射性物品：有放射性的医学或研究样品。

（6）其他危害飞行安全的物品，如可能干扰飞机上各种仪表正常工作的强磁化物、有强烈刺激性气味的物品。

（7）国家法律法规规定的其他禁止携带、运输的危险物品。

（8）内装锂电池和烟火物质的公文箱、现金箱、现金袋等保密设备。

（9）医用氧气瓶，根据规定，旅客在飞行过程中的用氧设备应由航空公司提供，不得自行携带；旅客若需要申请用氧服务，可根据《旅客行李运输服务手册》的相关规定办理。

（10）内含爆炸物品、压缩气体、锂电池等危险品的电击武器（如泰瑟枪）。

拓展阅读

危险物品的分类

根据危险物品所具有的不同危险性质，危险物品分为9类，其中某些类别又进一步划分为若干项。

（1）第1类——爆炸品。爆炸性物质不包括主要危险性符合其他类危险物品定义的物质。爆炸品的标识如图2-1所示。爆炸性物品不包括这样一些装置，即该装置内含有爆炸性物质，但是由于其含量和性质的原因，在运输过程中被意外或偶然点燃或引发时，该装置的外部不出现抛射、起火、冒烟、放热或发出声响等情况。上述未提到的、为产生爆炸或烟火实用效果而制造的物质和物品定义为爆炸品。爆炸品的划分如下：

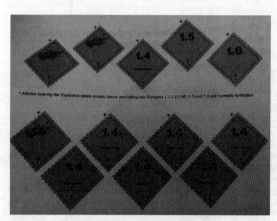

图 2-1　爆炸品标识

1）具有整体爆炸危险的物品和物质。

2）具有抛射危险性，但无整体爆炸危险性的物品和物质。

3）具有起火危险性、较小的爆炸和（或）较小的抛射危险性，但无整体爆炸危险性的物品和物质。

注意：本项包括可产生大量的辐射热的物品和物质；相继燃烧并产生轻度的爆炸和（或）抛射危险性较小的物品和物质。

4）不存在显著危险性的物品和物质。

注意：此类货物在运输过程中被引燃或引发时无显著危险性（仅有轻微

危险性），其影响基本被限制在包装件内，不会在较大范围内发生碎片的抛射，外部明火不会引起包装件内所装物品的瞬间爆炸。

5) 具有整体爆炸危险性而敏感度极低的物质。

注意：此类物质在正常运输条件下极不敏感，被火引爆的可能性极小，其最低要求是在灼烧试验中不发生爆炸。

6) 无整体爆炸危险性且敏感度极低的物品。

注意：本项只包括敏感度极低的爆轰炸药，经验证，其被意外引爆或传播爆炸的可能性极小。本项物品的危险性只限于单一物品的爆炸。

（2）第2类——气体。具有以下性质，即在50 ℃下，蒸气压高于300 kPa；或在一个标准大气压101.3 kPa时，在20 ℃下，完全呈气态的物质定义为气体。气体标识如图2-2所示。气体包括压缩气体、液化气体、溶解气体、深冷液化气体、气体混合物、一种或几种气体与一种或几种其他类别物质的蒸气混合物、充气制品和气溶胶制品。根据运输中其主要危险性，将气体划分为以下3项：

图 2-2　气体标识

1) 易燃气体。温度为20 ℃（68 ℉），压力为标准大气压（101.3 kPa）情况下，与空气混合时，含量不超过13%的可燃性的气体；或与空气混合时，燃烧的上限与下限之差不小于12%（无论下限是多少）的气体。气体的易燃性必须通过国际标准化组织（以下简称ISO）采用的试验方法或计算方法来确定（ISO 10156—2010）。如果缺少这些方法的有关资料，则必须采用国家主管部门所承认的等效方法进行试验加以确定。

2）非易燃无毒气体。温度为20 ℃，压力不低于280 kPa情况下运输的气体或深冷液化气体，并且有窒息性，稀释或取代空气中正常含量的氧气；或有氧化性，该气体一般能够提供氧，助燃能力高于空气；或者不符合本类其他项的定义。

3）毒性气体。毒性气体包括已知的其毒性或腐蚀性危害人体健康的气体；或LC50小于或等于5 000 mL/m³（ppm），其毒性或腐蚀性可能危害人体健康的气体。

（3）第3类——易燃液体。在闭杯闪点试验中温度不超过60.5 ℃（141 ℉），或者在开杯闪点试验中温度不超过65.6 ℃（150 ℉）时，放出易燃蒸气的液体、液体的混合物、固体的溶液或悬浮液的物质，定义为易燃液体。易燃液体的标识如图2-3所示。

图2-3 易燃液体标识

（4）第4类——易燃固体、自燃物质和遇水释放易燃气体的物质。在正常运输的情况下，容易燃烧或摩擦容易起火的固体、容易进行强烈的放热反应的自身反应物质和其他相关物质，以及不充分降低含量可能爆炸的经减敏处理的爆炸品定义为易燃固体。在正常运输的情况下，能够自发放热，或与空气接触能够放热而随即燃烧的物质定义为自燃物质。与水接触放出易燃气体的物质定义为遇水释放易燃气体的物质。易燃固体、自燃物质和遇水释放易燃气体的物质的标识如图2-4所示。

图 2-4　易燃固体、自燃物质和遇水释放易燃气体的物质标识

（5）第 5 类——氧化剂和有机过氧化物。自身不一定可燃，但可以放出氧而引起其他物质燃烧的物质，定义为氧化剂。含有过氧基的有机物定义为有机过氧化物，也可以将它看作一个或两个氢原子被有机原子团取代的过氧化氢的衍生物。氧化剂和有机过氧化物划分为氧化剂和有机过氧化物，其标识如图 2-5 所示。

图 2-5　氧化剂和有机过氧化物的标识

（6）第 6 类——毒性物质和传染性物质。在误食、吸入或皮肤接触后，进入人体可导致死亡或危害健康的物质，定义为毒性物质。已知含有或有理由认为含有病原体的物质定义为传染性物质，又名感染性物质。病原体为已知或有理由认为能对人类或动物引起传染性疾病的微生物（包括细菌、病毒、立克次式体、寄生菌、真菌）或重组微生物（杂化体和突变体）。毒性物质和传染性物质划分为毒性物质和传染性物质，其标识如图 2-6 所示。

（7）第 7 类——放射性物质。放射性物质是指所有包含放射性核素，同时货物的比活度（Activity concentration）和总活度大于《危险物品规则》（IATA）中规定的限值的物质。放射性物质的标识如图 2-7 所示。

图 2-6　毒性物质和传染性物质的标识　　图 2-7　放射性物质的标识

（8）第 8 类——腐蚀性物质。如果发生渗漏情况，由于发生化学反应而能够严重损伤与之接触的生物组织，或严重损坏其他货物及运输工具的物质定义为腐蚀性物质。腐蚀性物质的标识如图 2-8 所示。

（9）第 9 类——杂项危险物品。不属于第 1 类至第 8 类任何一类危险物品，但是在航空运输中具有危险性的物品和物质定义为杂项危险物品。杂项危险物品的标识如图 2-9 所示。杂项危险物品的范围如下：

1）航空限制的固体或液体。具有麻醉、令人不快或其他可以对机组成员造成烦躁或不适致使其不能正常履行职责的任何物质。

2）磁性物质。为航空运输而包装好的任何物质，如果距离其他包装件外表面任意一点 2.1 米处的磁场强度不低于 0.159 安／米（0.002 高斯），即为磁性物质。

3）高温物质。在托运或运输过程中温度等于或高于 100 ℃（212 ℉），而低于其闪点温度的液体状态的物质，以及温度等于或高于 240 ℃（464 ℉）固体状态的物质。

4）其他物品和物质。石棉、固体二氧化碳（干冰）、消费品、危害环境的物质、救生器材、化学物品箱、急救箱、内燃机、机动车辆（易燃液体或易燃气体驱动）、聚合物颗粒、电池作动力的设备或车辆、连二亚硫酸锌，不属于传染性物质但能够以一种通常不属于自然更新结果的方式改变动物、植物或微生物物种的遗传变异生物和微生物。

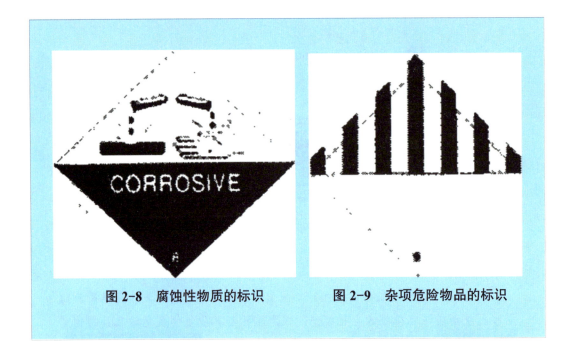

图 2-8　腐蚀性物质的标识　　图 2-9　杂项危险物品的标识

二、危险品运输管理规定

1. 危险品运输申请

危险品并非在任何情况下都禁止运输。根据规定，在极其紧急、不适用采取其他运输方式或与公众利益发生冲突的情况下，政府部门可以对某些禁运危险品进行豁免，但必须满足政府相关规定，并提交下列材料：

（1）国内危险品航空运输许可申请书。

（2）公共航空运输企业经营许可证复印件。

（3）拟从事危险品航空运输的经营范围和危险品的类别。

（4）危险品航空运输手册。

（5）经审查合格的危险品培训大纲。

（6）符合《民用航空危险品运输管理规定》《危险品航空运输培训管理办法》《危险物品安全航空运输技术细则》的要求说明：

（7）危险品应急响应方案。

（8）符合性声明。

（9）民航局要求的其他材料。

2. 危险品运输包装

航空运输的危险品应根据技术细则的规定进行分类和包装，提交正确填制的危险品运输文件。

（1）危险物品包装等级。危险物品按照其危险程度被划分为三个包装等级：

1）Ⅰ级：危险性较大。

2）Ⅱ级：危险性中等。

3）Ⅲ级：危险性较小。

（2）包装容器。

1）航空运输的危险品应当使用优质包装容器，该包装容器构造严密，能够防止在正常的运输条件下由于温度、湿度或压力的变化，或由于振动而引起渗漏。

2）包装容器应当与内装物相适宜，直接与危险品接触的包装容器不能与该危险品发生化学反应或其他反应。

3）包装容器应当符合技术细则中有关材料和构造规格的要求。

4）包装容器应当按照技术细则的规定进行测试。

5）对用于盛装液体的包装容器，应当承受技术细则中所列明的核动力而不渗漏。

6）内包装应当进行固定或垫衬，控制其在外包装容器内的移动，以防止在正常航空运输条件下发生破损或渗漏。垫衬和吸附材料不得与内装物发生危险化学反应。

7）包装容器应当在检查后证明未受腐蚀或其他损坏时，方可再次使用。当包装容器再次使用时，应当采取一切必要措施防止随后装入的物品受到污染。

8）如由于先前内装物的性质，未经彻底清洗的空包装容器可能造成危害时，应当将其严密封闭，并按其构成危害的情况加以处理。

9）包装件外部不得黏附构成危害数量的危险物质。

三、危险品处置

1. 飞机上发现危险品的处理

飞机上发现危险品的处理方式主要有：

（1）一旦发现客舱内有危险品，立即报告机长，由机长通知空中管制系统，选择就近机场着陆，在整个处理过程中应随时与驾驶舱保持联系。

（2）确认危险品的性质，可以通过询问旅客了解情况。

（3）如果有溢出或泄漏，应进行以下操作：

1）打开所有的通风孔，增加客舱内的空气循环，以确保舱内有毒气体的排出。

2）准备好海伦灭火瓶，随时准备扑灭因危险品的溢出和挥发可能造成的火灾。

3）戴上橡胶手套和防烟面罩。

4）将旅客从发生事故的区域撤离，并向旅客发放湿毛巾或湿布。

5）将危险品放进聚乙烯（塑料）的袋子里。

6）把受到影响的设备当作危险品处理。

7）把地毯或地板上的溢出物遮盖住。

8）经常检查被隔离放置的物品和被污染的设备。

（4）用生化隔离包将危险品包好后，移至对飞机危害最小的部位——后舱右侧机舱门处。

（5）记录危险品的处理经过和发现时间以备地面人员查询。

（6）做好着陆后的应急撤离准备。

2. 处理危险品应遵循的原则

（1）接触危险品时应戴好塑胶手套和防烟面罩。

（2）当渗漏的危险品发生反应时，可用塑料袋遮盖好，不要用布去擦，避免伤及皮肤。

（3）处理过程中，出现火情，不要关闭通风孔，否则旅客会因缺氧和毒气窒息。

（4）处理完毕后要清洗双手。

3. 机上爆炸物处置程序

在飞行过程中，乘务组发现机上有可疑爆炸物品时要做到：

（1）应立即报告机长和空警（航空安全员）。报告内容尽可能包括有关爆炸物的位置、外观、体积、类型及引爆机构等。

（2）客舱经理或乘务长按机长要求，对乘务员进行工作分工，配合机上安全员进行爆炸物搜查，如搜查后发现炸弹或可疑物，在机上空保人员同意的情况下，广播寻找 EOD 处理小组的帮助。

（3）由空警或航空安全员负责对爆炸物进行监控，乘务员尽快疏散旅客，避免引起惊慌。

1）尽可能将旅客转移到离最小风险爆炸点至少 4 排座椅远的地方。

2）如其他座位已满，这些旅客应在保护区的地板上，面向机头方向就座，使用枕头、毛毯等物品护住头部，并采取安全防撞姿势就座；所有旅客应系好安全带，将头尽可能低于头靠。座椅椅背和小桌板必须完全收直。

3）在做好客舱服务的同时，密切监控旅客动态，如机上旅客已得知航班遇炸弹威胁信息，应注意稳定旅客情绪。

4）乘务员应尽快提供用水湿过的毛毯、毛巾、衣物等物品，以备构建防爆平台时使用。

5）如炸弹或可疑物可移动，配合机上空保人员将炸弹或可疑物转移到机上受爆炸威胁最小位置，并转移周围区域的旅客和物品。

客机最小风险爆炸位置（LRBL）是指机上发生爆炸时对飞机破坏最小的特定区域；根据权威部门提供的资料，航空公司各型飞机上最低风险爆炸位置见表 2-4。

表 2-4　各型飞机上最低风险爆炸位置

机型	机上最小风险爆炸位置
A319/A320/B737	R2 门（Right aft Cabin door）
A321/A330	R4 门（Right aft Cabin door）
B757/B777-200/B787	R4 门（Right aft Cabin door）
E190	离机舱尾部左侧倒数第二个窗口中央最近的地方
B777-300ER	R5 门（Right aft Cabin door）
A380	主舱 R5 门（Center of the M5R Cabin door）

6）最低风险爆炸点的滑梯待命必须解除，如需要配合空警或航空安全员构建防爆平台。

①用硬行李靠舱壁建一个平台，位于舱门中线以下 25 厘米（10 英寸）。

②在平台上放置至少 25 厘米（10 英寸）的湿物，如毯子、枕头等。

③在湿物上放一块塑料布（如垃圾袋等），这样可以防止爆炸物出现短路。

④将爆炸物保持原状小心搬移至湿物上，尽可能靠近舱门结构。

⑤再在爆炸物上加盖一层塑料布。

⑥在爆炸物周围堆砌 25 厘米（10 英寸）厚的湿物，顶部堆砌物尽可能砌至天花板，同时将堆砌物就地固牢，禁止在爆炸物和舱门间摆放任何物品，尽量减少爆炸物周围空间，以便将爆炸力引向非保护区的舱门结构，避免使用任何含可燃性液体的物质和易成为危险飞射物的金属物品作为堆砌物。

职场小贴士

乘务员不可对爆炸物，即便是疑似爆炸物，进行处置。

拓展阅读

飞机上禁止吸烟的规定

根据中国民航总局有关规定，在航班上全程禁止吸烟。

（1）对违反禁止吸烟规定的旅客，客舱乘务员要使用非恐吓的方法告诉旅客有关禁止吸烟的规定，避免辱骂旅客的行为发生。对立即熄灭香烟的旅客，不再采取行动。

（2）如旅客不听劝告，态度恶劣，还继续吸烟，要向他讲明此事将报告机长，并明确指出此行为是严重的行为不当。

（3）一旦将该事件报告给机长，就要将旅客的姓名和座位号记录在"机上重大事件报告"中。

（4）对拒绝提供身份证明的违章旅客，客舱乘务员可将违章旅客的身体特征、座位号、登机地点以及旅伴的姓名和地址、邻近旅客的姓名和地址报告机长。由机长通知地面，并要求安排机场当局公安处人员在登机口接飞机。

（5）对进行人身伤害违章的旅客，乘务长应报告机长，由机长决定是否通知地面，或要求安排适当的公安人员在登机口接飞机。

（6）除当吸烟者被告知不许吸烟时立即熄灭香烟的事件外，所有违反吸烟规定的事件均需按规定程序进行记录，情节严重者，还应向局方报告。记录的内容如下：

1）吸烟者的姓名和地址。
2）吸烟者的身体特征描述。
3）吸烟者的座位号。
4）吸烟者的登机地点和目的地。
5）证人的姓名、地址和电话号码。
6）其他机组成员的姓名、地址和住处。
7）是否按规定向旅客做了简要介绍，做介绍时该旅客在飞机上的表现。
8）"禁止吸烟"的告示信号灯是否接通。
9）简要、客观地事件记述。
10）航空公司名称、航班号和日期。
11）客舱乘务员无权拿走旅客的证件和机票，但可以要求旅客出示。

模块小结

客舱安全服务主要包括客舱安全检查服务、客舱安全广播和安全演示服务及危险品检查运输服务。做好客舱安全服务首先要明确飞行机组、客舱乘务组及空中警察或航空安全员的安全职责。客舱安全检查服务主要是指乘客登机前的安全检查、舱门关闭前/后、飞机推出前、滑出时、起飞前、飞行中、着陆前机飞行结束后的安全检查，安全检查是保证客舱安全的重要内容。客舱安全广播主要提示旅客系好安全带、调直座椅靠背，收起小桌板，关闭电子产品等，安全演示主要安全带的操作、紧急出口的位置示意和使用方法、氧气面罩的使用方法、禁止吸烟的规定、椅背和小桌板的使用方法、旅客安全须知、紧急滑梯的使用方法等。危险品是指能够危害健康、危及安全、造成财产损失或污染环境的物质或物品；或根据《空运规则》划分，属于危险货品分类标准的物质或物品。危险品一般包括蓄电池酸、丁烷气、焰火、弹药、除草剂、油漆、水银等类物品。关于危险品的检查与运输一定要按照民航相关规定严格执行，以确保客舱安全。

岗位实训

1. 实训项目

客舱安全广播服务及意外处理。

2. 实训内容

某航班上，乘务员在进行餐饮服务时，客机突然颠簸晃动，乘务员手中的饮料泼洒到前排一位旅客身上。

同学们分成三组，一组同学模拟航空广播人员针对航班意外颠簸情况向旅客发出广播提示；二组同学模拟空乘人员为旅客提供餐饮服务，当飞机突然颠簸，饮料泼洒到旅客身上时，及时对该情况进行处理；三组同学对以上两组同学服务进行观摩，并对他们的表现进行打分。

3. 实训分析

三组同学分别针对实训内容进行分析与评价，总结实训经验，想一想如果自己是民航服务人员，该如何更好地进行客舱安全广播服务及客舱意外情况的处理，更好地保证客舱安全。

模块三

客舱人员安全管理

1. 了解民航旅客的常见类型；
2. 掌握民航乘务员自我安全管理；
3. 掌握乘务员对不同类型旅客及其行为的安全管理。

1. 能够进行民航乘务员的自我安全管理与监督；
2. 能够处理不同类型旅客及其对客机造成安全威胁的行为，以保证客机的安全运行。

1. 学会查阅相关资料，将资料进行分析与整理；
2. 能够制订学时计划，并按计划实施学习，扎实理论知识的学习；
3. 参与实践，在实践中总结经验教训，提高应变能力；
4. 具有吃苦耐劳、耐心细致的敬业精神。

1990年10月2日，劫机者蒋××乘上一架开往广州××机场的××飞机，在飞行途中，蒋××突然离座冲向驾驶舱，声称身上绑有7千克炸药，以引爆相威胁，将机组人员赶出驾驶舱，只留一人驾驶。飞行员并没有打算满足劫机犯的要求，并试图使其相信飞机上没有足够的燃料，继续飞往广州，并寻求机会降落。劫机犯随后试图袭击飞行员并独自驾机未果。当飞机着陆后滑跑时，歹徒对驾驶员施以暴力，致使飞机失控，偏离跑道，这架飞机撞上了另一架飞机而起火，造成128名乘客遇难。

这次劫机事件是一起因旅客非法行为造成的悲剧，因此，民航服务人员要对旅客的非法行为进行严格的判明，并及时进行处置，以避免案例中的事故发生。

单元一　乘务员自我安全管理

一、航前酒精自测与个人护理

客舱乘务员在计划飞行前的 24 小时内，不得饮用含酒精的饮料，客舱乘务员受酒精的影响或体内酒精浓度达到或超过 0.04 克（210 升）以上时，不得上岗值勤或继续留在岗位上。客舱乘务员在值勤过程中，不得饮用含酒精的饮料。当客舱乘务员在值勤过程中饮用含酒精的饮料时，不得允许该人员继续留在岗位上。

1. 航前酒精自测

所有空勤人员必须严格遵守局方规定，不得在执勤前 8 小时内饮酒。禁止食用含酒精制品，切忌执勤时仍处于酒精作用状态。主动申报：鼓励乘务员在酒测前主动向航医申报饮酒情况或可能误食了含有酒精成分食品的情况，乘务员将在航医安排下接受酒测，对于酒测前主动申报的乘务员，其检测结果进行减免。

空勤人员执勤期以手册规定的签到时间为起始时间计算。另要求乘务员在签到前，至少提前 5 分钟进行酒精自测。自测完之后再进行签到和正式酒测。

空勤人员酒精自测的流程为：酒精自测→签到和酒测→航前准备会→航前协同。

在食用含酒精的食物或药品后，酒测就会显示异常，一旦发生此类情况，乘务员须立即通报乘务值班员，由值班员通报值班航医，航医会监控当事人进行复检，在酒测仪器前的摄像头会有当事人酒测时的记录和照片，复检后航医会将具体情况备案和上报。如并未饮酒在酒测时发生异常，可使用清水漱口，待 5～10 分钟后口腔酒精挥发后，酒测会恢复正常。

拓展阅读

易产生酒测异常的食品及物品

在航前 1 小时内应避免食用以下食品或其他可能产生酒测异常的食品：

（1）食物类：豆腐乳、醉海鲜（蟹、螺、虾）、啤酒鸭、酒酿圆子、糟鸡（肉、鱼）、蛋黄派、妙芙欧式蛋糕、豆馅面包（馒头）、提拉米苏、酒心巧克力等。

（2）中国菜的烹饪习惯在很多菜的烹调过程中要加料酒，加得多的话也可能被测出"饮酒"。

（3）饮料类：红牛、娃哈哈格瓦斯饮料、康师傅陈皮酸梅、果啤（配料里有啤酒花）。

（4）水果类：榴莲、含糖量高的水果（苹果、香蕉、梨、金橘、橙子、荔枝、葡萄、甘蔗等），如果在相对密闭缺氧的环境下，也会产生酒精。

（5）药品类：藿香正气水、正骨水、十滴水、消咳喘、糖浆等口服液；寄生追风液、十全大补酒、舒筋活络酒、胡蜂酒、国公酒、风湿跌打酒、三两半药酒等酒剂；云香祛风止痛酊（复方白屈菜酊）、姜酊、颠茄酊、远志酊等酊剂（不包括外用的酊剂、搽剂、喷雾）、注射液（如氢化可的松注射液、尼莫地平注射液、血栓通注射液、尼麦角林注射液、多西他赛等）。

（6）含酒精成分的口腔清新剂、复方氯己定含漱液（漱口水）。

2. 个人护理

为了自身健康，客舱乘务员应该做到以下几点：

（1）喝大量的水，在整个飞行过程中保持充足的水分。

（2）定期做运动。

（3）航前、飞行中、航后尽可能地进行非负重运动。

（4）执行洲际航线的乘务员应注意，食物应为高碳水化合物，低脂肪、适量蛋白质和丰富的维生素，食物必须容易消化，并及时补充水分。

（5）清洁洗手间和地面卫生时要戴手套，养成勤洗手的良好习惯。

二、空勤人员飞行纪律监督制度

1. 监督人

监督人为全体乘务员。

2. 被监督人

飞行员、空中保卫人员、乘务员之间需要互相监督，如有违纪情况，将按照公司规定处罚。

3. 监督范围

飞行员、空中保卫人员、乘务员是否按照要求坚守岗位、履行职责。

4. 空勤人员违反工作纪律的情况

（1）飞行员在飞行时间内违反下列驾驶舱规定：

1）允许不符合局方及公司手册规定的其他人员进入驾驶舱。

2）除生理需求外，因个人原因违规离开驾驶舱。

3）在飞行关键阶段违规出驾驶舱。

4）打开舱门前未按规定以预先明确的沟通方式进行确认，或未等空中保卫人员到达监控位置出入驾驶舱。

（2）飞行员在平飞阶段擅自离开工作岗位或者在工作岗位不履行工作职责（如非

轮休阶段睡觉、聊天、用餐等）。

（3）飞行员在飞行时间内，使用个人用途的电子设备。

（4）空中保卫人员在执勤时，有睡觉、使用电子设备、不按时巡舱等违反《航空安全员工作手册》规定的行为；或因个人原因未到指定位置对驾驶舱进行保护和监控。

（5）乘务员打开舱门前，未按规定用餐车阻挡乘客通往驾驶舱的通道，或未安排一名客舱机组成员（安全员优先）监护。

（6）乘务员在执行飞行任务前8小时内从事娱乐、游戏、聚会等影响正常休息的活动，或者处于严重疲劳状态上岗工作。

（7）乘务员在执行任务前8小时内或执行任务期间饮用或使用酒精类饮料、毒品、麻醉药物或其他有损工作能力的药物，或者处于严重疲劳状态上岗工作，或执行任务期间酒精检测浓度超标。

注意：酒精浓度限制标准为其呼出气体中酒精浓度达到或者超过0.04克（210升）。

职场小贴士

乘务员执勤时间、休息时间和飞行时间限制

（1）值勤期、值勤时间。

1）值勤期是指机组成员在接受公司安排的飞行任务后，从报到时刻开始，到解除任务时刻为止的连续时间段。在一个值勤期内，当发生运行延误时，如机组成员能在有睡眠条件的场所得到休息，则该休息时间可以不计入该值勤期的值勤时间。

2）值勤时间。从公布的航班时刻前1小时30分钟开始，至航班结束后机组到达公司安排的机组休息地或飞行基地为止，为机组的值勤时间。在发生延误后，机组在一次值勤期内，获得了在批准的休息场所的休息，其时间不计入值勤时间。

（2）客舱乘务员值勤期限制。

1）当按照运行规范规定的最低数量配备客舱乘务员时，客舱乘务员的值勤期不得超过14小时，值勤期后应当安排至少9个连续小时的休息期，这一休息期应当安排在该值勤期结束时刻与下一值勤期开始时刻之间。

2）在按照运行规范规定的最低数量配备上增加客舱乘务员人数时，客舱乘务员的值勤期限制和休息要求应当符合如下规定：

①增加1名客舱乘务员，值勤期不得超过16小时；增加2名客舱乘务员，值勤期不得超过18小时；增加3名或者3名以上客舱乘务员，值勤期不得超过20小时。

②值勤期超过 14 小时，在值勤期后应当安排至少连续 12 小时的休息期，这一休息期应当安排在该值勤期结束时刻与下一值勤期开始时刻之间。

3）如果按照正常情况能够在限制时间内终止值勤期，但由于运行延误，值勤期最多不能超过上述 1）规定值勤期限制的时间 4 小时，并且按照上述 2）规定的后续休息期不得因此而减少。

4）派遣调配机组成员时，在飞行任务开始前被调配的客舱机组乘机时间，计入值勤时间；在飞行任务结束后调组乘机的时间，不计入休息时间和值勤时间。

5）在值勤期开始前，如果给客舱机组成员安排了必须工作任务，包括必需的训练、学习、会议和在办公室的工作时间或公司安排的其他事务，该任务时间必须计入值勤时间。否则，应当为客舱机组成员安排 8 小时的休息期。

6）应当保证客舱乘务员的总飞行时间符合以下规定：
①在任何连续 7 个日历日内不超过 40 小时。
②在任何一个日历月内不得超过 120 小时。
③在任何一个日历年内不得超过 1 300 小时。
④客舱乘务员在飞机上履行安全保卫职责的时间应当记入客舱乘务员的飞行时间。

7）在值勤期结束时，必须按要求安排休息时间。

（3）客舱乘务员的休息时间。

1）不得在机组成员规定的休息期内为其安排任何工作，该机组成员也不得接受公司的任何工作。

2）本章要求的休息期可以包含在其他休息期之内。

3）在任何连续的 7 个日历日内，对被安排了一次或者一次以上值勤期的机组成员，合格证持有人应当为其安排一个至少连续 36 小时的休息期。

4）为机组成员安排其他工作任务时，该任务时间可以计入值勤期，也可以不计入值勤期。当不计入值勤期时，在值勤期开始前应当为其安排至少 8 个小时的休息期。

5）如果飞行的终止地点所在时区与机组成员的基地所在时区之间有 6 个或者 6 个小时以上的时差，则当机组成员回到基地以后，公司应当为之安排一个至少 48 个连续小时的休息期。这一休息期应当在机组成员进入下一值勤期之前安排。

6）将机组成员运送到执行飞行任务的机场，或者将其从解除任务的机场运送回驻地，这些路途上所耗费的时间不应当被认为是休息期的组成部分。

三、乘务员自我管理

1. 地面阶段

地面阶段乘务员的自我管理内容见表 3-1。

表 3-1　地面阶段乘务员的自我管理内容

项目	内容
航前准备	（1）航前要确保充足的睡眠； （2）保持适当的体育锻炼，提高飞行的耐受性； （3）保持心情舒畅； （4）养成良好的卫生习惯，勤换衣服和被褥； （5）合理饮食是各种热能和营养的基础，要平衡各种营养，避免营养过剩或缺乏； （6）禁止空腹飞行，在高空缺氧的环境下，要注意防止饮食性胀气，减少不易消化及含纤维素高或容易胀气食物的摄入； （7）适当控制体重，保持匀称身材，确保制服合身，制服太紧或太短都可能导致无法采用正确的姿势； （8）派驻交流或国际驻外航班时要注意温度的变化，要携带合适的衣服； （9）驻外时行李不宜过重，便于提拿和存放； （10）在执行任务前 8 小时内或执行任务期间不饮用或使用酒精类饮料、毒品、麻醉药物或其他有损工作能力的药物
登机	（1）上下廊桥，客梯车和机组车，要格外谨慎，尤其是冰雪天气和光线较暗的环境下，迈步距离和高度要根据实际情况作出调整； （2）上下扶梯和阶梯时一定要手扶扶手保持稳定； （3）客舱中行走要注意地面的障碍物（如吸尘器电线）； （4）行李过重时，要寻求同事的帮助
地面准备工作	（1）地面准备阶段，要留意机上人员的整个活动（如航食装机员、机务员、清洁人员等），留出供安全走动的通道； （2）未经允许客舱乘务员不能进入高架航食车，如果缺少配备物品由航机员补充； （3）发现客舱故障要尽快通报维修，说明客舱故障状况和影响，如果没有现场的机务人员则报告乘务长

> **职场小贴士**
>
> 乘务员禁止使用和携带毒品、麻醉药品和精神药品，具体规定如下：
> （1）客舱乘务员不得使用或携带大麻、可卡因、鸦片、普斯普剂（天使粉）或苯丙胺（安非他明）等禁用药物。
> （2）禁止客舱乘务员使用影响执行任务能力的药物，因为许多常用药物会影响飞行能力，因此客舱乘务员应该询问医生所开的药物是否会有这些作用。
> （3）任何人不得安排明知使用或携带上述禁用药物的客舱乘务员上岗值勤或继续留在岗位上。

2. 滑行和起飞

（1）飞机平飞但安全灯还未熄灭，由乘务长评估组员开展服务工作是否安全。

（2）当飞机起飞爬升或接近降落时，改正有些乘务员不系安全带的不良习惯，以避免在此类超重的环境下会对乘务员的腰、颈椎造成一定程度的压迫。

3. 飞行中

飞行中乘务员的自我管理内容见表3-2。

表3-2　飞行中乘务员的自我管理内容

项目	内容
客舱走动	（1）工作区域要有充足的照明，确保安全地进行各项工作，较黑暗的门区可以开启工作照明灯； （2）当从亮处环境移动至暗处环境（如从厨房到较暗的客舱）或反之时，应稍微让眼睛适应调整； （3）上下任何楼梯时都应手扶扶手，机组休息区楼梯上下时要面向楼梯； （4）当心凸出金属，如卫生间门上的烟灰缸应始终保持关闭状态； （5）确保乘务员座椅安全带和肩带正确地折叠入座椅中，椅子内不要夹带任何物品（如托盘或水瓶）； （6）在客舱走动或履行工作职责时不要着急，集中精力，了解客舱环境； （7）客舱内一定不能乱跑； （8）穿越隔帘的区域时一定要谨慎慢行（如厨房、客舱之间），要当心隔帘另一侧的人员或物体； （9）在进行下一项工作之前要始终围绕并完成现有的工作任务（如在拿取其他物品前关闭储物柜门）
整理内容	（1）在拿取所需物品后，及时关闭所有柜门（如餐车、储物柜等）； （2）厨房台面要及时清理（尤其是油渍），在没有乘务员的情况下，尽量不要摆放物品； （3）茶杯和玻璃杯要及时放进车内，不要将还有饮品的茶杯和玻璃杯遗留在厨房台面上； （4）时刻保持厨房、客舱和洗手间的工作台面清洁； （5）保持客舱通道、厨房和卫生间地板的清洁和干燥，避免杂物绊脚的危险； （6）处理碎玻璃（瓷器）必须有防护措施，戴上手套（棉织和塑料），用小毛巾清理破碎的玻璃，在碎玻璃入垃圾桶前要用报纸包裹好，避免对清洁人员造成伤害
防止绊倒或滑倒	（1）随时擦净泼洒在客舱、厨房和过道地板上的液体，尤其是油渍； （2）在过道行走时要注意脚下，有可能被乘客伸出的腿或露出座椅外的安全带绊倒，尤其当客舱环境昏暗时要格外小心； （3）看到地板上的塑料袋或垃圾时要随时拾起，切忌视而不见
防止割伤或剐蹭	（1）注意客舱内凸出金属（如洗手间门上的烟灰缸）的刮伤，应随时保持关闭状态； （2）有破碎的玻璃，处理前要用厚报纸包裹碎片，提醒机组其他人员小心玻璃； （3）确保乘客及乘务员座位的安全带收好，避免剐蹭伤人； （4）乘务员座椅就座时要小心，确保坐下时坐垫放下
良好习惯	（1）保持对客舱及厨房环境的自觉警觉意识，并主动管理； （2）团队成员之间养成良好的沟通意识； （3）让乘客，尤其是儿童，在任何时候都远离厨房区域； （4）一旦发生烫伤或出现其他伤口，应及时处理，避免感染

4. 下降前准备

（1）厨房和客舱尽可能早地在下降广播前就做好准备，移除客舱地板上的绊脚隐患。

（2）储存和锁闭所有储物柜和服务车。

（3）谨防在下降时飞机突然晃动。

（4）折叠乘务员座椅时注意弹簧，确保在坐下前椅垫放下。

5. 落地后

滑行期间，乘务员要留在座位上保持安全带和肩带完全扣好，直到飞机停稳和安全带灯关闭，除非执行紧急安全职责。

> **职场小贴士**
>
> **乘务员登机必备证件资料**
>
> （1）机上必备的客舱乘务员资料。每次飞行，飞机上至少配备一套"客舱乘务员手册"，有外籍乘务员服务的飞机上，应增加配备英文版"客舱乘务员手册"。
>
> （2）个人必备的装备及现行有效证件。
>
> 1）携带广播词（客舱乘务长、广播员）。
>
> 2）中国民用航空客舱乘务员训练合格证。
>
> 3）航空人员体检合格证。
>
> 4）空勤人员登机证。
>
> 5）走时准确的手表。
>
> （3）登机证件。
>
> 1）乘务员在执行航班任务时应携带空勤人员登机证，在出入需要佩戴登机证的区域时，应将登机证佩戴在明显易见的位置。
>
> 2）严禁空勤人员将登机证借给他人使用，空勤人员登机证应妥善保管以防丢失，一旦发现登机证件丢失，必须立即向相关部门报告。

单元二　不同类型旅客的安全管理

一、普通旅客的管理

1. 旅客登机许可

航空公司规定，凡乘坐飞行航班的旅客，必须持有效客票和印有安全检查许可章的登机牌登机。登机人需要提前至少 45 分钟到机场办理登机手续。

除上述条件外，符合以下条件之一者也可登机。

（1）持有现行有效的空勤登机证。

（2）持有现行有效的机场通行证。

（3）持有中国民用民航局颁发或批准的其他证件。

（4）符合加入机组要求，持有证明其身份的有效证件，并经过机长许可。

每位乘坐客机的旅客都应遵守《中华人民共和国民用航空法》《公共航空运输承运人运行合格审定规则》《中华人民共和国治安管理处罚条例》中的有关规定。如果旅客违反了相关规定，机组成员有权对该旅客进行劝告和管束，当劝告无果时，机长可采取必要措施将其控制管理。

2. 旅客安全管理

根据相关法律和航空公司有关规定，旅客在登机时务必遵守机组成员的专业指引，以确保客舱安全和客机的正常运行。

（1）酒精饮品管理。旅客登机时，机组成员不得允许任何处于醉酒状态的人员进入客机。客机起飞后，除乘务员提供的含酒精的饮品外，旅客不能在客机上饮用其他含酒精的饮品。乘务员不得向下列人员提供任何含有酒精的饮品。

1）身上带有明显酒味且行为语言失控的醉酒旅客。

2）陪护人员或被陪护人员。

3）随身行李中持有致命或危险性武器的人员。

当有醉酒旅客在客机上引起扰乱事件时，乘务员应立即报告机长，并对该旅客进行监控管理，当管理无效时，则可视情况采取限制人身自由的强制措施对其进行控制。

（2）吸烟管理。对机上吸烟的规定如下：

1）当禁止吸烟信号灯亮起或禁止吸烟标牌出示时，旅客不得在客舱和卫生间内吸烟。

2）不得触动或破坏客机卫生间内安装的烟雾探测设备。

3）当乘务员发现旅客在客舱内使用明火或吸烟时，应按照航空公司制定的扰乱行为管理程序对其进行口头制止管理，制止无效时，乘务员应当采取相应的约束性措施予以管束控制，以保证客机的安全飞行。

4）除当吸烟者被告知不许吸烟时立即熄灭香烟的事件外，所有违反吸烟规定的事件均须按规定程序进行记录，情节严重者，还应向局方报告。记录的内容如下：

①吸烟者的姓名和地址。

②吸烟者的身体特征描述。

③吸烟者的座位号。

④吸烟者的登机地点和目的地。

⑤证人的姓名、地址和电话号码。
⑥其他机组成员的姓名、地址和住处。
⑦是否按规定向旅客做了简要介绍，做介绍时该旅客在飞机上的表现。
⑧"禁止吸烟"的告示信号灯是否接通。
⑨简要、客观的事件记述。
⑩航空公司名称、航班号和日期。
⑪客舱乘务员无权拿走旅客的证件和机票，但可以要求旅客出示。

二、特殊／限制性旅客管理

特殊／限制性旅客既包含在旅途中需特殊礼遇和特殊照顾的不受载运限制的旅客，如重要旅客、机要交通人员、外交信使、保密旅客等；又包含在旅途中需特殊照料并符合一定条件才能运输的受载运限制的旅客，如婴儿、无成人陪伴儿童（有成人陪伴儿童）、孕妇、残障旅客、伤病旅客、遣返旅客、被拒绝入境的旅客、押解的犯罪嫌疑人等。

1. 无签证过境的旅客

无签证过境不是犯罪，他只是路过一个他们无签证的国家。无签证过境的旅客可以无人陪伴旅行，另外，除非要换飞机，否则他可以在所路过的城市不下飞机。

无签证过境的旅客交接责任如下：

（1）离港时，由承运人负责接收和转运无签证过境旅客。

（2）地面代办人员应证实旅客具有该国目的地的所有必要条件，装有该文件的信封在航班中应由乘务长保管。

（3）陪伴无签证过境人员的客舱乘务员必须将他们的文件袋交给航班的地面工作人员。

2. 需要医疗证明的旅客

（1）如果旅客需要携带下列物品或具有下列情况者，将要求其提供医生签署的诊断证明，并有医生签字及医院盖章：

1）担架旅客。

2）要求在空中额外吸氧者。

3）可能在空中有生命危险或要求医疗性护理者。

4）已知有传染性疾病但采取措施可以预防者。

（2）医断证明应说明一切应遵守的措施，并在飞机起飞前24小时以内填写有效。

（3）在旅客登机前，医疗诊断证明应交带班乘务长一份。

> **拓展阅读**
>
> **医生诊断医疗证明书**
>
> 　　医生诊断医疗证明书是指有县级或二类甲等及以上医院出具的，说明旅客可以在没有医疗协助的情况下安全完成其航空旅行的书面证明。
>
> 　　（1）孕产妇。如需提供医疗证明，开具日期应不早于最早乘机日期前 7 天（不含起飞当日）。
>
> 　　（2）担架旅客。需要提供医疗证明；购票时须提供开具日期不早于最早乘机日期前 10 天（不含起飞当日）；登机时，旅客还应出具航班起飞前 24 小时之内开具的允许登机的医疗证明。
>
> 　　（3）伤病旅客。需要提供医疗证明，开具日期不早于最早乘机日期前 10 天（不含起飞当日）。
>
> 　　（4）申请机上轮椅的旅客。如为伤病旅客，需要提供医疗证明，开具日期不早于最早乘机日期前 10 天（不含起飞当日）。
>
> 　　（5）申请登机轮椅的旅客。如为伤病旅客，需要提供医疗证明，开具日期不早于最早乘机日期前 10 天（不含起飞当日）。
>
> 　　（6）申请地面轮椅的旅客。如为伤病旅客，需要提供医疗证明，开具日期不早于最早乘机日期前 10 天（不含起飞当日）。

3. 遣返旅客

（1）地面工作人员应证实旅客具有该国目的地的所有必要文件，装有该文件的信封在航班中应由安全员（乘务长）保管。

（2）了解被遣返人员情况、被遣返原因和携带物品情况后，及时传达到各位客舱乘务员。

（3）在办理接收或已办理接收遣返人员手续但在飞机未起飞前，被遣返对象有自杀性和激烈反抗行为或上机后可能有危及飞机安全的，经机长同意可以不予接受。

（4）飞行中不得为该旅客提供任何含酒精的饮料，供餐时不得为该旅客提供具有伤害性的用具。

（5）不要安排在靠近驾驶舱和出口的座位处，空中应注意监控。

（6）飞机降落前通知机长与地面联系。

（7）其材料不得在飞机上交与被遣返人员，要待飞机着陆后与边防检查站人员交接。

4. 押送犯罪嫌疑人

（1）地面工作人员应于起飞前 30 分钟，将该情况通告机长。机长把押送犯罪嫌疑人情况通知乘务长，做好准备工作。

（2）乘务长接到押送犯罪嫌疑人通知单后，应确认犯罪嫌疑人人数、陪同人数和座位安排情况等，并将此情况详细通告机长。

（3）押送犯罪嫌疑人时，应遵循以下原则：

1）犯罪嫌疑人不能安排在应急出口座位，不要让犯罪嫌疑人坐近窗口、机舱门及前舱，应将其安排在客舱的最后座位，并且将陪同人员安排在犯罪嫌疑人的邻座，并且要尽量保密，帮助押运者顺利到达目的地。

2）飞行中客舱乘务员不得为犯罪嫌疑人提供金属刀叉、陶瓷、玻璃和钢质等餐具，禁止提供酒类、沸水饮品和瓶装饮料。需用餐饮，则须事先征求其押送人的同意。

3）在任何情况下，都不得将犯罪嫌疑人铐在座位或其他无生命的物体及客舱设备上。

4）客舱乘务员要像对待一般旅客一样对待该旅客。

5）不要将该旅客的身份暴露给其他旅客。

5. 偷渡者

（1）确认：机组成员应当在他企图成为一个偷渡者之前判断出他的意图。如果一个人隐藏在任何分隔舱内，如洗手间、衣帽间、行李箱内均可被认为是偷渡者。

（2）处理原则：一切可能的信息由机长通知空中交通管制部门。起飞前，可要求旅客下飞机；起飞后，空中交通管制负责协助并收集有关信息向机长转达另外的指示。

6. 运送武装旅客

（1）持武器旅客应人和武器分离乘运。

（2）乘务长应事先了解任务性质以及上级有无其他指示。

（3）乘务组应听取机长指示。

（4）机上检查、签收及清舱应当在30分钟内完成，乘务长应报告机长。

（5）武装旅客无须登机牌登机。

（6）乘务长按有关部门要求安排武装旅客就座。

（7）登机时间须在15分钟内完成。

（8）主动介绍客舱服务设备的使用方法。

7. 警卫人员携带枪支的乘机规定

（1）执行国家保卫对象和重要外宾保卫任务的警卫人员佩带的枪支、子弹由本人携带。

（2）由安检部门通知机组。

（3）安全员负责核实，无安全员的航班由乘务长负责核实。

（4）子弹、枪支由持枪者本人对枪、弹分离保管。

（5）禁止向警卫人员提供任何含酒精的饮料。

8. 需要特殊服务的旅客

（1）重要旅客（VVIP、VIP、CIP）。

1）"VVIP"即中央政治局候补委员、国务委员、副总理、最高人民检察院检察长、最高人民法院院长、全国人大常委会副委员长、全国政协副主席、中央军委委员以上职务的重要旅客，以及外国国家元首、政府首脑、国家议会议长、联合国秘书长。

2）"VIP"即省、部级（含副职）以上负责人、军队在职正军职少将以上负责人、公使、大使级外交官、由部、委以上单位或我驻外使、领馆提出要求按重要旅客接待的乘机旅客。

3）"CIP"即工商界重要旅客，对航空公司来讲，是指社会知名度较高、长期以来购票数额较大、对航空服务、效益具有良好促进作用的乘机旅客。

（2）老年旅客。

1）一些年迈又不经常乘机的老年旅客一般都需要帮助，主动与老年旅客沟通打消其顾虑，使其旅途无担忧。

2）一些自尊心、独立能力强的老年旅客（特别是外国旅客）一般不愿意别人为他提供特殊帮助，客舱乘务员要掌握这些旅客的心理特点提供恰当的服务，对于需要帮助的旅客，我们应主动搀扶上下飞机，帮助提拿行李、寻找座位。

3）主动介绍服务项目、服务设备的位置和使用方法，例如安全带、阅读灯、呼叫铃、耳机、座椅、卫生间等。

4）与老年旅客交谈时，声音柔和、声调略高、语速要慢、语言通俗易懂。

5）主动介绍供应的食品，尽量提供热饮和软食。

6）国际航班，帮助填写CIQ单据，经确认后由本人签字。

（3）无成人陪伴儿童（UM）。

1）无成人陪伴儿童是指年龄满5周岁但不满12周岁，没有年满18周岁且有民事行为能力的成人陪伴乘机的儿童。

2）12周岁至15周岁按成人票价购票的旅客，如提出申请，可执行无成人陪伴儿童服务程序。

3）无成人陪伴儿童的运输。

①可以在不换飞机的前提下独自旅行。

②可以在不备降或预计不会因天气原因转移或跳过目的地的航班上独自旅行。

③必须由地面服务人员陪同上机与乘务长交接，且必须备有到达站接儿童的成人名字及地址等有关资料。

④其座位必须已经确认。

⑤不可安排在出口座位处。

⑥无成人陪伴儿童安排应急撤离时的援助者。

4）无成人陪伴儿童的交接责任。

①承运人从接收此儿童起就负全部责任，直到抵达目的地有成人来接为止。

②售票人员根据旅客填写的"无成人陪伴儿童"（UM）运输申请书，为该旅客办理订座和售票，并建立记录文件。

5）无成人陪伴儿童接收责任。

①地面服务人员必须在无人陪伴儿童外衣上戴上统一标志，并负责把儿童送上飞机。

②地面服务人员把儿童送上飞机，向乘务长说明其目的地和接收成人的姓名。

③乘务长检查无成人陪伴儿童资料袋（机票、登机牌、交接者的建议、护照等），核对儿童的手提行李、交运行李牌。

④乘务长在"无成人陪伴儿童乘机申请书"上签字。

⑤乘务长保管"无成人陪伴儿童乘机申请书"。

6）机上服务程序。

①指定专人负责照顾无成人陪伴儿童，不可将其安排在出口座位处。

②客舱乘务员先自我介绍，并定时检查，确保无成人陪伴儿童的健康状况。

③帮助填写CIQ表格，填写无成人陪伴儿童卡，放入儿童的资料袋内。

④飞机下降前向机长报告，要求地面服务人员为无成人陪伴儿童提供特殊服务。

7）落地后移交程序。

①乘务长检查无成人陪伴儿童的各类文件，帮助整理随身携带的物品，等待地面人员进行交接。

②乘务长将签过字的"无成人陪伴儿童乘机申请书"交地面服务人员，同时请地面人员签字，并留存其中的一联。

③航班结束后，乘务长填写"乘务日志"备案，将"无成人陪伴儿童乘机申请书"的存根与"乘务日志"钉在一起以备检查。

④过站时，有地面服务人员陪同才能离开飞机。

⑤在客舱乘务员更换机组而儿童未到达目的地时，下机的乘务长负责将此儿童和有关资料移交给地面服务人员。

⑥遇有航班延误、取消和等待等特殊情况时，乘务长要及时与地面人员联系，必要时，务必将儿童移交给地面服务人员。

⑦在没有工作人员的陪同下，儿童不得下机。

⑧落地后移交给地面工作人员。

（4）婴儿。

1）14天至2岁以内年龄的为婴儿。

2）14天至2岁以内的婴儿必须有成人陪伴，或者在成人座位旁有合适的保障儿童安全的设施。

3）出生不足14天的婴儿和出生不足90天的早产婴儿，一般不予承运。

4）不能坐在出口的座位处。

5）每位成人只能有一名怀抱婴儿。

（5）孕妇。

1）孕妇旅客的运输规则。

①怀孕不足32周的孕妇乘机，除医生诊断不适应乘机外，按一般旅客承运。

②怀孕满32周但不足35周的孕妇乘机，应办理乘机医疗许可，该乘机医疗许可应在乘机前7天内签发有效。

③下列情况一般不予承运：怀孕35周（含）以上者、预产期在4周（含）以内者和产后不足7天者。

④孕妇不得安排在出口座位或上舱。

2)对孕妇旅客的服务。

①登机后,了解孕妇的身体情况。

②主动帮助孕妇旅客提拿、安放随身携带物品,安排入座。

③经常了解孕妇的情况,随时给予照顾。

④飞机起飞、下降时,给孕妇在腹部垫一条毛毯或一个枕头,然后在大腿根部系上安全带,并告知解开的方法。

⑤如遇孕妇将要分娩,客舱乘务员根据分工尽快将孕妇安排在适当位置,与其他旅客进行隔离。

⑥广播寻找医务人员,并为其提供应急医疗药箱和急救药箱。

⑦若没有医务人员,客舱乘务员应参照急救方案有关内容进行处置。

⑧报告机长通知地面,采取相应措施。

⑨填写"机上重大事件报告单"和"客舱故障记录本"。

9. 有障碍性旅客

有障碍性旅客是指在精神上或身体上不健全,因残疾而需要专人照顾才能完成应急撤离飞机者。残疾旅客不应安排在出口座位处,如有必要,与地面工作人员联系处理。残疾旅客可分为可行走者(即上下飞机时不需或仅需很少帮助者)、不可行走者(需要依靠帮助才能上下飞机者,即麻痹症、瘫痪和重病患者等)、精神不健全者(不能理解或接受安全指导而要求客舱乘务员帮助者)、身体上不健全者(不能自理自己的应急撤离而要求客舱乘务员帮助者,此类旅客应坐在靠近地板高度出口处)、听力不健全者(因听力有障碍而要求客舱乘务员帮助者)及视力上不健全者(因视力上有障碍而要求客舱乘务员帮助者,此类旅客应提供盲文安全简介)。

(1)对残疾旅客的护理。

1)不应要求客舱乘务员对残疾旅客的个人需要提供帮助(比如用餐、服药或使用卫生间),除非是出于安全方面的原因。

2)残疾旅客可以决定他的空中旅行是否需要客舱乘务员特殊照顾,但是如果适用下列情况之一者,公司有权决定是否需要客舱乘务员给予安全上的帮助:

①由于精神上不健全而不能理解或遵循安全指导者。

②由于残疾必须依靠别人才能进行应急撤离者。

③由于听力或视力上的不健全而不能接受必要的指导者。

④由于健康原因需要他人帮助处理医疗事务者(如注射)。

3)向地面工作人员联系处理是否需要专门服务事务,如果地面工作人员和客舱乘务员对此有异议,由机长决定。

(2)征求帮助人员。当公司决定而不是旅客提出要求人员帮助时,公司必须准备好这名人员,地面工作人员向下列志愿者中征求:

1)本公司或其他航空公司的雇员。

2)由该旅客选定的人员。

3）愿意帮忙的其他旅客。

4）机上工作人员志愿服务者（如果所在舱位人手允许，作为最后的选择）。

（3）对志愿服务者的要求。

1）应是体格强壮者。

2）必须超过15岁。

3）每位残疾者可以只需一名服务人员。

4）不能附带照顾婴儿、幼儿。

（4）志愿服务者的位置。

1）必须与该残疾旅客相邻。

2）此2人均不可坐在出口座位处。

（5）有障碍性旅客类型和运输。

1）轮椅旅客有以下3种：

① WCHR：旅客能够自行上下飞机，在客舱内能自己走到座位上（R：Ramp，表示停机坪）。

② WCHS：旅客不能自行上下飞机，但在客舱内能自己走到座位上（S：Steps，表示台阶）。

③ WCHC：旅客完全不能走动，需他人协助才能进入客舱座位（C：Cabin seat，表示客舱座位）。

WCHS和WCHC在每一航班的每一航段限载两名。

2）担架旅客STCR。

①担架旅客只能安排在普通（Y）舱的后排座位上。

②担架旅客必须有陪伴人员，每一航班的每一航段限载一名担架旅客。

3）盲人旅客。每一航班上限有一名带导盲犬的盲人旅客或两名无陪伴的盲人旅客。盲人旅客在航行旅行的整个过程中有健康的成人陪伴，该盲人旅客可按照一般普通旅客接受运输。

4）聋哑旅客。已满16周岁的聋哑旅客乘机的接受与运输条件同一般旅客，不满16周岁的聋哑旅客单独乘机，一般不予承运。特殊情况下，必须有自愿帮助的旅客陪伴。每一航班上限运一名携带助听犬的聋哑旅客。

拓展阅读

残疾人的残障类别和残障程度

残疾人的残障类别和残障程度见表3-3。

表 3-3　残疾人的残障类别和残障程度

类别和程度	具体说明
听力残疾	听不到或听不清周围环境声及言语声，并携带助听犬进入客舱
视力残疾	盲及低视力
肢体残疾（2级）	基本不能独立实现日常生活活动
肢体残疾（1级）	不能独立实现日常生活活动
智力残疾	智力显著低于一般人水平，并伴有适应行为的障碍
精神残疾	各类精神障碍，存在认知、情感和行为障碍
其他残疾	携带辅助犬进客舱

10. 动物押运管理者

（1）乘务长应确保在对动物押运管理者安全告示之前不允许其进入主货舱。

（2）在货舱内的动物管理者最多为2人。

（3）动物管理者在起飞和着陆过程中不允许停留在主货舱。

（4）到主货舱的次数应尽量少，时间要尽量短，且必须在机长、乘务长允许之下。

（5）对动物管理者告示的内容包括下列项目：

1）在主货舱内禁止吸烟。

2）示范氧气瓶的使用方法。

3）起飞和着陆及飞行中，当系好安全带广播播出时，动物管理者应回到座位上。

4）客舱失密时，打开氧气瓶，带上面罩，如果时间允许，回到座位上；如果时间不允许，就近采取安全措施，当飞机下降到安全高度时，回到座位上。

5）当动物管理者进入主货舱时，客舱乘务员应主动为他打开货舱门；当动物管理者进入主货舱后，客舱乘务员应提示门关闭，但钥匙须留在门把手上，从货舱出来时，确认关好门，取下钥匙并存放好。

6）当动物管理者从货舱出来时，客舱乘务员需确认拦网固定完好。

职场小贴士

特殊/限制性旅客运输标准

（1）特殊/限制性旅客四字代码见表 3-4。

表 3-4　特殊/限制性旅客四字代码

四字代码	释义
BLND	视觉残疾的旅客

续表

四字代码	释义
BSCT	婴儿摇篮服务
DEAF	听觉残疾的旅客
DAPA	肢体残疾但无须轮椅的旅客
DPNA	智力残疾或精神残疾的旅客
INAD	被拒绝入境旅客
LEGL	左腿受损的旅客
LEGR	右腿受损的旅客
INFT	婴儿旅客
MEDA	伤病旅客
MAAS	需要引导和（或）协助办理手续的旅客
PETC	客舱运输服务犬旅客
STCR	担架服务
UMNR	无成人陪伴儿童
WCHC	机上轮椅服务
WCHR	地面轮椅服务
WCHS	登机轮椅服务

（2）限制性旅客载运标准，见表3-5。

表3-5 限制性旅客载运标准

机型	婴儿		无成人陪伴儿童	担架旅客	机上轮椅旅客	携带服务犬进客舱的旅客	无人陪伴盲人	无人陪伴的智力或精神残疾旅客	犯罪嫌疑人
	跨水运行	陆地运行							
B737-700/800/8	4	18	5～8岁限制承运5人。8岁以上无数量限制	1		4			3
A319/A320	4	18							
A321	5	18							
B747	8	20							
B777-200	8	16							
B777-300ER	11	16				6			
B787-9	8	16							
A330	10	16							
A350-900	10	16							

三、其他旅客管理

1. 违反航班规定的旅客处置

每一位乘机旅客都应遵守《中华人民共和国航空法》《公共航空运输承运人运行合格审定规则》《中华人民共和国民用航空安全保卫条例》等的有关规定，如果旅客违反了上述规定，航空公司的基本原则和责任是首先应委婉恰当地劝告旅客遵守航空法法规，如果旅客接受劝告，遵守规定，航空公司就没必要采取进一步的措施，但是，如果旅客拒绝或不能遵守法规，应立即通知机长以寻求合适的解决方案。

2. 旅客更换座位的处理

旅客更换座位的原因有两个方面：一方面是航空公司原因，为了飞机平衡，将客舱设备损坏、座位重号、不符合条件的旅客安排在出口座位等。对这些旅客，民航乘务员一定要为旅客安排合理的座位。另一方面是旅客原因，在飞行中，旅客由于自身的种种需求提出更换座位的情况比较多见，民航乘务员应区别对待，尽量满足旅客的需求；不能满足时，应向旅客委婉作出解释。

当旅客需要更换座位时，应按下列原则处理：

（1）尽量满足旅客的要求，但要注意飞机载重平衡，同时更换座位要以旅客自愿为前提。

（2）舱位等级不同时不能更换座位。

（3）不允许不符合条件的旅客坐在紧急出口座位。

3. 旅客物品遗失

当发生旅客物品遗失事件时，民航乘务员应遵循的处置原则是千方百计寻找失主并归还。当旅客报告丢失物品时，民航乘务员应先问清楚丢失物品品名和丢失地点，了解物品颜色、大小及其他特征，并立即报告乘务长和机长。

（1）在空中，询问旅客之前去过哪些地方，帮助旅客共同寻找。如果未找到，必须在飞机落地后，在清舱过程中发动全体民航乘务员仔细寻找。

（2）飞机关舱门后，除采取上述措施外，还应问清楚遗失物品旅客的地址、旅行目的地、联系方式等。向旅客解释：飞机已关舱门，不能下机寻找，此事已通报地面人员去查询，到达目的地后请与当地有关人员进行联系。

（3）未找到时，经查询而未找到旅客丢失物品时，应歉意地告知旅客如果以后找到会及时通知，要体谅失主的心情，并耐心做好工作。

4. 行李砸伤旅客

无论是不是民航乘务员的原因造成的行李砸伤旅客，民航乘务员都要诚恳地向旅客道歉，因为事故是发生在飞机上。检查旅客有无受伤，如受伤，民航乘务员应及时帮助旅客处理伤口，并立即报告乘务长。如果旅客伤势严重，应通知机长与地面取得联系，请求地面的医疗救助。如果是民航乘务员的原因造成旅客砸伤，旅客要求赔偿，民航乘务员不能私下解决，可以通过机长通知地面医疗机构，在飞机落地后送旅客去医院检查，民航乘务员应根据医疗机构的诊断情况承担相应的责任。

5. 旅客在飞机未起飞前要求下飞机的处理

（1）乘务员必须仔细查看该旅客的机票，确认该旅客是否是中转旅客。

（2）立即将此情况报告机长，做好有关记录。

（3）该旅客必须将随身行李全部带下飞机，如有托运行李的，必须按照行李标签将行李取出，将其行李放置到远离飞机和人群的位置进行隔离。

（4）对此类行李应由旅客亲自确认，经开包检查验证无误后，交还给旅客本人。

（5）该旅客下飞机后，机组必须对该旅客座位及其周围区域进行严格的安全检查。

6. 旅客要求进入驾驶舱

（1）在地面时，除非有航空公司的有关人员陪同，否则不允许任何人进入驾驶舱。

（2）在航班中，中国民航法规将进入驾驶舱的人员严格限制为有特定任务的机组成员和其他经授权的人士（如局方航空安全监察员、经授权的公司员工等）；要求进入驾驶舱的人士必须向机长出示有关证件，并征得机长的同意。

（3）携带证件的 CAAC 监察员和局方委任代表应该被允许自由地、不受阻碍地进入驾驶舱。

（4）出于安全的原因，任何机组成员都必须有礼貌地拒绝希望进入驾驶舱参观的旅客。

7. 拒绝运输的旅客

（1）下列旅客可被要求下机：

1）无机票登机的旅客。

2）无登机牌的旅客。

3）错上飞机的旅客。

4）座位超售的旅客。

（2）拒绝下机旅客的处理。

1）如果所有要求旅客下机的方法均告失败，地面值机人员或机长，可以要求当地机场公安强制旅客下机，如果旅客仍拒绝下机，将被指控为非法行为，并且由公安人员强制带走该旅客。

2）如果一位旅客是由于上述原因被从飞机上撤下，在航班结束后，乘务长必须填写"机上重大事件报告单"。

（3）可不接受的旅客。如有以下任何一种旅客已登机，乘务长应及时报告机长要求地面值机人员进行处理。

1）是或像是中毒者。

2）是或像是吸毒者。

3）要求静脉注射者。

4）已知是传染性疾病患者并在航班中有传染他人可能性，或该人无法提供无传染危险的有效证明。

5）拒绝人身或物品安全检查者（民航法规规定所有旅客及其行李必须经过安全检查，旅客可以接受或拒绝，如果拒绝，则不允许登机）。

8. 机上发生失窃的处理

（1）如果机上发生失窃，客舱乘务员首先要经证实报告乘务长，乘务长报告机长，将如下信息通知给即将到达的航站：

1）丢失物品及其价值。

2）失窃是在机上发生的。

3）是否在有可能丢失的地方查找到。

4）是否在到站时，旅客要报案。

（2）如果旅客要求报案，客舱乘务员要对他确认：

1）如果警方介入，会产生一些不方便，旅客不能按时下飞机。

2）如果失物是很难确定物主的，如现金等，找回的希望渺茫。

（3）在落地前，由乘务长广播，由于一位旅客提出要求，已向警方报案，请旅客在飞机落地后坐在原位，乘务组要尽力让旅客知道不是机组成员采取的行动。

9. 在酒精、麻醉品作用下的旅客

（1）起飞前。

1）如果一位旅客登机时，显示醉态或在麻醉品作用影响下，干扰了机组正常工作，危及旅客、机组成员的安全，应通知机长和地面值班人员。

注意：不要直接或间接地指明旅客可能醉了或是受到了麻醉品的作用。

2）地面值班人员或机长应当协作并把握事态，采用任何认为是必要的措施，包括劝其下飞机。

（2）飞机移动。

1）如果一位旅客显示醉态或在麻醉品作用之下发生在推飞机之后，通知机长，并由机长来决定是否滑回、劝其离机。

2）如飞机返回登机口，通知地面值班人员，处理该旅客的离机及以后事宜。需开机舱门时，执行机舱门再次开启程序。

（3）空中。

1）如一旅客在起飞后显示醉态或在麻醉品作用下，应立即通知机长。

2）用礼貌而坚决的态度处理，并特别注意避免身体冲突。

3）乘务长要在机长的指示下采取措施。

4）记录事件全过程，采集证据并将此事件报告机长。

（4）到达目的地。

1）客舱乘务员应向警察或其他有关人员讲明该旅客的情况，如有需要，提供相关证据材料。

2）乘务长填写"机上重大事件报告单"，并报请机长签字。

3）向本单位汇报，及时交回"机上重大事件报告单"。

10. 特殊餐食旅客

为确保特殊餐食能及时装机，旅客应在购票时（至少起飞前24小时）提出预订特殊餐食的要求，由售票人员通知航空食品公司或公司客舱供应处，并填写"特殊餐食

服务通知单"。"特殊餐食服务通知单"上应列出特殊餐食的编码种类、旅客姓名、座位位置及特殊要求。客舱乘务员应根据通知单的内容,为旅客提供准确及时的特殊餐食服务。特殊餐食种类见表3-6。

表3-6 特殊餐食种类

序号	英文代码	英文全称	中文名称
1	DBML	DIABETIC MEAL	糖尿病餐食
2	HNML	HINDU MEAL(NO.BEEF)	印度餐食
3	MOML	MOSLEM MEAL(NO.PORK)	穆斯林餐食
4	SFML	SEAFOOD MEAL	海鲜餐食
5	CHML	CHILD MEAL	儿童餐食
6	BBML	BABY MEAL(POST WEANLING)1～2YEARS	婴儿餐食(断奶)
7	RVML	RAW VEGETARIAN MEAL	生蔬菜餐食
8	VLML	VEGETARIAN MEAL(CONTAINING EGG DAIRY)	蛋、奶斋
9	FPML	FRUIT PREPARATION MEAL	水果餐食
10	VGML	VEGETARIAN MEAL	素食

职场小贴士

食物中毒的旅客

当旅客出现食物中毒或怀疑出现食物中毒时,机组人员应遵照以下程序:
(1)乘务员应立即采取规定的急救措施,并通知机长。
(2)保留所有怀疑有问题的食物。
(3)如果情况非常严重或涉及机组成员,应考虑做非计划着陆;通知ATC和公司运行控制部门。
(4)机长递交一份事件报告。
(5)所有配餐供应品应封存保留,在下一航站供卫生部门检查。

四、冷藏药品需求旅客

原则上乘客要求冷藏的药品应自行保管。乘客在航班中要求冷藏药品,可将之放入盛有冰块的塑料袋内,但绝不能将药品冷藏于厨房区域,特别是冷藏柜、冰柜或餐车中。

单元三 对旅客威胁客机安全行为的管理

一、旅客行为不当的处理

在航班飞行中,一名或多名旅客的破坏性行为将对其他旅客或飞机的安全形成威胁,民航乘务员必须及时、冷静地作出处理。本单元将介绍旅客哪些行为不当可能具有破坏性,以及在遇到行为不当的旅客时民航乘务员的处置措施。

行为不当的旅客是指那些阻止民航乘务员履行职责,从而对航空安全构成威胁的旅客。

在旅客登机时,民航乘务员应观察旅客的行为。如果旅客在登机时举止可疑或有威胁性的行为,民航乘务员应采取措施进行查证并决定是否有必要在飞机起飞前将该旅客带离飞机。在飞行的过程中,民航乘务员发现旅客行为不当时,处置难度会更大,民航乘务员在采取措施时要避免旅客的行为向更具有威胁性或更暴力的方向发展。如果民航乘务员处置不当,一件小事也可能迅速恶化。如旅客有威胁性或侮辱性的行为,或对飞行安全构成威胁时,就造成了安全问题,民航乘务员必须严肃对待,对行为不当的旅客可能造成的后果要保持警惕,并积极主动地采取必要的措施,冷静、高效地消除破坏性甚至是暴力行为。

职场小贴士

旅客行为不当的范围

旅客行为不当主要表现在以下方面:
(1)对机组人员和其他旅客进行语言攻击。
(2)威胁要进行伤害。
(3)以不恰当或进攻性方式与机组人员或其他旅客发生身体接触。
(4)不遵守民航乘务员或机长的指令。
(5)违反公布和明示的规则(在飞机的禁烟区内吸烟并不听劝阻的行为;在飞机飞行中使用已声明不准使用的任何通信载体、电子玩具、仪器设备等)。
(6)试图硬闯驾驶舱。
(7)乱动应急出口或应急设备。
(8)过量饮酒。

民航乘务员的首要职责是确保旅客飞行中的安全、健康和舒适。因此，民航乘务员必须辨别旅客的不当行为并及时、正确地进行处置。可以把旅客的不当行为分成不同等级，见表3-7，根据具体情况采取正确的处置措施。

表3-7 旅客不当行为等级及正确的处置措施

等级	描述	具体案例	处置措施
一级	旅客表现出破坏性行为，但遵守民航乘务员要求	一名旅客与过道另一侧旅客发生争吵，他们的言辞和语气都不恰当	民航乘务员要求旅客停止争吵，并为其中一名旅客更换座位，将他们分开，防止情况恶化
二级	旅客对民航乘务员的要求没有反应。继续采取破坏性行为	一名旅客被确定两次在卫生间吸烟。乘务长在该旅客第一次吸烟时已告知在整个飞行期间卫生间禁止吸烟。旅客必须遵守此规定	建议给旅客提出书面警告，声明继续这种行为将造成的后果
三级	（1）在两次警告后继续干扰机组人员行使职责的行为； （2）使民航乘务员或旅客受伤、对民航乘务员或旅客造成严重伤害的威胁性行为； （3）必须使用禁锢用具控制旅客以确保飞机、机组人员和旅客的安全	旅客推搡走近的机组人员并猛击试图制服自己的旅客	某些情况需要立即拘禁该旅客或改变航线。机长对任何安全问题及需要采取的措施享有最高处置权

所有涉及旅客不当行为的事件都要上报并按照航空公司规定进行记录，相关民航乘务员需要填写航空公司相关文件或提供书面证词，有助于航空公司或其他部门对事件和情况有所了解，这些资料在犯罪分子接受审判时将作为证据。

二、旅客违规和扰乱秩序行为的处置

旅客应遵守《中华人民共和国民用航空法》《大型飞机公共航空运输承运人运行合格审定规则》《中华人民共和国民用航空安全保卫条例》及《中华人民共和国治安管理处罚法》中的有关规定。

旅客违规和不文明行为包括可能危及飞机飞行安全的行为和扰乱秩序的行为。航空公司的基本原则和责任是，首先应委婉恰当地劝告旅客遵守航空法法规，如果旅客拒绝或不能遵守法规，应立即通知机长以寻求合适的解决办法。

旅客违规行为和扰乱秩序的行为见表3-8。

表 3-8 旅客违规行为和扰乱秩序的行为

项目	内容
旅客违规行为	旅客违规行为是指可能危及飞行安全的行为，包括但不限于： （1）戏言劫机、炸机； （2）未经许可企图进入驾驶舱； （3）违反规定不听劝阻； （4）在客舱洗手间内吸烟； （5）殴打机组人员或威胁伤害他人； （6）谎报险情，危及飞行安全； （7）未经允许使用电子设备； （8）盗窃或者故意损坏救生设备； （9）违反规定开启机上应急救生设备； （10）其他可能危及飞行安全的行为
旅客扰乱秩序的行为	旅客扰乱秩序的行为。包括但不限于： （1）寻衅滋事、殴打旅客； （2）酗酒滋事； （3）性骚扰； （4）破坏公共设施； （5）盗窃机上物品； （6）在禁烟区吸烟； （7）冲击机场； （8）强行登占航空器； （9）其他扰乱民用航空器运营秩序的行为

机场管理机构和公共航空运输企业应当按照《处置非法干扰民用航空安全行为程序》（总局公发〔1999〕174 号）做相应处置规定。

1. 客舱内酗酒滋事、性骚扰、打架斗殴、偷窃机上物品、在禁烟区内吸烟等扰乱秩序行为的处置

（1）飞机起飞前。民航乘务员或安全员应对酗酒滋事、打架斗殴行为及时制止，制止无效报经机长同意，立即通知机场公安机关将行为人带离飞机。

（2）飞机飞行中。

1）飞行中发现酗酒滋事行为，民航乘务员应责成其同行者予以控制。如无同行者或同行者无法控制，安全员可报请机长同意，对其采取临时管制措施，飞机落地后移交机场公安机关处理。

2）在飞行中发现有性骚扰行为，民航乘务员应视情况调整当事人的座位，避免发生冲突。

微课：扰乱行为处置——洗手间吸烟

3）在飞行中发生上述行为直接威胁到机组和旅客人身安全、飞行安全或无法制止事态发展时，安全员应报经机长同意对行为人采取临时管制措施。

4）在飞机上发生偷窃机上物品事件时，机组应通过空管部门及时通知机场公安机关做好处置准备。

2. 偷盗、违反规定开启或损坏机上应急救生设备等行为的处置

（1）对于偷窃、损坏机上应急救生设备的行为人，机组应及时采取措施消除危害。并将行为人及相关证据移交机场公安机关处理。

（2）对于无意触碰、开启机上应急救生设备的行为人，机组应及时制止，未造成后果的，可对行为人进行教育；致使设备损坏、造成严重后果的，机组应采取补救措施，并及时收集有关证据移交机场公安机关处理。

（3）机长应指令机组人员在旅客登机后进行必要的通告和宣传，对机上应急设备进行经常性检查。安全员要注意及时收集非法行为证据。

3. 飞机上盗窃旅客财物行为的处置

（1）飞机起飞前。任一机组人员发现盗窃行为时应及时制止，并立即通过乘务长报经机长同意，通知机场公安机关登机处理。

（2）飞机飞行中。

1）在飞行中一旦发现机上有盗窃行为，民航乘务员要沉着冷静，不宜直接对嫌疑人采取措施，避免造成混乱。

2）民航乘务员应立即通过乘务长报经机长，并监控嫌疑人，同时保护封存物证，不允许任何人触碰"证物"。

3）在确认是一人作案的情况下，安全员在可以控制局面的前提下表明身份，对嫌疑人采取管束措施。

4）在不能确定是否一人作案时，安全员应以调解员的身份进行调解工作，民航乘务员可帮助协调"当事人"调整座位并进行调解，乘务长协助调解，注意控制双方的情绪，避免在机上发生骚扰或打斗事件，危及航空安全。

5）机长应及时与目的地机场公安机关取得联系，待飞机落地后，将嫌疑人、当事人、证人和证物一并移交公安机关处理。

6）所有机组人员应积极协助公安机关调查取证。

> **职场小贴士**
>
> 无论是在飞机飞行前或在飞行中发生的盗窃旅客财物事件，自始至终，所有民航乘务员必须做好旅客的安抚和解释工作，及时缓和客舱内紧张气氛，安全员要认真履行职责，加强巡查。防止再次发生盗窃事件。

4. 旅客携带管制刀具、武器等凶器的行为的处置

（1）飞机起飞前。

1）民航乘务员和安全员应立即报告机长。

2）机长通知机场公安机关登机进行处置。

3）机组应积极配合机场公安机关进行处置，并提供相关证据。

4）在该事件未得到处置之前，飞机不能起飞。

(2)飞机飞行中。

1)乘务长、安全员应立即报告机长,并通知机上各区域民航乘务员提高警惕。

2)机长通知全体机组成员做好处置突发事件的准备。

3)机长立即将情况报告空中交通管制(ATC)和航空公司运行控制中心,并协调地面制定处置方案。

4)遵照机长指令,由安全员与该旅客进行周旋。

5)民航乘务员要注意观察旅客动态,维持好客舱秩序。

6)飞机降落后,机组配合地面机场公安机关进行处理。

职场小贴士

民航乘务员防范措施与航空安全措施

(1)民航乘务员防范措施。任何与航空运营活动有关的个人都有责任遵守和恰当实施安全程序,民航乘务员更应随时保持高度警觉,而不仅是在有特定安全警报时才警觉。民航乘务员首先应妥善保管自己的制服、身份证和民航乘务员工作手册。工作手册能够被恐怖分子利用以获得安全程序信息,制服可被他们用来伪装成航空公司民航乘务员。任何这类物品的丢失或者被盗都应及时向航空公司上报。在任何情况下都不允许机组人员替他人捎带物品,如给他人捎带包裹或信件。在飞行前,机组人员须执行客舱安全检查,确保负责的客舱区域内没有隐藏的外来物品或人员。在飞行过程中,要监控旅客是否有可疑行为。机组人员在确保没有任何非法干扰危害飞机、机组人员或旅客安全的事件发生方面发挥着重要的作用,因为他们有责任对客舱进行监控,包括从开展安全检查到进出驾驶舱等各个环节。国际和国内民航组织,以及航空界的共同努力都将有效地实施安全策略,保证飞行安全。

(2)航空安全措施的目的是遏制威胁。航空安全措施包括以下方面:

1)机场安全。确保整个机场不被袭击。这包括对机场区域的监管与安全防护,国界区域的日常巡逻,保持飞机跑道区域的安全和不被违法者入侵,并且在特定情况下只准许机场工作人员和旅客进入候机楼。

2)飞机安全。在飞机停场期间,为确保安全,应关闭飞机舱门。

3)旅客与客舱行李。安全检查是保证所有旅客和其行李中不携带武器或危险物品的必要措施。

4)托运行李。确保托运的行李都通过安全检查,并且在每架飞机上都有托运行李的携带者。

5)货物和邮件。检查并扫描所有的货物和邮件物品,跟踪其运送的过程,检查发运者和收货者的身份。

> 6）机上与机场的供应品。所有供餐设备、机上与机场的商店都遵循严格的安全检查措施。
> 7）飞行中的安全措施。航班中的运行程序是为了避免非法干扰行为袭击飞机和工作人员。
> 8）工作人员的聘用与培训。机组成员保持高度警惕，发现任何情况都要上报，并且在安全事故发生后要立即采取行动。所有员工要经过背景资料审查，才能申请机场身份证，以进入限制区域。
> 9）安全设备。安全设备是指在安全事故中，机组成员为了降低风险而使用的设备。要确保安全设备在指定位置，防止犯罪者接近这些设备或损害飞机安全。

三、旅客非法行为的处置

非法行为是指违反有关航空安全的规定，危害或足以危害民用机场、航空器运行安全或秩序，以及有关人员生命和财产安全的行为。具体内容如下：

（1）劫持飞机，以暴力或恐吓等形式试图胁迫机组操纵飞机改变或偏离预定航线或目的地的非法行为。

（2）以任何方式在飞机上放置一种装置（爆炸装置等）或物质（易燃易爆物品等）导致危及飞行安全的行为。

（3）对飞行中对执行任务的机组成员或旅客进行暴力侵害或威胁危及飞行安全的行为。

（4）故意传递劫机、炸机等虚假信息，导致飞机飞行中断，危及飞行安全的行为。

（5）在飞行中故意扰乱机组工作或影响客舱正常秩序的活动及行为。

（6）以任何借口或理由盗窃、故意损坏或擅自移动救生物品和设备的活动及行为。

（7）在飞机上打架、酗酒、寻衅滋事的行为。

（8）故意导致飞机飞行中断，或飞行安全受到危害及不良影响的行为。

（9）携带管制刀具、武器和易燃易爆等危险品登机的行为。

（10）机上盗窃旅客物品的行为。

1. 客舱内声称劫持飞机或有爆炸物的处置

（1）辨明真伪。机组和其他工作人员遇到客舱内有人声称要劫持飞机或有爆炸物时，首先要辨明真伪。如行为人确有劫机、炸机等破坏行为，或者情况难以辨明时，立即按照反劫机、炸机预案处置。如行为人是因为对航班延误、民航服务等原因发泄不满而出现的语言过激行为，按照规定程序处置。

（2）在起飞前发生的劫持飞机或有爆炸物的处置。

1）任何一名民航乘务员或安全员接到信息，应设法通过乘务长将信息传递给机长。

2）安全员和民航乘务员应对行为人及其行李物品进行监控，并注意观察行为人有无同伙，同时进行监控。

3）机长应立即将情况报告机场公安当局，由警方登机进行处理。

4）民航乘务员应做好客舱内旅客解释安抚工作，及时稳定旅客情绪，防止事态扩大。

5）机组人员应积极配合机场公安人员做好调查取证工作，必要时动员知情旅客提供证明。

（3）飞机起飞后发生的劫持飞机或有爆炸物的处置。

1）任何一名民航乘务员或安全员接到信息，应设法通过乘务长将信息传递给机长。

2）安全员和民航乘务员应对行为人及其行李物品进行监控，并注意观察行为人有无同伙，同开进行监控。

3）如行为人有过激行为，机组人员应进行约束，待飞机降落后移交机场公安人员处理。

4）公安机关将行为人及其行李物品带离飞机后，民航乘务员或安全员应对该行为人座位及行李架进行安全检查，如有托运行李应从飞机上卸下。

5）机长在航班结束后将情况书面报告公司保卫处。

2. 客舱内酗酒滋事、性骚扰、打架斗殴、偷窃机上物品、在禁烟区内吸烟等扰乱秩序行为的处置

（1）飞机起飞前。民航乘务员或安全员应对酗酒滋事、打架斗殴行为及时制止，制止无效报经机长同意，立即通知机场公安机关将行为人带离飞机。

（2）飞机飞行中。

1）飞行中发现非法干扰行为时，民航乘务员应责成其同行者予以控制。如无同行者或同行者无法控制的，安全员可报请机长同意，对其采取临时管制措施，飞机落地后移交机场公安机关处理。

2）在飞行中，发现有性骚扰行为，民航乘务员应视情况调整当事人的座位，避免发生冲突。

3）在飞行中，如发生上述行为直接威胁到机组、旅客人身安全、飞行安全或无法制止事态发展时，安全员应报经机长同意，对行为人采取临时管制措施。

4）在飞机上发生此类非法干扰事件时，机组应通过空管部门及时通知机场公安做好处置准备。

3. 偷盗、违反规定开启或损坏机上应急救生设备的处置

（1）对于偷窃、损坏机上应急救生设备的行为人，机组应及时采取措施消除危害，并将行为人及相关证据移交机场公安机关处理。

（2）对于无意触碰、开启机上应急救生设备的行为人，机组应及时制止。未造成后果的，可对行为人进行教育；致使设备损坏、造成严重后果的，机组应采取补救措施，并及时收集有关证据移交机场公安机关处理。

（3）机长应指令机组人员在旅客登机后进行必要的通告和宣传，对机上应急设备进行经常性的检查，安全员要注意及时收集非法行为证据。

4. 飞机上盗窃旅客财物的处置

（1）飞机起飞前的处置。任一机组人员如发现有盗窃行为时应及时制止，并立即通过乘务长报经机长同意，通知机场公安机关登机处理。

（2）飞机飞行中的处置。

1）在飞行中一旦发现有机上盗窃行为，民航乘务员要沉着冷静，不宜直接对嫌疑人采取措施，以避免造成混乱。

2）民航乘务员应立即通过乘务长报经机长，并监控嫌疑人，同时保护好物证，不允许任何人触碰"证物"。

3）在确认是一人作案的情况下，安全员在可以控制局面的前提下表明身份，对嫌疑人采取管束措施。

4）在不能确定是否为一人作案时，安全员应以调解员的身份进行调解工作，民航乘务员可帮助协调"当事人"调整座位到后舱进行调解，乘务长在旁协助调解，注意控制双方的情绪，避免在机上发生骚扰或打斗事件，危及航空安全。

5）机长应及时与目的地机场公安机关取得联系，待飞机落地后，将嫌疑人、当事人、证人和证物一并移交公安机关处理。

无论是在飞行前或在飞行中发生的盗窃旅客财物事件，自始至终，所有民航乘务员必须做好旅客的安抚和解释工作，及时缓和客舱内紧张气氛，安全员要认真履行职责，加强巡查，防止再次发生盗窃事件。此外，所有机组人员都应积极协助公安机关调查取证。

5. 旅客携带管制刀具、武器等凶器的处置

（1）飞机起飞前的处置。

1）民航乘务员和安全员应立即报告机长。

2）机长通知机场公安机关登机进行处置。

3）机组应积极配合机场公安机关进行处置，并提供证据。

4）在该事件未得到处置前，飞机不能起飞。

（2）飞机飞行中的处置。

1）乘务长、安全员应立即报告机长，并通知机上各区域民航乘务员提高警惕。

2）机长通知全体机组成员做好突发事件处置的准备。

（3）机长立即将情况报告空中交通管制（ATC）和航空公司运行控制中心，并协调地面制定好处置方案。

（4）遵照机长指令，由安全员与该旅客进行周旋。

（5）民航乘务员要注意观察乘客动态，维持好客舱秩序。

（6）飞机降落后，机组配合地面机场公安机关进行处理。

> **职场小贴士**
>
> **机上乘客非法干扰后续处置**
>
> （1）机上干扰行为的上报。主任乘务长（乘务长）应及时填写"机上紧急事件报告单"，并上报客舱安全管理部门。
>
> （2）配合航空安全员进行证据材料的收集与保护。在保证安全的前提下，经机长授权，客舱乘务员应配合航空安全员及时开展收集、保护证据材料的工作。
>
> （3）配合安全员进行机上案（事）件移交。机上扰乱行为时间处置结束后，在机长的统一指挥下，客舱乘务员配合航空安全员做好移交工作。

四、劫机处置

针对航空业的威胁主要来自有政治或犯罪动机的恐怖分子，一些个人或组织出于获得公众的注意、要求释放犯人或其他恐怖分子、要求政府改变政策、削弱或羞辱反对者、恐吓公众并扰乱正常生活和商业活动以及通过威胁或勒索得到钱财等目的而实施劫机、袭击和破坏的犯罪行为。

劫机的分类如下：

（1）以反社会为目的，劫持航空器，撞击重要目标，制造重大事件，造成机毁人亡的自杀性恐怖活动。

（2）以政治要求为目的，劫持航空器，要挟政府的恐怖活动。

（3）以经济要求为目的，劫持航空器，要挟政府的恐怖活动。

（4）以破坏国家安全为目的，劫持载有关系国家安全的重要人员的航空器的恐怖活动。

1. 反劫机处置的基本原则

当飞机被劫持之后，首要考虑的是要保证旅客和航空器的安全。以下是一些基本原则。

（1）安全第一。处置决策以最大限度保证国家安全、人机安全为最高原则。必要时，可以付出小的代价而避免重大损失的发生。

（2）统一指挥。事件处置由国家处置劫机事件领导小组决策，统一指挥。

（3）适时果断处置。抓住时机，果断处置，力争在最短时间内解决，将危害与损失降至最低。

（4）力争在地面处置。空中发生的重大劫机事件，应力争使航空器降落地面进行处置。

（5）力争境内处置。境内发生的重大劫机事件，应尽量避免在境外处置。

（6）机长有最后处置权。在情况紧急，直接危及人机安全时，机长对航空器的操纵和机上人员的行动有最后决定权。

2. 地面处置

如有人在地面做出类似劫机威胁的表述时，收到信息的员工应按照预案的要求及时上报。

3. 空中处置

（1）机组最先获得信息者，应迅速通过暗语、机载设备等方式，设法尽快通知机长和机上空警和航空安全员，并按空中预案进行操作。

（2）如有人在机上做出类似劫机威胁的表述，但没有控制飞机的企图，收到表述信息的机组成员应立即向机长报告，机长则应通知运行控制中心报告情况，空警和航空安全员应及时控制事态，对其采取管束，并通知降落地机场当局，给予落地后的处置协助。

（3）空警和航空安全员或机组、乘务组在得知遇劫信息后，要主动设法接近劫机者，与其交谈或谈判，稳住其情绪，尽可能在最短时间内摸清劫机者有无同伙、凶器、危险品，并辨别凶器、危险品的真伪，以及劫机目的等，将掌握情况立即报告机长。

（4）机长应及时将发现和了解的情况报告地面，报告应包括但不限于以下内容：

1）本次航班的航班号、机型、机号和航路的位置。

2）劫机者的人数、性别、国籍、民族、体貌特征、座位号码。

3）劫机者劫机使用的手段、有无同伙、持何种作案工具。

4）劫机者的要求、目的。

5）机组采取的措施、有无人员伤亡、航空器损坏程度、燃油情况。

6）机组的状态。

7）驾驶舱是否安全。

4. 劫机后处置

（1）要讲究斗争策略，防止矛盾激化，避免出现激怒劫机者的任何言行。

（2）乘务组要稳定旅客情绪，并做好机上服务，配合空警和航空安全员实施处置。

（3）全体机组成员要尽最大可能保护驾驶舱，可采取放置障碍物等方法不让劫机者接近或冲入驾驶舱。

（4）机组应尽快将航空器下降到安全高度，进行释压。

（5）在确认劫机者持有爆炸物、杀伤力强的武器或劫机者人数众多的情况下，机组不宜采取空中反劫机措施，应另外想出方法与劫机者周旋（劫机者采取自杀性以及造成机毁人亡的情况除外）。

（6）以油量不足或天气、资料等原因与劫机者周旋，或佯称满足劫机者要求飞往某地，以麻痹劫机者。

（7）加强客舱巡视，观察旅客动态，注意发现其他可疑情况。

（8）空警和航空安全员或机组其他人员要视情况，主动设法接近劫机者，与其交谈或谈判，稳定劫机者情绪，尽可能摸清劫机者所持凶器、危险品或辨别凶器、危险品的真伪，有无其他同伙，以及劫机的目的等，以便了解劫机者的目的和心理，根据掌握的情况制定反劫机措施。

（9）在无法及时与机长取得联系，而又确有把握制服劫机者的情况下，机组成员应配合空警和航空安全员果断采取措施，及时制服劫机者。

（10）在航空器完全被劫机者控制的情况下，机组应满足劫机者的所有要求。但是，如果劫机者的行为危害航空器和旅客的生命安全或企图用航空器作为自杀式攻击武器时，机组应不惜任何代价将其处置，避免机毁人亡的后果发生。

（11）机组按照地面的指令，飞行机组与空警和航空安全员密切配合，视当时的实际情况，在确有把握的前提下，在飞机着陆后滑行的过程中，以踩急刹车、飞机停稳的瞬间等，趁劫机者不备，易麻痹的有利时机，及时采取果断措施将劫机者制服。

5. 空中遇劫机时机组之间的配合

（1）空警和航空安全员、乘务员应冷静、机智，乘务员、空保人员主要想办法稳住劫机者，防止其冲入驾驶舱，并做好对客舱旅客的监控，用前舱食品车等物阻挡劫机者进入驾驶舱的通道。

（2）当空警和航空安全员被劫机者控制或无法明确身份时，乘务员应想方设法用电话或其他方法迅速报告机长。

（3）乘务员应协助空警和航空安全员了解劫机者有无同伙，所带凶器等情况，以便有针对性地采取反劫机措施。

（4）在判明情况确凿，确有把握的情况下采取反劫机行动。行动之前，空警和航空安全员和乘务员应按照预案实施，确保反劫机行动成功。

（5）劫机者一般处于紧张亢奋状态，空警和航空安全员、乘务员应注意与其谈话的方式，防止事态激化。

6. 对自杀性劫机事件的处置

（1）机组应尽最大努力将航空器降落到最近的机场。

（2）对劫机者进行说服，争取劫机者放弃行动。

（3）如在飞行过程中发现劫机者确有实施机毁人亡的行动时，应不惜一切代价，采取坚决措施，予以阻止。

> **职场小贴士**
>
> 根据《中华人民共和国民用航空法》的规定：以暴力、胁迫或者其他方法劫持航空器的，依照关于惩治劫持航空器犯罪分子的决定追究刑事责任。

五、炸弹威胁处置

航空领域的炸弹威胁大多数只是虚假消息，过去恐怖组织经常制造此类威胁言论，但近年来恐怖分子的策略发生了改变，恐怖分子通常会在不警告航空公司的情况下破坏飞机。这类威胁更可能来自有情绪的雇员或旅客、旅客的朋友或亲属或精神失常的人。例如，晚到的旅客会希望飞机延迟起飞；也有人为阻止某人出行而声称飞机上有炸弹。

制造飞机炸弹威胁是一种犯罪行为，有关部门掌握犯罪细节后会根据调查结果进行处罚，处罚包括罚款和强制监禁。即便是虚假的炸弹威胁也会造成因额外的安全检查而使航班延误，或导致飞机备降等严重后果。

当收到有飞机炸弹威胁的消息时，相关部门便会对其真实性进行考察。此类威胁被分为：红色——需要及时进行应对；琥珀色——需要采取一些措施；绿色——情况并不严重，不需要采取任何措施。评估威胁的过程是机密内容，因此本书不做详细介绍。经验证实，其评估结果是正确可靠的，因此机组人员应该相信所有的飞机炸弹威胁都被正确评估过。

若飞机上有炸弹，机长应先掌握情况，并及时做出决定应该采取何种应对措施。如果是个琥珀色威胁，机长应该继续飞往既定地点，待旅客下机后对飞机进行搜查，或者转移至较近的地点降落。如果威胁被评估为红色，机长应该尽快降落并疏散旅客或者执行快速疏散程序。这样处理的合理之处在于，旅客可以迅速下机，带走他们的行李物品，便于在机舱内部搜寻可疑装置。如果在地面收到威胁预警，机长要决定是紧急疏散旅客，还是使乘客有序、快速下机，后者的好处在于旅客会带走行李，便于对飞机机舱进行搜索。搜索行动将根据收到的威胁及风险评估结果，决定其执行者是安全机构还是机组人员。如果在飞行过程中受到威胁预警，机长应该简要地提示高级别的机组人员执行应急简报程序。如果长时间无法降落，机长应要求机组人员对机舱内部进行持续的细致搜查，找出一切会对飞机造成威胁的可疑物品。对机舱进行细致搜寻可能因旅客仍在飞机内而困难较大。但机组人员应该运用专业知识，提高警觉性，在维持旅客情绪稳定的情况下，保证搜寻的进行。

有一种搜寻方法叫作"屏障搜索法"。即从飞机的一端开始搜索。指定一名机组人员站在过道中间作为屏障。其他机组人员请两排或者三排旅客离开座位，并带离自己的行李物品等候在屏障以外的过道中间。等这两排或者三排座位清空后，机组人员便对其进行仔细搜索，搜索范围包括座位的口袋、救生装置、坐垫、座套、机内娱乐装置及行李架。如果在空座位上发现任何物体，机组人员在判断其是否为可疑物品之前，应该询问周围旅客这是否为个人物品。空出的座位检查完毕后，作为屏障的机组人员则对旅客的随身物品、口袋进行检查，确保这些物品都是旅客的个人物品，并引导旅客回到座位上。作为屏障的机组人员此时便可以往之后的两排或三排移动，并执行之前的程序，直到整个机舱完成搜索。机舱搜索范围也包括厨房和厕所。要确保所有的区域都被搜索过。飞行机组人员还应搜索飞行舱。

搜索期间，机组人员仍要准备在最近的、合适的机场进行紧急备降并实施应急撤离程序。一旦飞机降落，机舱清空，飞机将作为犯罪现场，交由警方进行搜查。

若飞机上有炸弹，客舱处置程序如下：

（1）处置条件。在以下一个或几个条件下，以及在 20 分钟内不能使飞机着陆并撤离旅客，执行此程序。

1）飞机上发现有爆炸装置。

2）怀疑飞机上有爆炸装置。

3）被告知飞机上有爆炸装置。

（2）处置程序。由乘务长和安全员组织乘务组进行处置，保持与驾驶舱的联系。

1）如果发现炸弹。首先应固定好炸弹，防止滑动。避免震动并以发现时的姿态固定好，在检查有无防移动点火装置之前不要移动，不要切断或剪掉任何导线，然后由乘务长广播寻找 EOD 专家。再引导旅客离开炸弹，旅客转移前报告机长。要求所有旅客坐到距离可疑物至少 4 排座位远的位置，系好安全带，收起小桌板，调直座椅靠背。如果座位已满，应坐在客舱前部安全区域的地板上。靠近可疑物的旅客应用柔软物护住头部，低下头，俯下身。最后，确保最低风险爆炸区（LRBL）附近的所有非必要的电源都必须关闭；解除滑梯预位，避免损坏滑梯连接处地板结构和地板下面的有关系统；检查炸弹无防移动装置。要检查是否有防移动电门或手柄，用一根绳子或硬卡片（如紧急信息卡）插到炸弹下面不要碰到炸弹。如果绳子或卡片不能插到炸弹下面，说明炸弹有防移动电门或手柄。如果使用的是卡片且能插到炸弹下面，则把卡片留在炸弹下面并随炸弹一起移动。如果探测出防移动装置，也可以把炸弹连同其所处表面一起移动，如隔板或坐垫。

2）如果无法移动炸弹。如果无法移动炸弹到最低风险爆炸区，可用塑料薄膜（如垃圾袋）包住炸弹，再用湿材料和其他减弱冲击波的材料，如坐垫、毛毯和柔软的手提行李覆盖，应注意避免弄湿炸弹使电动定时器短路。让乘客尽量远离炸弹。

3）如果炸弹可以移动。如果炸弹可以移动到最低风险爆炸区，通知旅客移动前报告机长。要求所有旅客坐到距离可疑物至少 4 排座位远的位置，系好安全带，收起小桌板，调直座椅靠背。如果座位已满，应坐在客舱前部安全区域的地板上。靠近可疑物的旅客应用柔软物护住头部，低下头，俯下身。解除滑梯预位，避免损坏滑梯连接处地板结构和地板下面的有关系统。最低风险爆炸区准备：在舱门中部下面，使用固定行李堆起一个平台，低于门中部约 25 厘米（10 英寸）；在平台上面再放上至少 25 厘米（10 英寸）打湿的物品，如毯子、坐垫和枕头等。炸弹移到最低风险爆炸区，把炸弹以其原有的姿态小心移动到打湿物品的上面，用塑料薄膜（如垃圾袋）包住炸弹，避免弄湿炸弹使电动定时器短路，保持其姿态不变并使炸弹尽可能地靠近舱门结构；完成在炸弹周围和上面放置最小 25 厘米（10 英寸）打湿物品；在炸弹与舱门之间不要放置任何东西，并使炸弹周围的空间减到最小。目的是在炸弹周围建立起一层保护层，这样爆炸力就可以被引到唯一的未受保护区域，以免破坏舱门结构。在炸弹周围的地方填充座椅垫和其他柔软物品（如手提行李），直到客舱顶部。在炸弹周围堆放的物品越多，爆炸损坏越少。只使用柔软物品，不要使用任何金属物品，以防止它们可能会危险地四处飞散。

4）飞机在地面停住，组织旅客撤离，避免使用（最低风险爆炸区）一侧和靠近炸弹的出口撤离。使用所有可用的机场设施离机，不要拖延。

拓展阅读

最低风险爆炸区

最低风险爆炸区是指飞机上如果爆炸物在该区域爆炸,对飞机的破坏最小的特定区域。各机型最低风险爆炸区(LRBL)见表3-9。

表3-9 各机型最低风险爆炸区

机型	位置
B733/737/738	右后舱门(2R)的中部
B757	右后舱门(4R)的中部
B777/B787	右后舱门(4R)的中部
A319/A320	右后舱门(2R)的中部
A321	右后舱门(4R)的中部
A330	右后舱门(4R)的中部
A380	右后主舱门(M4R)的中部
E190	在飞机尾部,左侧倒数第二个窗口中央最近的地方
EMB145	第3排行李架

注意:最低风险爆炸区只能提供最低限度的爆炸防护。因此,必须尽量让旅客远离该区,并且在爆炸物周围覆盖尽可能多的缓冲物。在座椅靠背水平面以上,只能堆放软性缓冲物。

航空器安全措施及受到威胁时的处理程序

(1)航空器安全措施。

1)在旅客登机前,机组成员应对航空器的客舱和驾驶舱各部位进行检查,在排除外来物和无关人员时方可让旅客登机。

2)航空器在空中,驾驶舱门应从内锁好,机组人员出入驾驶舱时,须电话告知民航乘务员,经观察无异常时方准许出入。

3)航空器在中途停站,民航乘务员应检查客舱,以确定到站旅客已带走其全部行李物品。航空器如作短暂停留,机组应留人在机上监管,防止未经许可的人员登机;如果停留较长时间(1.5小时以上),又无人在机上、周围或附近工作,须关闭所有舱门并加封条,撤走廊桥或客梯。

(2)飞机停留地面时受到蓄意破坏行为的威胁。机长、运行控制中心、机场和安全机构将讨论蓄意破坏行为的威胁,并决定应该采取哪些措施。一旦确定威胁的确存在,则应按以下程序处理。

1) 飞行机组程序。
①与民航乘务员联络。
②根据指令，将飞机停在指定的隔离区域。
③协助乘务组撤离旅客，展开飞机搜寻工作。
2) 乘务组程序。
①尽快与机长联络。
②让旅客撤离飞机并转移至安全区域。不要允许旅客由于拿取手提行李而延误撤离飞机，但鼓励旅客带走个人小物品（如钱包和公文包）。
3) 按照"爆炸物搜查检查单"程序和内容，协助炸弹搜寻人员搜查。
4) 协助炸弹搜寻人员把飞机上的所有行李和货物（含所有未带走的手提行李）转移到搜索区域。
5) 协助炸弹处理小组在飞机上搜寻可疑的物品。发现可疑物品，通知炸弹处理小组处理。
6) 在可疑物品清除之后，为了确保飞机上没有其他可疑物品，要继续搜寻飞机。
7) 在搜寻完成之后，做好飞机的安全防备。
8) 让每一位旅客认领所有的个人行李，并协助地面工作人员核实所有的货物。
注意：当飞机停留在地面时，处理危及安全的程序可能会由于地方当局的指令和当时的具体情况而有所不同。

（3）飞机在飞行中受到蓄意破坏行为的威胁。在接到运行控制中心的通知有可能存在蓄意破坏的威胁之后，应该按以下程序处理。
1) 飞行机组程序。
①在运行控制中心的协助下，机长应确定是否需要做紧急迫降。
②在特别紧急的情况下，机长可以决定让所有旅客把自己的手提行李抱在膝盖上，在飞机内搜寻可疑物品。
③机长做恰当的机上广播。
④机长听取民航防爆专家的意见。
⑤驾驶舱断开提供最低风险爆炸区域的电源。
⑥尽快使飞机着陆。
2) 乘务组程序。
①要求一名民航乘务员和（或）一名由机长指定的飞行员在飞机内巡视，搜寻有无可疑物品（既不属于飞机上的物件又不是旅客的私人物品）。
②按照"爆炸物搜查检查单"程序和内容搜查客舱，如找到可疑物品，即报告机长，按飞机上有炸弹客舱处置程序。
③检查可疑物品外部有无防移动装置，把一根绳子或薄片轻轻地置于可疑物品下部，不要试图去拆除可疑物品。

④如果没有发现防移动装置，把可疑物品转移至最低风险爆炸区域。
⑤把旅客转移至距离可疑物品越远越好，至少4排。
⑥切断最低风险爆炸区域的电源，拔出跳开关。
⑦准备最低风险爆炸区域。
⑧着陆后，立即紧急撤离旅客。

模块小结

民航旅客除普通旅客外，还包括重要旅客、孕婴旅客、老弱旅客等特殊（限制性）旅客及违反规定的旅客、需更换座位旅客等其他具有异常需要和状况发生的旅客。乘务员要对不同类型的旅客给予针对性的服务，以确保上述旅客在旅行中的安全。另外，客机上常常发生旅客行为不当、扰乱客舱秩序，甚至劫机、炸机等威胁客机安全的行为，面对危险的发生，民航服务人员应及时妥善地进行处置，尽最大可能把损失降到最低。

岗位实训

1. 实训项目
醉酒旅客管理。

2. 实训内容
某航班旅客登机期间，地面服务人员扶着一名旅客向客机走了过来，这名旅客明显有醉态，乘务员劝说旅客不能登机，但旅客认为自己并没有喝多，坚持登机并朝客舱方向走去。

同学们分成三组，一组同学模拟乘务员对醉酒旅客预登机行为进行劝说；二组同学模拟醉酒旅客、地服人员及其他旅客；三组同学对以上两组同学服务进行观摩，并为他们的表现进行打分。

3. 实训分析
三组同学分别针对实训的内容进行分析与评价，总结实训经验，想一想如果自己是民航服务人员，该如何更好地为醉酒旅客提供服务，在不影响其他旅客正常旅行的基础上让醉酒旅客能够平静地接受乘务员的处置。

模块四
客舱应急撤离与求生

1. 了解野外求生的指导方针；
2. 熟悉应急撤离广播及指挥口令；
3. 掌握应急撤离须知、应急撤离程序及野外求生方法。

1. 能够在客机紧急迫降时帮助旅客安全撤离，并在撤离后指导旅客野外求生；
2. 能够在客机紧急情况下最大限度地保证旅客的生命财产安全。

1. 学会查阅相关资料，将资料进行分析与整理；
2. 能够制订学时计划，并按计划实施学习；
3. 参与实践，并善于分析实践中的优势与劣势，提高职场竞争力；
4. 具有吃苦耐劳、耐心细致的敬业精神。

  2018年5月14日，四川航空一架空客A319航班从重庆飞往拉萨。客机于早晨6时27分起飞，而后爬升至9 800米的巡航高度。在客机飞至成都空管区域时，客机驾驶舱右座前风挡玻璃突然破裂并掉落，造成驾驶舱爆炸性失压，客舱内的氧气面罩脱落，整个客机处于紧急危险状态。

  据该客机的机长回忆，事故发生时，副驾驶员的身体被瞬间吸出窗外，仅靠安全带悬挂在窗边。驾驶舱里的温度大约下降至零下40 ℃，因为爆炸性失压的冲击，驾驶舱的部分操作设备被破坏，自动驾驶设备失灵。为避免机上人员进一步受到伤害，机长决定紧急减速迫降，他在第一时间向空管部门报告客机的紧急状态，而后依靠经验手动操作客机返航迫降。7时41分，航班应急迫降至成都双流机场，除两名机组成员受伤外，其余人员均无伤亡。

  案例中，危急情况下机组人员机智、冷静，第一时间采取了应急处置，保护了旅客的生命安全。因此，客舱应急撤离与求生是民航服务人员需要掌握的重要内容。

模块四 客舱应急撤离与求生

单元一 应急撤离须知

应急撤离也叫紧急撤离，分为陆地撤离和水上撤离两种。当出现机体有明显损伤、机上有烟雾火灾无法控制、燃油严重泄漏、机上有爆炸物、飞机迫降、机长认为必须执行紧急撤离程序才能保障飞机和人员安全的情况时，机长有权下达执行紧急撤离程序的指令。应急撤离时，对民航乘务员的要求是：民航乘务员在平行飞行中要熟悉客舱的应急设备，对于应急设备的位置、用途、使用方法、注意事项、出口的位置、撤离路线的划分都要铭记在心中，牢记应急撤离程序。同时，要具备过硬的心理素质，在出现险情时，能够临危不乱，做出正确的判断，及时向机长、乘务长报告，听从机长和乘务长的指挥，快速应对，密切配合，维持客舱秩序，指挥旅客迅速撤离。

一、撤离出口和撤离方向选择

飞机迫降后，乘务员应判断机体状态，决定使用哪些出口。

（1）正常迫降着陆。在无烟、无火、无障碍的情况下，所有出口均使用。

（2）前起落架和主起落架折断。飞机腹部着地，因发动机触地，可能导致火灾，故翼上出口不能使用，其他出口视情况使用。

（3）前起落架折断。在无烟、无火、无障碍的情况下，所有出口均使用。但因前起落架折断，后舱门离地过高，滑梯长度不够，应视情况使用。

（4）飞机尾部拖地。在无烟、无火、无障碍的情况下，所有出口均使用。但前舱门离地过高，滑梯长度不够，应视情况使用。

（5）主起落架一侧折断。折断一侧的发动机触地，可能引发火灾，故折断一侧的翼上出口不能使用，其他出口视情况使用。

另外，水上迫降时一般不使用翼上出口，其他出口应视浸水情况而定，当水面高于地板高度时，不能使用滑梯。

二、撤离时间和撤离方向

2006年3月29日，空中客车A380飞机乘客疏散测试成功地通过了欧洲航空安全局和美国联邦航空局的认证。该测试于3月26日在德国汉堡成功进行。测试期间，853名乘客和20名机组成员仅用78秒就全部撤离了飞机。据此，官方确认A380-800飞机的最大载客量为853人。按照规定，A380飞机乘客疏散测试是在完全黑暗的情况下进行的，而且只能使用飞机客舱16个出口中的8个。这些由官方选定的出口在测试前并未告知乘客和机组人员。

该次撤离演示是成功的，所有参与者都是有心理准备的。而现实情况不一定完全一致，一旦机舱里有烟雾，所有乘客惊慌失措，会有乘客试图拿行李，撤离通道可能会受到阻挡，会出现拥挤踩踏，有些人站在滑梯前不敢跳，这些都会降低撤离效率和生存概率。要提高撤离效率，需要依靠机组平时的训练和镇静地指挥，靠乘客自己的安全意识和心理准备。

FAA 和 JAA 的法规和民航的相关法规中都要求，任何飞机，在 90 秒内，必须完成撤离。此时间是从飞机完全停稳到机上最后一个人撤离为止。水上撤离的时间一般为 120 秒，飞机在水面上漂浮最少 13 分钟，最多不会超过 60 分钟。

乘务员和机组人员在撤离机体后，应迅速判断风向，告知幸存者往正确方向会合。

陆地撤离应选择在风上侧躲避，距离飞机至少 100 米；水上撤离应选择在风下侧，远离燃油区和燃烧区。

三、指挥

出现应急情况时，机上全体成员必须听从机长指挥，机长失去指挥能力时，机组其他成员按指挥权的阶梯规定下达命令。在飞行期间，如果客舱机组成员无法履行号位职责时，应遵循以下原则：

（1）乘务长无法履行号位职责。由有过乘务长经历或通过乘务长培训的乘务员接替履行其职责；如果无上述人员则选择该机型经历时间最长的乘务员接替，其余乘务员号位由接替者重新划分。

（2）乘务员无法履行号位职责。由带班乘务长重新进行号位划分。紧急撤离时由机长下达撤离指令，一名区域乘务长或乘务员先下飞机，负责地面（水上）指挥；乘务员开门后应立即封住出口，待滑梯（救生船）完全充气（展开）后，迅速指挥乘客有序撤离。当负责门和出口不能使用时，乘务员要告知该出口不能使用，阻止乘客打开不能使用的出口，迅速指挥乘客选择其他脱出口。跳滑梯时，有序指导乘客"撤离！到这边来！跳！滑！"，水上撤离时指导乘客在上船前将救生衣充气。

拓展阅读

指挥体系

飞机上由机长负责飞行安全，所有人员必须听从机长指示。一旦机长或其他机组成员丧失行为能力时按以下指挥接替顺序确定指挥权接替人。

（1）机长。
（2）副驾驶。
（3）飞行观察员。
（4）飞行机组其他成员。
（5）客舱经理。

（6）乘务长。
（7）头等（公务舱）乘务员。
（8）普通舱乘务员。

四、援助者选择

援助者包括乘坐飞机的机组人员、航空公司的雇员、军人、警察、消防人员、身强力壮的男性乘客。

飞机上设置"紧急出口"，是为了保障全体乘客的生命安全。坐在这个位置的乘客在享受宽敞座位的同时，也要承担起"守护者"的责任。

在飞机飞行和降落过程中，如果发生意外事故，在机长发出指令疏散乘客时，坐在紧急出口的人，应该协助空乘人员，打开紧急出口舱门，放置好逃生滑梯或气垫，协助其他乘客逃生等。

在紧急情况下，出口座位的乘客要充当乘务员的援助者，在乘务员打开应急门之后要帮助乘务员拦住客舱涌来的乘客直到滑梯完全充气，以免由于充气不足在撤离时对乘客造成伤害。滑梯完全充气后，在陆上撤离时，一名援助者要先滑下飞机，指挥乘客往风上侧距离飞机100米以上处撤离，其余援助者站在应急门旁帮助乘务员指挥乘客脱下高跟鞋有秩序地跳下滑梯。水上撤离时，一名援助者要先从滑梯登上救生船，指挥乘客不要在救生船内站立，均匀分布在船内，其他援助者帮助乘务员指挥乘客脱下鞋子，有秩序地从这里登船。当然，紧急情况下乘务员也有可能受伤，如果乘务员受伤不能开门，这时援助者就要负责打开应急门，并在开门之前观察机外情况，如果有烟、火、障碍物，或者机外水位过高等任何一种情况，则这个门不能开启，要指挥乘客从最近的门撤离。等到乘客成功撤离完毕后还要协助受伤的乘务员撤离飞机。表4-1为援助者的分工情况。

表4-1 援助者位置及分工

出口	撤离条件	援助者	任务
翼上出口	陆地	1	观察情况，打开窗户，站在机翼上靠近出口的地方，帮助乘客撤离
		2	站在机翼底下的地面上，协助乘客从机翼滑下
		3	指挥乘客远离飞机，到安全区域集合
	水上	1	观察情况，打开窗户，协助使用救生船。把救生船搬运到机翼上，投入水中使之充气后，帮助乘客进入救生船
		2	进入救生船，帮助安排好乘客
		3	站在机翼出口旁，帮助乘客撤出，并告诉乘客给自己的救生衣充气

续表

出口	撤离条件	援助者	任务
舱门出口	陆地	1	打开门后,第一个滑下飞机,站在滑梯的左侧,抓住一边,帮助滑下来的乘客
		2	第二个滑下飞机,站在滑梯右侧,抓住一边,帮助滑下来的乘客
		3	第三个滑下,带领并指挥脱出的乘客向集合点集中,远离飞机
		4	站在脱出口的一侧,与客舱乘务员一起指挥乘客撤离
		5	在乘务员失去指挥能力时,代替其指挥并告诉援助者解开乘务员安全带的方法
	水上	1	打开门,协助乘务员搬运船,第一个上船爬到船头坐下,招呼乘客靠近并坐下
		2	第二个上船,到船的另一侧坐下,指挥并帮助其他乘客
		3	第三个上船,指挥和帮助乘客
		4	站在客舱门口左侧,招呼乘客过来,告诉他们给自己的救生衣充气
		5	站在客舱门口右侧,在乘务员失去指挥能力时,代替其指挥乘客并告诉援助者解开乘务员安全带的方法

职场小贴士

旅客座位调整原则

应急撤离时,旅客座位调整原则如下:

(1)援助者安排在出口处或需要帮助的旅客旁边就座。

(2)特殊旅客安排在应急出口附近的中间座椅,同一排座椅不能同时安排两名特殊旅客。

(3)担架旅客安排在客舱最后一排。

五、防冲撞姿势

飞机防冲撞姿势多种多样,飞机在紧急着陆的时候,会有猛烈地撞击,安全带能承受和缓冲一定的冲击力,可以保护乘客不被冲出去,但人体的其他部位如果没有防护会很容易受伤,客舱乘务员所示范的各种防冲撞姿势,是经过很多实践总结出的行之有效的防护方法,乘客根据自身状况选择其中一种。当飞机下降到100英尺时,机组报告"100英尺",乘务员高喊"全身紧迫用力!brace!"的口令,乘客需要一直保持防冲撞姿势,直到飞机停稳。

微课:防冲击姿势

1. 乘务员

面向机尾方向坐的乘务员要紧紧系牢肩带和座椅安全带,双臂挺直,双手抓紧座椅边缘,头靠椅背,两脚平放用力蹬地(图4-1)。

面向机头方向坐的乘务员要紧紧系牢肩带和座椅安全带,双臂挺直,收紧下颚,双手紧抓座椅边缘,两脚平放用力蹬地(图4-2)。

图4-1 乘务员第一种防冲撞姿势　　图4-2 乘务员第二种防冲撞姿势

2. 成年人

成年人乘客系好安全带,身体前倾,头贴在双膝上,双手紧抱双腿,两脚平放用力蹬地,系紧安全带或两臂伸直交叉紧抓前面座椅靠背,头俯下,两脚用力蹬地(图4-3)。

3. 怀抱婴儿的乘客

怀抱婴儿的乘客要将婴儿斜抱在怀里,系好安全带,婴儿头部不得朝向过道,婴儿面部朝上,弯下腰俯下身双脚用力蹬地;或一手抱紧婴儿,一手抓住前面的椅背,低下头,双脚用力蹬地(图4-4)。

图4-3 成年乘客防冲撞姿势　　图4-4 抱婴乘客防冲撞姿势

4. 特殊乘客(肥胖、孕妇、高血压、高大者)

特殊乘客(肥胖、孕妇、高血压、高大者)系好安全带,可双手抓紧座椅扶手,或双手抱头,同时收紧下颚,两腿用力蹬地(图4-5)。

5. 双脚不能着地的儿童

双脚不能着地的儿童系好安全带,可采取将双手压在双膝下,手心向上,弯下腰的方式(图4-6)。

图 4-5 特殊乘客的防冲撞姿势　　图 4-6 儿童乘客的防冲撞姿势

6. 视障人士携带导盲犬

《残疾人航空运输管理办法》允许导盲犬在航班上陪同具备乘机条件的残疾人，并规定除阻塞紧急撤离的过道或区域外，导盲犬应在残疾人的座位处陪伴。做撤离前准备时，可以在乘客前方座椅下铺上枕头或毛毯，保护导盲犬（图4-7）；并告知乘客卸下挽具，套上皮套，在滑梯上由主人牵住。

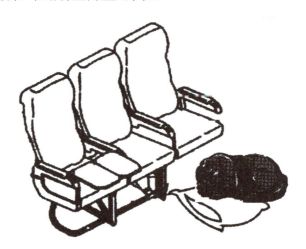

图 4-7 导盲犬的位置

职场小贴士

锐利和松散物品的处理原则

（1）取下钢笔、发夹、小刀、珠宝首饰和手表，将它们放在自己的行李内。
（2）假牙和眼镜放在自己外衣口袋内。
（3）解下围巾和领带，放在行李箱内。
（4）脱下高跟鞋、皮鞋、钉子鞋，放在行李箱内。

(5) 不要把任何东西放在座椅背后的口袋里。
(6) 把所有物品和行李袋放在座椅底下或行李箱内。

六、跳滑梯姿势

正常成年人跳滑梯时，应双臂平举，拳头轻握，或双手交叉抱臂，从舱内双脚起跳，跳出舱门后手臂不变，也可用手臂协调重心，双腿绷直，后脚跟贴梯面，重心保持直立，勿后仰，到达梯底收腹弯腰，双脚着地跳跃向前跑开，臀部着地或头部着地都会引起损伤（图4-8）。

抱小孩的乘客应将孩子抱在怀里，采取坐姿滑下飞机，儿童、老人、孕妇也采取坐姿（图4-9），但上半身姿态与成年人相同。伤残乘客根据情况自己坐滑或由援助者协助坐滑。

图4-8 跳滑梯姿势

图4-9 坐姿跳滑梯

七、准备和清舱

乘务员检查负责区域的出口，确保出口处于待用状态，检查厕所无人后锁闭，固定好浮动设备，关闭厨房电源，做好乘客的安全检查工作和防冲撞确认，安排好援助者和特殊乘客、担架乘客的座位，取下身上的尖锐物品，最后做好自身准备和报告。

当乘客撤离完毕后，乘务员清理负责区域，确认无人后报告区域乘务长，确认其他区域无须帮助即可撤离；乘务长（主任乘务长）负责最后清舱，向机长报告后确认无须帮助即可撤离；机长做最后检查后，最后一个撤离。

八、水上迫降

水上迫降应注意救生船、救生衣等救生用具的使用方法，另外应注意，救生船撤离时，一般情况下安排L1门和尾部舱门出口的船最先撤离，R1门出口的船最后撤离，其他船上满员后即可撤离。

职场小贴士

应急撤离基本原则

（1）听从机长指挥。应急撤离时要听从机长的指挥，因为机长受过专业的训练，紧急情况下机长能够临危不乱，做出正确的判断，为旅客选择更加安全的逃生方式，将旅客的生命财产安全危险降到最低。下面通过两个案例可以说明：

案例一：全美航空1549号班机是一班从纽约拉瓜迪亚机场到北卡罗来纳州的夏洛特，再飞往西雅图的每日航班。该航班在2009年1月15日那天起飞后六分钟在纽约哈德逊河紧急迫降。当天下午，肇事空中客车A320客机编号N106US，由机长切斯利·萨利·萨伦伯格负责执行，于下午3时26分在纽约拉瓜迪亚机场起飞。但起飞一分钟左右，机长向机场塔台报告，指飞机上两具引擎都因遭受鸟击而失去动力，要求立即折返机场。机场方面随即指示1549号班机立即折返，但萨伦伯格机长发现不能掉头折返机场，于是准备安排客机飞往新泽西的泰特伯勒机场作紧急降落；但其后机长又发现当时飞机的高度及下降速率，无法让客机安全降落于泰特伯勒机场。于是，机长决定避开人烟稠密地区，冒险让客机紧急降落在贯穿纽约市的哈德逊河上。拉瓜迪亚塔台在机长告知即将降落哈德逊河23秒后失去与班机的联系。飞机飞进哈德逊河道上空，并以滑翔方式缓缓下降。飞机机尾首先触水，其后以机腹接触水面滑行，飞机左侧的一号引擎于水面滑行期间脱落沉入河底。最后，飞机于曼克顿附近停止滑行，机身大致保持完整，机上全体人员全部生还。

前面的案例中，萨利机长在通信完全中断的情况下，操纵丧失动力的庞大飞机小心翼翼地滑行至哈德逊河道上空，首先让机尾入水，随后用机腹触水滑行，并缓缓在曼克顿附近河面上停住。飞机刚停下，机长便从容指挥乘客按照先妇孺后男子的顺序有序快速撤离，自己反复检查客舱两遍，确信空无一人后才最后撤退，尽管机身此时已开始下沉，但所有乘客和机组人员都有秩序地站在机翼或紧急充气救生滑梯上等候救援。这次罕见的水上迫降的成功得益于机长的有效指挥。

相比之下，1996年11月23日埃塞俄比亚航空961航班就不那么幸运了。该航班在遭劫持和燃油耗尽的情况下，绝望的劫机者和机组人员发生了搏斗，机长在心有旁骛的情况下仍然向全体乘客作了"穿上救生衣，千万不要充气"的正确指令，随后操纵飞机降落在离科摩罗岛加拉瓦海滩500米外的海面上迫降。飞机在着水后迅速断裂成三截并开始沉没，机上许多乘客此前并未听从机长指令，不但穿上救生衣而且充了气，结果他们被灌入机舱的海水挤到飞机天花板上，无法顺利从应急出口逃生，导致伤亡惨重，在全部175名乘客和机组人员中，仅有50人生还，3名劫机者也死于非命，但机长和副机长却死里逃生。事后调查显示，正副机长应对正确，令部分乘客得以生还，因此他们两人获得奖励，并继续从事飞行工作。

（2）迅速正确的判断。客舱乘务员在平常飞行中要熟悉客舱的应急设备，对于紧急设备的位置、用途、使用方法、注意事项、出口的位置、撤离路线的划分，都要铭记在心中，牢记应急撤离程序，要有过硬的心理素质。在遭遇险情时，能临危不乱，做出正确的判断，及时向机长、乘务长报告，听从机长和乘务长的指挥，快速应对，密切配合，维持客舱秩序，迅速指挥乘客撤离。客舱乘务员应严格执行安全规章制度，对设备的检查和客舱巡视的操作要细致严谨。曾有客舱乘务员在航前摆放餐食时，发现烤箱架上的油污太厚，致使烤餐时出现焦味，及时报告机长，消除了空中火灾隐患。

（3）准备处置的措施。客舱乘务员在飞机空中遇险的情况下，须在机长给予的有限准备时间内，指导乘客做好各项防范保护措施，以降低乘客在非正常下降过程中的伤亡率或免除无谓伤亡。

（4）随机应变。每名机组人员都应该具备全面的安全知识和安全事件处置能力，但会由于经验的多少和安全意识的强弱，在工作中有不同的表现。2008年1月17日，英国航空公司一架波音777-236ER客机执行自北京首都机场至伦敦希斯罗机场的BA038航班任务，飞机抵希斯罗机场上空准备降落时，两台发动机因燃油系统结冰，在7秒内突然全部失灵，由于此时客机已进入着陆航线，速度和高度都不足（高度仅150米），情况十分危险，机长皮特·伯吉尔和副驾驶约翰·科沃德遇变不慌，操纵客机掠过机场27L跑道尽头，在跑到前方1 000英尺附近的草坪上紧急制动，客机虽完全报废，但全体乘员152人却都活着，他们随后在机组人员引导下，从逃生滑梯全部脱险，

仅1人重伤，46人轻伤，正副机长因其出色的应急表现，获得了英雄般的赞誉和奖励。

（5）沉着冷静。乘务员必须注重平时对心理素质的培养，特别是在紧急情况下乘务员更应保持冷静。保持沉着冷静、清醒镇定，是乘务员对情况做出准确判断，并采取迅速行动的重要前提。它不仅能够起到安抚旅客情绪的作用，而且也是让旅客配合乘务员做好撤离工作的重要条件。实事求是地说，要求乘务员在紧急情况下保持沉着冷静、清醒镇定的心理素质不是一件容易的事，国内外航空公司都有这样的案例，当紧急情况发生以后旅客还没有慌乱，个别乘务员自己已经吓得一塌糊涂，有的甚至在旅客面前大哭等，造成非常不好的后果。客舱乘务员是受过专业训练的人员。在紧急情况下，乘务员应镇定、冷静地喊出"我们是经过职业训练的，请相信我们"的口令，在特情处置中表现应沉着冷静、随机应变。只有乘务员表现冷静、镇定，乘客才能减少恐惧和避免客舱出现混乱。

（6）维持秩序。"哈德逊河奇迹"之所以能够出现，原因是多方面的。除机长应对正确之外，乘客在机组人员组织下遇变不慌，有序撤离，延缓了飞机沉入河底的时间，争取了宝贵的自救机会；河上船只、附近的警方和消防队没有被突如其来的变故弄得不知所措，纷纷做出了当时情况下最合适的反应。

（7）团结协作。2015年7月，某航空公司台州至广州航班发生一起机上纵火事件。机上9名机组成员临危不惧、协同配合、果断处置，成功扑灭明火、稳定客舱秩序、制服犯罪嫌疑人。飞机安全着陆，机组人员的临危不乱和团结协作确保了机上97名乘客生命财产安全和航空器安全，避免了更大的损失。

单元二　应急广播和指挥口令

应急撤离是一个时间短、人员多、环境状态复杂、影响因素众多的逃生过程，当飞机出现失火、劫机、应急迫降等突发事件时，机上人员应服从机组人员的指挥，提高处置事故的效率。

一、应急广播

在进行撤离准备时，乘务长使用客舱广播告知信息，乘务员对乘客进行安抚和指导，应急广播的内容见表4-2。

模块四　客舱应急撤离与求生

表 4-2　应急广播的内容

项目	广播内容	客舱乘务员配合广播的工作内容及沟通用语
宣布客机迫降	女士们、先生们： 我是本次航班的乘务长，现在我代表机长进行广播，由于××事故/故障影响，我们决定在陆地/水上迫降，我们全体机组人员都受过专业严格的训练，有信心、有能力保证你们的安全。请旅客回到座位，保持安静，听从乘务员指挥	工作内容：安抚旅客情绪，维护客舱秩序 沟通用语："请大家不要惊慌，我们全体机组成员都受过专业严格的训练，我们有信心、有能力保证你们的安全。请您务必听从乘务员指挥"
客舱安全检查	请将您的餐盘和其他服务用具收好，以便乘务员收取； 请调直座椅靠背，固定好小桌板，收起踏板，打开遮光板	工作内容：整理、检查客舱设备，收取旅客杂物 沟通用语："请大家调直座椅靠背，固定好小桌板，收起脚踏板，打开遮光板"
介绍应急出口位置	女士们、先生们： 现在乘务员将为您介绍最近的出口位置，这个出口可能就在您的周围，请确认至少两个应急出口。当机长发出撤离指令时，请按乘务员所指的方向撤离，不要携带任何物品	工作内容：确认出口环境，划分旅客撤离区域，演示出口位置并加以确认 沟通用语："为方便撤离，我们把客舱分成××区域，请坐在××排的旅客听从我的指挥，从这边的出口撤离。如果这边的出口不能使用，请从那边的出口撤离"
选择援助者	女士们、先生们： 如果你是航空公司的雇员、执法人员、消防人员或军人，请与乘务员联系，我们需要您的帮助 根据机长的要求，我们将调整一些人员的座位，以更好地协助旅客撤离。请其他旅客在座位上坐好，并系好安全带	工作内容：寻找援助者并确认其身份 沟通用语："有没有航空公司的雇员、执法人员、消防人员或军人？我们需要您的帮助" "谁愿意做我的援助者？请跟我来" "你是我的 1 号援助者，如果我受伤，由你按箭头方向打开出口，你要带我离开客机，我的安全带是这样打开的。如果我没受伤，由我打开出口，应急滑梯充气后你第一个滑下滑梯，站在滑梯的一侧，协助随后滑下的旅客" "你是我的 2 号援助者，你第二个滑下滑梯，站在滑梯的另一侧，协助随后滑下的旅客" "你是我的 3 号援助者，如果我受伤，你要代替我站在这里，指挥旅客撤离客机。如果我没受伤，你第三个滑下滑梯，站在安全地带集中旅客，救治受伤旅客，并提醒他们不要吸烟"
取下物品说明	女士们、先生们： 为了疏散时您的安全，请您取下随身的尖锐物品，如钢笔、手表和首饰，解下如领带和围巾这样的物品，脱下高跟鞋（水上迫降脱下鞋子），把所有这些物品放入行李内。请不要把任何东西放在您座位前面的口袋内。请乘客把所有行李放在座位底下或行李架内	工作内容：强调并督促旅客完成取下物品 沟通用语："脱下高跟鞋请放在行李架上" "贵重物品请放入外衣口袋" "解下围巾、领带放在行李架上" "大件行李锁到卫生间" "座椅前方口袋不要放置任何物品" "眼镜、助听器、假牙要取下，但不是现在，听到我的口令时再取下" "撤离时不要携带任何行李"

117

续表

项目	广播内容	客舱乘务员配合广播的工作内容及沟通用语
讲解防冲撞姿势	女士们、先生们： 为了您的安全，现在乘务员将向您介绍防冲撞姿势，当您听到防冲撞口令时，请采取正确的防冲撞姿势，直至客机完全停稳为止	工作内容：演示防冲撞姿势，指导旅客学习防冲撞姿势 沟通用语："请看着我，跟我学" "请做好防冲撞姿势，我来检查"
讲解救生衣	女士们、先生们： 现在乘务员将向您演示救生衣的穿戴方法。救生衣在您的座椅下方，请旅客们随同乘务员的演示穿上救生衣，但注意不要在客舱内充气	工作内容：取出机组救生衣做救生衣穿戴演示 沟通用语："救生衣在您的座椅下方，请撕开包装，将救生衣经头部穿好，将带子扣好、系紧。当您离开客机时，拉下救生衣两侧的充气把手为救生衣充气，但请不要在客舱内充气。充气不足时，可取出救生衣上部的人工充气管，用嘴向里充气" "带子系紧！不要在客舱内充气！机组成员的救生衣是红色的"
讲解注意事项	女士们、先生们： 当乘务员发出防冲撞口令时，您要做好防冲撞姿势，并保持防冲撞姿势直至客机完全停稳。当您听到解开安全带的指令时，迅速解开安全带，听从乘务员的指挥紧急撤离客机，撤离时不要携带任何物品	工作内容：重新检查客舱设备，清理应急撤离通道，确认应急滑梯位于预备位置 沟通用语："请大家检查身上是否还有尖锐物品，眼镜、假牙和助听器可以放到外衣的口袋里"
关闭客舱灯光	女士们、先生们： 为了使您的眼睛能尽快适应外部光线，我们将调暗客舱灯光	工作内容：做好最后的准备工作，迅速自身确认，发卡、胸牌、手表、丝袜、高跟鞋放在行李架内，打湿头发（水上撤离不需要），互检
最后确认	请全体乘务员做好最后准备	工作内容：最后确认，坐好，做好防冲撞姿势，内话报告："L1门，客舱确认完毕，自身确认完毕"

二、指挥口令

指挥口令是应急迫降和应急撤离过程中重要的一部分，乘务员在喊出口令时必须做到响亮、清晰、积极、节奏清楚、语气坚定。

指挥口令的内容见表4-3和表4-4。

表4-3 陆地撤离指挥口令

状态	口令
500英尺，准备冲撞	低头弯腰！紧迫用力！ Bend over！ Brace! （持续）

续表

状态	口令
应急灯亮	不要动！ Remain seated! （两遍）
飞机停稳，机长发出"撤离！撤离"口令或者应急撤离警告系统响，乘务员解开安全带及肩带从座位上站起，观察外面状况并打开出口门后封住舱门时	解开安全带！撤离！ Open seat belt! Evacuate!
出口门已经打开，滑梯充气后，一只手握住门边把手，另一只手指挥时	到这边来！这边走！ Come this way！ Come here!
撤离期间指挥乘客加快撤离速度时	快点走！ Move faster!
当乘客在充满烟雾的客舱内撤离时	低下身，跟着灯光走，随声音来，隔着衣服呼吸！ Stay down！ Follow me!
当乘客通过出口撤离时	一个跟着一个！跳滑！ One by One！ Jump and slide!
当门被堵住，门把手卡住，舱外有火、烟、水，乘务员面向客舱双臂封住舱门时的指挥。以及门已打开，但无滑梯的情况下，乘务员面向外双手抓住门边把手时的指挥	此门不通，到对面去！到前门去！到后门去！ No exit,go across！ Go forward! Go back!
遇到无计划的应急撞击时	弯腰/趴下！ Bend over！ Keep head down!
遇到有计划的应急撞击时	紧迫用力！ Brace!
当飞机着陆后，机长指示不用撤离时	坐在座位上！保持镇静！ Stay in your seat！ Don't panic!
遇到无计划的应急撤离时	脱掉高跟鞋！ Take off shoes！

表 4-4 水上撤离指挥口令

状态	口令
500 英尺，准备冲撞	低头弯腰！紧迫用力！ Bend over！ Brace! （持续）

续表

状态	口令
应急灯亮	不要动！ Remain seated! （两遍）
飞机停稳，机长发出"撤离！撤离"口令或者应急撤离警告系统响，乘务员解开安全带及肩带从座位上站起，观察外面状况并打开出口门后封住舱门时	解开安全带！撤离！ Open seat belt！ Evacuate!
遇到无计划的应急撞击时	穿上你座位下的救生衣！脱掉高跟鞋！ Life vest is under your seat！ Take off shoes!
出口门已经打开，滑梯充气后，一只手握住门边把手，另一只手指挥时	到这边来！这边走！ Come this way！ Come here!
当乘客通过出口撤离时	救生衣充气！上船！ Inflate life vest！ Get on raft! （三遍）
撤离期间指挥乘客加快撤离速度时	快点走！ Move faster!
当乘客在救生船上以及移动时	趴下！坐下！ Stay low！ Sit down!
当门被堵住，门把手卡住，舱外有火、烟、水，乘务员面向客舱双臂封住舱门时的指挥。以及门已打开，但无滑梯的情况下，乘务员面向外双手抓住门边把手时的指挥	此门不通，到对面去！到前门去！到后门去！ No exit，go across！ Go forward！ Go back!
遇到无计划的应急撞击时	弯腰/趴下！ Bend over！ Keep head down!
遇到有计划的应急撞击时	紧迫用力！ Brace!
当飞机着陆后，机长指示不用撤离时	坐在座位上！保持镇静！ Stay in your seat！ Don't panic!

职场小贴士

应急撤离职责

（1）B737／A320机型民航乘务员级别划分。民航乘务员按级别主要分为乘务长（Purser，PS）、头等舱民航乘务员（First-class Stewardess，FS）、民航乘务员（Stewardess，SS）。

（2）B737／A320机型乘务组号位分工。

1）1号乘务长（PS1）。

2）2号头等舱民航乘务员（FS2）。

3）3号民航乘务员（SS3）。

4）4号民航乘务员（SS4）。

5）5号民航乘务员（SS5）。

（3）应急出口及职责。

1）乘务长职责及应急出口。乘务长负责应急撤离时的客舱广播及指挥。撤离时，负责区域为指挥第一排至翼上出口之间的旅客从左前登机门L1门及滑梯撤离。水上撤离时，负责将救生包挂在L1门上；陆地迫降时，由前舱往后检查客舱，从L2／R2门撤离；水上迫降时，由前舱往后检查客舱，返回R1门撤离；撤离时，携带旅客舱单、扬声器、手电筒、救生包，然后释放救生筏。

2）头等舱民航乘务员职责及应急出口。头等舱民航乘务员负责关闭娱乐系统，检查前厨房并锁闭前洗手间。撤离时，负责区域为指挥第一排至翼上出口之间的旅客从右前服务舱门R1门及滑梯撤离，陆地撤离时从R1门撤离，水上撤离时负责将救生包挂在R1门上并释放L1门救生筏，从L1门撤离。撤离时，携带急救箱、应急医疗箱、手电筒、救生包等。

3）3号民航乘务员职责及应急出口。3号民航乘务员负责指挥翼上出口至最后一排的旅客从左后登机门L2门及滑梯撤离，水上撤离时负责将救生包挂在L2门上，并释放L2门救生筏；应急撤离时携带应急发报机、手电筒、救生包等物品从L2门撤离。

4）4号民航乘务员职责及应急出口。4号民航乘务员负责检查并锁闭后洗手间。应急撤离时，负责区域为指挥翼上出口至最后一排的旅客从右后服务舱门R2门及滑梯撤离；水上撤离时，将救生包挂在R2门上，待水上迫降后释放R2门的救生筏；应急撤离时，携带急救箱、手电筒、扬声器、救生包等物品从R2门撤离。

5）5号民航乘务员职责及应急出口。5号民航乘务员在应急撤离时负责固定客舱浮动物品，检查并锁闭后洗手间；应急撤离的负责区域为指导客舱中部旅客从客舱的左翼上出口撤离，并协助其他民航乘务员检查翼上出口至最后一排的客舱旅客撤离情况，水上撤离时，可根据情况合理使用翼上出口，释放救生船，撤离时可携带急救箱、手电筒从L2／R2门撤离。

单元三　应急撤离程序

应急撤离从准备撤离的时间上可分为：有准备的应急撤离、有限时间准备的应急撤离、无准备的应急撤离。飞机遇险需要紧急撤离时，飞行机组和乘务组都有相应的预案和应急操作程序，而且都经过了严格训练，并且每年都会定期复训演练。

一、有准备的应急撤离

有准备的应急撤离是指发生应急情况时，从事件发生到飞机着陆前，民航乘务员有 10 分钟以上的时间做客舱准备和应急广播，并对旅客进行必要的说明。有准备的应急撤离可能发生在陆地，也可能发生在水上。水上撤离是指飞机在可控制的情况下在水面着陆。因此，使用漂浮设施对水上撤离工作至关重要。

1. 有准备的陆地撤离

有准备的陆地撤离程序如下：

（1）乘务长从驾驶舱获取应急撤离的信息，如应急情况的性质、着陆方式、应急撤离形式、防冲撞姿势的信号等。

（2）乘务长召集民航乘务员，把应急迫降的信息传达给民航乘务员，对每位民航乘务员进行各自的责任分工，并确认其明确职责。

（3）应急迫降前，乘务组需完成以下工作。

1）广播通知旅客，航班需要进行应急迫降的决定。
2）确认旅客坐好并系好安全带。
3）告知旅客收直椅背、扣好小桌板、收起脚踏板。
4）关闭厨房电源及娱乐系统，固定客舱和厨房设备，清理出口和通道。
5）按照援助者的选择方式在本航班上寻找合适的援助者并调整旅客座位。
6）广播介绍应急撤离出口位置、路线。
7）要求旅客取下随身佩戴的锐利物品，确认旅客衣物放松，存放好行李。
8）演示防冲撞姿势。
9）最后确认民航乘务员自身准备工作完成后，报告乘务长。
10）当乘务组准备工作完成后，由乘务长报告机长"乘务组和客舱准备工作完毕"。

（4）防止冲撞。

1）当飞机下降到 1 000 英尺（300 米），即飞机着陆前约 1.5 分钟时。驾驶舱会发出"准备冲撞"的口令，此时民航乘务员要提醒旅客"系好安全带，做好防冲撞姿势"。

2）当飞机下降到 500 英尺（150 米）时，驾驶舱发出警示，民航乘务员必须坐在民航乘务员座椅上，系好安全带和肩带。

3）当飞机下降到 100～50 英尺（30～15 米）时，驾驶舱发出"冲撞开始"的口令，民航乘务员高声喊三遍"紧迫用力，Brace"，并做好防冲撞姿势直至飞机完全停稳。

微课：有准备陆地迫降

4）当飞机完全停稳后，民航乘务员提醒旅客"解开安全带，不要动，听从指挥"。

（5）当飞机着陆停稳后，机长宣布"撤离"命令。如果广播系统失效，撤离警告鸣响或应急灯亮，民航乘务员应立即组织旅客撤离。

（6）开启舱门，撤离飞机。

1）判断飞机完全停稳，确认滑梯预位，观察机外情况（如无烟、无火、无障碍）后，打开所需要的机舱门和出口。

2）确认滑梯充气状况，指挥旅客撤离飞机。

3）旅客撤离完毕后，民航乘务员、乘务长检查客舱后报告机长，随之带好所需物品撤离飞机。

4）机长做最后的清舱后撤离飞机。

（7）应急撤离后续工作。

1）把旅客安排在远离飞机至少100米的安全距离。

2）清点旅客和机组成员人数，报告机长。

3）组织救治伤者。

4）发出求救信号。

5）尽可能设置一名机组成员做警卫，以确保邮件、包裹或飞机各部分不受干扰。

2. 有准备的水上撤离程序

（1）乘务长从驾驶舱获取应急撤离的信息，如应急情况的性质、着陆方式、应急撤离形式、防冲撞姿势的信号等。

（2）乘务长召集民航乘务员，把应急迫降的信息传达给民航乘务员。对每位民航乘务员进行各自的责任分工，并确认其明确职责。

（3）应急迫降前乘务组需完成的工作。

1）广播通知旅客，航班需要进行应急迫降的决定。

2）确认旅客坐好并系好安全带。

微课：有准备水上迫降

3）告知旅客收直椅背、扣好小桌板、收起脚踏板。

4）关闭厨房电源及娱乐系统，固定客舱和厨房设备，清理出口和通道。

5）按照援助者的选择方式在本航班上寻找合适的援助者并调整旅客座位。

6）广播介绍应急撤离出口位置、路线。

7）要求旅客取下随身佩戴的锐利物品，确认旅客衣物宽松，存放好行李。

8）演示防冲撞姿势。

9）救生衣演示，协助旅客穿好救生衣，并要求在旅客客舱内时先不要给救生衣充气。

10）确认客舱旅客及民航乘务员自身准备工作完成后，报告乘务长。

11）当乘务组准备工作完成后，由乘务长报告机长"乘务组和客舱准备工作完毕"。

（4）防止冲撞。

1）当飞机下降到1 000英尺（300米），即飞机着陆前约1.5分钟时，驾驶舱会发出"准备冲撞"的口令，此时民航乘务员要提醒旅客"系好安全带，做好防冲撞姿势"。

2）当飞机下降到500英尺（150米）时，驾驶舱发出警示，民航乘务员必须坐在民航乘务员座椅上，系好安全带和肩带。

3）当飞机下降到100～50英尺（30～15米）时，驾驶舱发出"冲撞开始"的口令，民航乘务员高声喊三遍"紧迫用力，Brace"，并做好防冲撞姿势直至飞机完全停稳。

4）当飞机完全停稳后，民航乘务员提醒旅客"解开安全带，不要动，听从指挥"。

（5）当飞机着水停稳后，机长宣布"撤离"命令。如果广播系统失效，撤离警告鸣响或应急灯亮，民航乘务员应立即组织旅客撤离。

（6）开启舱门，撤离飞机。

1）确认飞机在水上完全停稳后解开安全带。

2）判断水面状况，确认机舱门在水面上、分离器在预位位置后打开所需要的机舱门和出口。

3）救生船自动充气后检查充气状况，若充气不足或未完成，则拉动人工充气手柄。

4）救生船充气完成后，指挥旅客撤离飞机（撤离顺序一般为L1门对应船和尾部门对应船最先撤离，R1门对应船最后撤离，其他各船上人满后即可撤离）。

5）离开飞机或上船前给救生衣充气。

6）旅客撤离完毕后，民航乘务员、乘务长检查客舱后报告机长，随之带好所需物品撤离飞机。

7）机长做最后的清舱后撤离飞机。

8）机上人员全部撤离后，释放救生船，并切断机体与救生船之间的连接绳。

（7）应急撤离后续工作。

1）水上撤离应选择风下侧，撤离后组织旅客在远离飞机至少100米的安全距离以外，离开燃油区和燃烧区。

2）组织营救落水者和救治伤者。

3）到达安全区域后，连接救生船并固定位置，清点旅客和机组成员人数，报告机长。

4）使用求救设备发出求救信号。

5）尽可能设置一名机组成员做警卫，以确保邮件、包裹或飞机各部分不受干扰。

二、有限时间准备的应急撤离

有限时间的应急撤离是指在准备时间不足10分钟或更少的有限时间内需完成的应急撤离。此时，乘务组准备工作的优先顺序是：固定好客舱厨房设备；检查座椅靠背、小桌板恢复正常位置；禁止吸烟并要求旅客系好安全带；介绍防冲撞姿势；撤离路线及应急撤离出口位置。

有限时间准备的水、陆撤离程序如下：

（1）乘务长从驾驶舱获取应急撤离信息。

（2）乘务长召集民航乘务员，第一时间把信息通知到位，乘务组开始相关准备工作。

（3）乘务长广播通知旅客，要求旅客系好安全带，收直座椅靠背、扣好小桌板、收起脚踏板。介绍防冲撞姿势及应急撤离出口位置、路线。在水上迫降时，需指导旅客救生衣的正确穿法及充气方式、充气时间。

（4）关闭娱乐系统，固定客舱、厨房设备，保障撤离出口及过道通畅。

（5）将客舱准备情况及时报告机长，飞机着陆（水）前和停稳后的撤离程序与有准备时间水、陆撤离程序相同。

三、无准备的应急撤离

无准备的应急撤离通常发生在飞机起飞或着陆时没有警告的情况下，在地面或水上进行的应急着陆，如终止起飞、冲出飞机跑道等。由于没有时间对应急事件做准备，因此民航乘务员必须在出现第一个撞击迹象时迅速做出反应。这就要求民航乘务员以正确的判断和果断的行动组织旅客撤离。

1. 无准备的陆地撤离程序

（1）民航乘务员须迅速做出判断，快速反应。

（2）民航乘务员高喊"不要动！系好安全带""低头、弯腰""全身紧迫用力"等口令，直至飞机完全停稳。

（3）呼叫驾驶舱机长，听从机长命令，协调应急撤离。

（4）确认或打开应急灯。

（5）开机舱门前，观察机外情况，如无烟、无火、无障碍等。

（6）开机舱门后，观察滑梯充气状况。

（7）用明确的口令指挥旅客撤离并远离飞机。

（8）撤离后，执行有准备应急撤离的程序。

微课：无准备陆地迫降

2. 无准备的水上撤离程序

（1）广播、演示并协助旅客穿好救生衣。

（2）开门前，观察机舱门外情况，以确认舱门在水面上面。

（3）开门后，观察救生船充气状况。

（4）用明确的口令指挥旅客上船撤离并远离飞机。

（5）撤离后，执行有准备应急撤离的程序。

微课：无准备水上迫降

职场小贴士

异常情况下的撤离原则

通常情况下，撤离指令由机长发出后，机上人员才能开始撤离，但若发生下列异常情况，客舱乘务长也可以发出应急撤离的口令。
（1）机体出现严重的结构性损伤。
（2）发生威胁性起火或烟雾，火灾无法控制。
（3）燃油严重泄露。
（4）飞机进水。
（5）驾驶员失去指挥能力。
（6）乘务长按照联络信号报警，呼叫驾驶舱没有反应（30秒后得不到回答）。

单元四　应急求生

一、陆地求生

当陆地撤离发生在偏僻和荒凉的地区，救援人员不能马上赶到时，幸存者应做好陆地求生的准备。

1. 撤离后的组织

（1）首先远离飞机，避免火侵害。
（2）当发动机冷却，燃油蒸发，火已熄灭时，设法返回飞机。
（3）对受伤人员施救，并寻找乘客中的医务人员对受伤人员提供援助。
（4）集合并清点幸存人数，将其分为几个小组，每组人数为4～25人。
（5）每组指定一名组长负责管理，总任务由机组人员下达，具体任务由组长分配给每一个人。
（6）利用就地材料搭设临时避难所。
（7）准备好发出求救信号的设备。

2. 建立避难所

修建避难所时要注意的问题如下：
（1）山洞作为避难所时，要注意里面可能会很潮湿，同时可能会有其他生物存在。
（2）冬季时，不宜依靠机身修建避难所，因金属散热过快。
（3）避免在低洼潮湿的溪谷处修建避难所，防止被洪水冲走。
（4）不宜在倒下的死树及树之间修建避难所。
（5）不宜在茂密及较深的草木丛林中修建避难所。

拓展阅读

避难所的类型

（1）天然避难所。
1）山区和岩岸边的山洞。
2）凸出的大岩石下边。
3）树和树枝及雪堆。
（2）飞机避难所。
1）完整的机身。
2）机翼和机尾。
3）机舱内的塑料板。

3. 信号与联络

获得救援的首要前提是要使他人知道自己的处境，告知他人自己所处的位置，并努力取得联系。国际通用的求救信号，英文字母 SOS 是最为人熟知的，信号可以直接在地上写出，也可以通过无线电、灯光、声响等方式发出。

（1）可用资源。应急求救信号的可用资源见表 4-5。

表 4-5　陆地求生的可用资源

项目	内容
飞机残骸	坠机后可找到如燃油、轮胎及一些可燃或绝缘材料作为有用的信号源，燃烧它们可形成大火或浓烟
天然材料	干的树枝、树皮、树叶都是很好的燃料，而湿的材料燃烧时会形成浓烟
应急发报机	机载的信号标记，在陆地和海上都可以使用，是发布无线电求救信号的最佳选择
手电筒	在夜间可以利用手电筒作为信号，很远的地方也可以看到，国际通用的 SOS 求救信号是三次短闪，三次长闪，三次短闪
哨子	哨子是发出声响信号的理想手段，在求救时除通行的 SOS 信号外，还可以用一分钟发出 6 次哨音（也包括挥舞 6 次或 6 次闪光）间歇一分钟，再重复的方式
漂流瓶	在海上放漂流瓶可能太富想象力，但是在小溪中施放一个可有 SOS 求救信号字样的漂流瓶或木砖等或许还是一种引人注目的方法

（2）信号方式。

1）火光信号。火在白天和夜间都可作为信号，三堆火组成的三角信号是国际上通用的遇难信号（图4-10）。

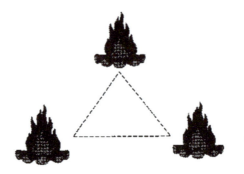

图4-10　火光信号

①燃放三堆大火，并摆成三角形是国际通行的方式，若材料不足，也可只点一堆火。为防火势蔓延，火堆附近应围小墙。

②若附近有河流，也可扎三个小木筏，将火种放在上面，并在两岸固定，沿水流作箭头状。

2）浓烟信号。

①浓烟是很好的定位方式，浓烟升空后会与周围环境形成反差，易引人注目。

②在火堆上添加绿草、绿叶、苔藓、蕨类植物或任何其他湿的物品如坐垫等都可形成亮色浓烟，这种方式适用于丛林。

③在火堆上添加汽油与橡胶会形成黑色浓烟，这种方式适用于雪地或沙漠。

3）地对空目视信号。信号至少需长2.5米（8英尺），并需尽可能使之醒目。

①信号可由任何材料做成，如布带条、保险伞材料、木片、石块之类，表面用机油涂刷或加以踩踏，以使醒目。

②可用其他方法，如无线电、火光、烟或反光等，以引起对上述信号的注意。

③供幸存人员用的地对空目视信号见表4-6。

表4-6　地对空目视信号

信号	意义
V	表示求援者需要帮助
箭头	表示求援者行进的方向
X	表示幸存者需要医疗救护
Y 或 N	表示"是"或"不是"
SOS	表示请求援助我们

4）空对地信号。航空器使用下列信号，表示已明白地面信号，如图4-11所示。昼间，摇摆机翼；夜间，开关着陆灯两次，如无此设备，则开关航行灯两次。如无上述信号，则表示不明白地面信号。

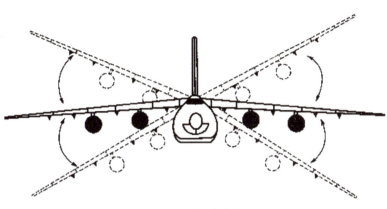

图 4-11 空对地信号

5)莫尔斯代码。莫尔斯代码是一种通用的国际代码(图 4-12)。每个字母间应有短暂停顿,每个词组间应有明显停顿。

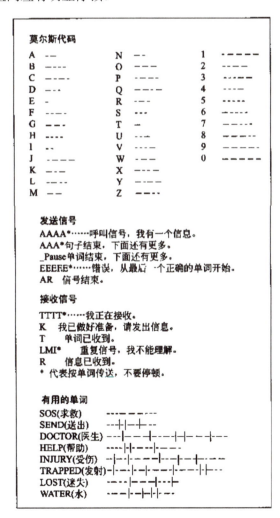

图 4-12 莫尔斯代码

6）身体语言。如图 4-13 所示的信号空中救援人员都能理解，可以据此向他们发出求救信号。注意：从身前两侧的位置改变、腿与身体姿势的运用、手部的动作。手上持一块布条对 Yes（是）或 No（否）加以强调。做这些动作时，要求十分清晰，且幅度尽量大。

7）信息信号。当离开失事地点或营地时，应留下一些信号物。制作一些大型的箭头形信号，表明自己的前进方向，且使这些信号在空中也能一目了然。再制作其他一些方向指示标，使地面搜寻人员可以理解。地面信号物使营救者能了解求救人员的位置或过去的位置，方向指示标有助于他们寻找你的行动路径。一路上要不断留下指示标，这样做不仅可以方便救援人员追寻而至，在自己希望返回时，也不致迷路——如果迷失了方向，找不到想走的路线，它就可以成为一个向导。方向指示器包括以下方式：

①将岩石或碎石片摆成箭形。

②将棍棒支撑在树杈间，顶部指着行动的方向。

③在一卷草束的中上部系上一结，使其顶端弯曲指示行动方向。

④在地上放置一根分叉的树枝，用分叉点指向行动方向。

⑤用小石块垒成一个大石堆，在边上再放一小石块指向行动方向。

⑥用一个深刻于树干的箭头形凹槽表示行动方向。

⑦两根交叉的木棒或石头意味着此路不通。

⑧用三块岩石、木棒或灌木丛传达的信号含义明显，表示情况危险或紧急。

图 4-13　身体信号

（3）发信号时要注意以下问题：

1）做好发信号的一切准备，并保证其有效性。

2）应保证铺设的信号在24小时内都有效，因为信号在昼间大部分时间内都有阴影，所以铺设方向应为东西方向；其线条宽度为3英尺，长度不短于18英尺，并定时检查；所有信号的发出和铺设应在开阔地带，可能的情况下多准备几种信号。

3）用火作为信号时，应选择离其他树较远的孤立稠密的常青树，避免引起森林火灾。

4）保护好信号材料不受冷、受潮。

5）烟雾和反光镜是仅次于无线电的最佳联络手段。

6）任何异常的标志和颜色之间的差异在空中都能被发现。

4. 饮水

在面临生存问题时，水比食物更为重要，水是人生存的必需品。

（1）水源。

1）当从飞机上撤离下来时，应尽可能地带水、饮料。

2）附近的河流、湖泊、池塘、山泉等。

3）沙丘之间凹处进行挖掘可能有水。

4）干枯河床下面常常有水。

5）雨水和露水。

6）热带丛林的植物也富含水分。

7）寒冷地带，融化后的纯净冰和雪。

8）鸟群经常在水坑上飞翔。

9）顺着动物的足迹和粪便等寻找水源，在沙漠区也是如此。

10）凝结水汽取水：将塑料袋套在嫩枝上，让叶面蒸腾，获取凝结水。

11）日光蒸馏取水：挖一大坑，坑底放一个收集器皿，坑顶覆上塑料布周边压实，塑料布中央放一块石头（此法用于蒸馏有毒的水、海水、尿液等）。

（2）饮水时要注意以下问题：

1）不干净的水最少煮10分钟后才可饮用。

2）河流、湖泊、池塘、山泉等水源，需消毒后饮用。

3）不要直接食用冰和雪解渴，因为冰和雪能降低体温，造成更严重的脱水。

4）丛林植物中的乳汁状的汁液不能喝，可能有毒。

5）不要饮用尿液，那样会觉得恶心，并且对身体有害。

6）减少活动，避免体液损失。

7）飞机上带下的水和应急水应放在最后使用。

8）合理分配用水量，缺乏饮用水时，饮用水应定量供应。

9）沙漠中的湖泊和水坑的水，如含有盐碱味，不要饮用。

5. 食品

在野外生存中，食物与水相比并不是最重要的。一个幸存者不吃东西，光靠水和本身脂肪也能生存一段时间，当你需要食物时，可以从你周围的环境中获取。

（1）食物的来源。

1）在不影响撤离速度的情况下，尽可能从飞机上带下可用食品。

2）从昆虫身上获取食物。

3）猎捕野兽和鸟类作为补充食物。

4）捕食鱼类。

5）采摘野生藤本植物。

6）捕捉爬行动物。

7）飞机货舱内可食用的货物。

（2）进食时要注意以下问题：

1）应急食品，不易腐烂的食品要在迫不得已时再食用（应急食品所含的碳水化合物越高越好）。

2）昆虫除蝗虫外，都可生吃，但烧烤后味道更佳，吃时要去掉胸腔、翅膀和腿，但不要食用蜈蚣、蝎子、蜘蛛、苍蝇、蚊子和虱子等。

3）食用鸟类及兽类之前，应先放血，去皮取内脏，然后经烧烤后食用，在取内脏时不要碰破胆囊，并将多余的肉存储。

4）淡水鱼一定要煮熟后食用。

5）野生藤本植物作为最后的求生食物时，一要熟悉其属性，二要在食用前分辨一下是否有毒：

①若植物茎和叶上附着蛆或者其他蠕虫时不能食用。

②切下一小块，若有其他难闻的苦杏仁或桃树皮味，应立即扔掉。

③稍挤榨一些汁液在体表敏感处如肘部与腋下间的前上臂，如有不适，起疹或肿胀，则立即扔掉。

④若以上步骤进行完后无任何不适症，则进行下列程序（之间相互间隔不少于5秒，每次尝试取少量植物材料）：触动唇部，触动口角，舌间舔尝，咀嚼少量。若有任何不适，如喉咙痛痒，强烈的灼伤感，刺激性疼痛，应立即扔掉。

⑤吞咽少量植物，耐心等待5小时，期间不得饮用其他任何食物。

⑥若无口部痛痒，不停打嗝、恶心、发虚、胃痛、下腹绞痛以及其他任何不适症状，则可认为该植物是可食用的。

6）进食应有规律，尽量减少进餐次数，每日两餐即可。

6. 野外取火

（1）火是野外生存基本的条件之一，有取暖、做饭、烘衣服、防止野兽袭击、联络信号等作用。

（2）生火的必备条件。生火的一般顺序是从火花到引火物，再到燃料，见表4-7。

模块四 客舱应急撤离与求生

表 4-7 生火必备条件

项目	内容
火花源	（1）火柴； （2）打火机； （3）火石和小件钢质品； （4）信号弹是最佳火种，也是最后的手段； （5）电瓶，但不要在飞机附近使用放大镜
引火物	作为引火物的材料应细些，保持干燥和高度易燃。 （1）棉绒； （2）纸绒； （3）脱脂棉； （4）蘸过汽油的抹布； （5）干枯的草
燃料	凡是可以燃烧的东西都可以作为燃料，并可以混合在一起使用，在准备燃料时一定要尽可能地使之充足够用。 （1）干燥的树枝和枯枝； （2）灌木； （3）成束的干草； （4）干燥的动物粪便； （5）地面裸露的煤块； （6）飞机上的汽油和滑油

（3）火场的设置。火场最好设置在沙土地和坚硬的岩石上。如果要在丛林中生火，要尽可能选择在丛中的空地上，同时要清除周围地面上的一切可燃物，如树枝、树叶、枯草等，还要在近处准备好水、沙子或干土，以防引起森林大火。如果是在雪地、湿地或冰面上生火，可先用木头或石块搭一个生火的平台，作为取暖用的火，可利用天然的沟坎或先用原木垒成墙，以利于将热量反射到隐蔽所中。

（4）成功取火的条件。

1）保持足够的火花并使其始终干燥。

2）要为第二天准备足够的引火物和燃料，并用干燥的材料将其盖好。

3）点火时火种应在引火堆的下风向。

7. 陆地生存要点

（1）充分休息，保存体力，每晚应保证 7～8 小时睡眠。

（2）保持避难所的清洁，肮脏物应存放在离住处较远的地方。

（3）尽可能保持自身清洁，以使自身处于良好的精神状态。

（4）沙漠中生存应尽可能躲避太阳的辐射，以减少体内水分蒸发，寻找水源和食物的工作最好选择在傍晚、清晨和夜间进行。

（5）在阴冷的天气里，尽可能保持身体的干燥和温暖。

（6）在身体条件允许的情况下，适当锻炼身体，但不要超量。

（7）除了必须转移到安全干燥地区以外，幸存者应停留在遇险地区等待救援。

（8）人员要集中，避免走散，随时清点人数。

> **拓展阅读**

辨别方向

在求生过程中，遇难者需要正确辨别方向以便能尽早脱离危险之境。以下介绍几种实用的辨别方向的方法。

（1）钟影法。无论身在北半球或南半球，都可以用树影移动来确定方向，北半球的树影以顺时针移动，南半球的树影以逆时针移动。

钟影法一：在一块平地上，竖直放置1米长的垂直树干，注明树影所在位置，顶端用石头或树棍标出。15分钟后，再标记出树干顶端在地面上新的投影。两点之间的连线会给出你东西方向，即首先标出的是西。南北方向与连线垂直。这种方法适用于任何经纬度地区，一天中的任何时间，但必须有阳光。用它可以检测你移动的方向，如图4-14所示。

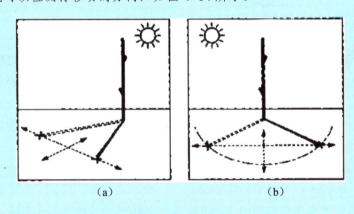

图4-14　钟影法

钟影法二：如果时间充裕，还可以用另一个更精确的方法，即在早晨标出一棵树影顶点，以树干所落点为圆心，树影长为半径作弧，随着午时的来临，树影会逐渐缩短移动；到了下午，树影又会逐渐变长，标记出的树影顶点与弧点的交点，弧上这两点之间的连线会为你提供准确的东西方向，即早晨树影顶点为西。

（2）手表法。传统的手表有时钟和分钟，可用来确定方向，前提是它表示的是确切的当地时间（没有经过夏时制调整，也不是统一的跨时区标准时间）。离赤道地区越远，这种方法越可靠，如图4-15所示。

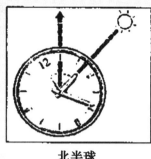 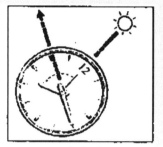

图 4-15 手表法

1）北半球。将表水平放置，时针指向太阳，时针与 12 点刻度之间的夹角平分线指明南北方向。

2）南半球。将表水平放置，将 12 点刻度指向太阳，12 点刻度与时针指向间的夹角平分线指明南北方向。

（3）简易指南针。

1）一截铁丝（缝衣针即可）反复同一方向与丝绸摩擦，会产生磁性，悬挂起来可以指示北极。但磁性不会很强，隔段时间需要重新摩擦，增加磁性。

2）如果有一块磁石，会比用丝绸更有效。

注意：沿同一方向将铁丝不断与磁石摩擦。

3）用一根绳将磁针悬挂起来，以便不影响平衡，但不要用有扭结或绞缠的绳线。

（4）星座法。

1）利用星座辨出北方。北斗七星的天璇、天枢总与北极星排成一线，北极星显示正北方向，如图 4-16 所示。

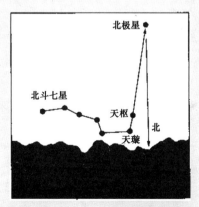

图 4-16 星座法辨出北方

2）利用星座辨出南方。南十字座中央画一垂线，延长其长度二倍，在线末梢偏左那边就是南方；可利用指极星和波江座来帮助定位，如图4-17所示。

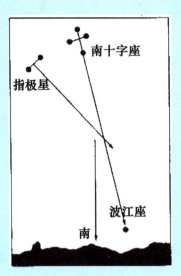

图 4-17　星座法辨出南方

二、水上求生

地球表面约80%被水面覆盖，在所有求生环境中，由于人们对海洋环境知识的缺乏，水上求生就变得非常可怕，在寒冷的海水中体温会迅速下降，所以，我们必须设法尽快上陆地或上救生艇。

拓展阅读

海上求生的特点

（1）海上缺乏参照物，难辨别方向，不易发现目标，生存人员很难判断所处的位置。

（2）风大浪高，平均风力为3～4级，大风时可达10级以上。

（3）缺乏淡水。

（4）水温低，表面平均水温不超过20 ℃，有13%的水表温度为 -4 ℃左右。

（5）海洋生物对人的伤害性大。

1. 水中保暖

（1）在冷水中尽量减少活动，保存体力，减少热量的散发。

（2）减少冷水与人体的接触面，保持体温度，以减少热量的损失。

（3）单人保暖休息法：双腿向腹部弯曲，两手交叉抱住双膝于胸前，如图4-18（a）所示。

（4）几个人为小组的聚集保暖法：几人组成一个面向中心圆圈，手臂相搭，身体的侧面相接触，紧紧地围成一个团儿，如图4-18（b）所示。

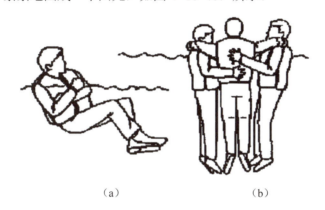

（a）　　　　　　　　　（b）

图 4-18　水中保暖法

（a）单人保暖法；（b）小组聚集保暖法

（5）不要在水中脱弃衣服及鞋袜。

拓展阅读

人在不同水温中能生存的时间

身着薄衣的成人在 10 ℃ 的水温中生存时间见表4-8，人在不同水温中能生存的参考时间见表4-9。

表 4-8　水中生存时间

条件	姿态	生存时间
无救生衣	踩水	2小时
有救生衣	游泳	2小时
	保护姿势	4小时

表 4-9　人在不同水温中能生存的参考时间

水温	人浸在水中预期可生存时间
低于 0 ℃	小于 1/4 小时
低于 2 ℃	小于 3/4 小时
2 ℃～4 ℃	小于 1.5 小时
4 ℃～10 ℃	小于 3 小时
10 ℃～15 ℃	小于 6 小时
15 ℃～20 ℃	小于 12 小时
超过 20 ℃	不定（视疲劳情况而定）

2. 饮水

淡水是生存中至关重要的必需品，有了水，才能保证身体的正常代谢，没有水，人只能活几天。所以，幸存者感到干渴时，应尽量饮水以保证身体的正常需要。

（1）海水。海水是海上生存者最大的水源，但海水不能直接饮用，即便加入部分淡水也不能饮用，否则就会出现脱水现象，对人体组织产生破坏，引起许多器官和系统的严重损伤。因此，在海上生存中禁止直接饮用海水。

（2）淡水源。在海上生存时，如何确保淡水供应是一个大问题，解决这个问题的方法有很多种：

1）离机前，尽量收集机上饮料带到船上。

2）收集雨水，利用船上的设备存储雨水。

3）收集金属表面的露水。

4）北半球海域冰山是淡水的来源，但靠近冰山时要特别小心，否则冰山翻转会有危险。

5）利用海水淡化剂淡化海水使其成为可饮用淡水。

（3）饮水时要注意以下问题：

1）先使用已有的淡水，再进行海水淡化。

2）除非特别渴，否则在救生船上的第一个 24 小时内不要喝水（婴儿和重伤员可适当分配）。以后的时间，如果水量有限，每天 16 盎司水。当雨水充足或 16 盎司不能满足需要时，每天可以喝 24 盎司或更多的水。

3）当淡水很少时，在下雨前只能用水湿润嘴巴并呷一点水。

4）为减少渴的欲望，可在口中含一个纽扣或口香糖，增加唾液。

5）不能抽烟，不能饮用酒精类及咖啡因制品，避免体内水分的散发，酒可以留下用于外伤消毒止痛。

6）尽量少动，多休息，减少体内水分的消耗。

3. 食品

（1）食物来源。

1）在离开飞机前，尽可能收集机上食品以备带上船使用。

2）飞机断裂后货舱内散落在外漂浮在水面上的可食用的货物。

3）海里的鱼类及海面上飞着的鸟。

4）救命包内的应急口粮。

（2）进食时要注意的问题。

1）水量多时，先吃蛋白质食物，水量少时，先吃碳水化合物。

2）鱼类是海上生存最大的食物来源，但不熟悉的鱼类不要随意食用。

4. 发现陆地

（1）确定陆地或岛屿的位置。

1）在晴朗的天空，远处有积云或其他云聚集在那里，积云下面可能有陆地或岛屿。

2）黎明鸟群飞出的方向，黄昏鸟群飞回的方向，可能是陆地或岛屿。

3）通常情况下，白天风吹向陆地，晚上风吹回海岸。

4）在热带海域，天空或云底的浅绿色，通常是由珊瑚礁或暗礁反射而成的。

5）漂浮的树木或植物意味着附近有陆地。

6）不要被海市蜃楼所迷惑，在船上改变坐的高度时，海市蜃楼不是消失就是改变形状。

（2）登陆。登陆是海上生存的最后环节，要想顺利成功地实施登陆，切记注意以下几点：

1）选择最佳登陆点，尽力向其靠近。

2）穿好救生衣并充气。

3）穿好所有的衣服鞋帽。

4）靠岸边时，尽量放长海锚绳，降低向登岸点的接近速度以保证安全。

5）救生船在海滩上着陆前，不能爬出救生衣。

6）救生船一旦登陆，迅速下船并立即设法将船拖上海滩。

（3）获救。当救援船驶到救生船边上时，不要认为可以很容易地登上救援船。如果已经在海上等了很久，身体已经很虚弱，一定要静坐船上等待救援人员来救，不要急于离开救生船。切记当直升机前来救援时，一个吊篮只能容纳一个人。

三、其他环境求生

1. 森林求生

由于丛林里有丰富的食物和水，因此，丛林求生是最容易的，这里最大的危机是惊慌失措和昆虫及植物引起的疾病等。

森林求生的处理方法如下：

（1）带上救生衣以在任何空地显出对比色彩。

（2）卸下并带上所有的滑梯救生艇（最好能在空旷的地方展开，架好帐篷，作为住所）。

（3）启动紧急求救发射机。

（4）熟悉救生包内的物品：

1）取出发射信号设备。

2）其余物品留在储存袋里实际用时再取出。

（5）当发现搜救的人员设备时（飞机、直升机、车、马、人员等），白天使用烟雾信号和反光镜，夜间使用火炬或信号弹，使用烟雾信号和火炬时一定要对下风边烧放。

2. 极地/冬季求生

冬季气温通常在零点以下，且伴有大风，尤其在极地地区，冬季气温在 $-50\ ℃\sim 60\ ℃$，风速有时候会在 40 千米/时以上，大风会导致实际气温远低于温度计显示的温度。当人体发生颤抖时，表明体温已开始下降，体温低于 $30\ ℃$ 对人体是有害的。当处于任何低温强风和冰雪覆盖的地区对于不同季节都必须应用冬季求生原则。

极地/冬季求生的处理方法如下：

（1）携带救生衣做御寒之用。

（2）带上所有滑梯、救生艇（滑梯、救生艇应充气架设好作为掩体，尽快让乘客进入避寒）。

（3）启动应急求救发射机。

（4）在可能条件下，收集飞机上的枕头和毛毯分配给乘客，让乘客尽量坐好以保持体温并松开紧身衣服。

（5）熟悉救生包内的物品：

1）取出发射信号设备。

2）其余物品留在储存袋里实际用时再取出。

3）查看救生包里各种救生指导小手册。

（6）指挥乘客做些温和的运动，例如，坐着屈伸腿部，运动手指和脚趾等。

（7）避免饮用酒类饮料，以免体温散发。

（8）由于掩体内部的二氧化碳含量增大会造成危害，所以必须经常放进一些新鲜空气到掩体里面。

（9）不要让乘客同时睡着，应安排乘客日夜轮流值守。

（10）不要试图在暴风雨来临时迁移。

（11）在冰雪融化的季节里，注意避开浮水，避免陷入沼泽。

（12）防止跌入冰水中。

（13）发现搜救者时，白天使用烟雾信号和反光镜，夜间使用火炬和信号弹，使用烟雾信号和火炬时一定要对下风边烧放。

3. 沙漠求生

沙漠地区通常日夜温差较大，所以在沙漠求生时，需注意以下几点：

（1）携带救生衣以备夜间御寒用。

（2）卸下并带上所有的滑梯救生艇（滑梯、救生艇应充气架设好作为掩体，尽快让乘客进入里面）。

（3）启动应急求救发射机。

（4）熟悉救生包内的物品：

1）取出发射信号设备。

2）其余物品留在储存袋里实际用时再取出。

3）查看救生包里各种救生指导小手册。

（5）将现有的饮水保留给失血者、呕吐者、严重腹泻者等。

（6）减少日间的活动。

（7）寻找水源：

1）设法从绿洲、干涸河床底部的水洞，坎儿井中获取。

2）仙人掌类植物中获取。

3）昼夜温差大时，凝结水蒸气提取。

（8）发现搜救者时，白天使用烟雾信号和反光镜，夜间使用火炬和信号弹，使用烟雾信号和火炬时一定对下风边烧放。

> **拓展阅读**
>
> #### 野外求生的指导方针
>
> 当飞机迫降后，幸存者必须应对可能出现的诸如地形和气候之类的困难，从而保全生命，得以生存。为此而采取的一切行动被称为"求生"。生存的首要条件是具备求生的欲望，求生的知识和技能，以及强健的身体。乘务员必须有能力使自己和其他共同患难者拥有乐观的精神；乘务员还应懂得如何获得水、食物、火种、容身之地等生存的必需条件；如何呼救以吸引营救人员；如何在没有援助时获得安全的保护或脱离险境，乘务员还应掌握保存体能的方法，避免和应对疾病与受伤的方法，以便帮助那些比自己更不幸的人们。
>
> 在空难发生后的求生过程中，必须牢记以下的指导方针。
>
> （1）撤到安全地带。
>
> 1）如果飞机有起火或爆炸的可能，必须远离飞机（至少应保持100米）并待在风上侧处直至危险消失。
>
> 2）为了便于搜救，当危险消失后，移向飞机的着陆地点。

3）不要惊慌失措地奔向未知地域，设法与其他幸存者保持联络。

4）除非身处毫无遮蔽的空旷地带或危险之中，否则没有必要另选安全地带。

5）不要将山顶或山腰作为避难之所，地势低的地方更易建掩体设施。

6）不要全体出动去寻找安全地带，应分组行动，不要单干，相互之间应保持联络并做好路标，以便顺利返回。

7）离开失事地点时应做好标记，以便营救人员寻找。

（2）携带有用物品。

1）尽可能多地带上饮料、食品、毛毯以便更好地抵御进一步的灾难。

2）带上医疗救护用品，如药箱、急救箱，甚至氧气瓶。

3）带上信号器具，如手电筒、扩音器、应急定位发射器，以便发布求救信号。

4）带上旅客舱单，用于确定受伤、死亡、失踪者。

5）带上"客舱乘务员手册"，从中获取有关求生的指导方针，至少纸张是一种良好的引火材料。

注意：如果飞机已无进一步危险，可设法返回机舱获取更多有用物品。

（3）救护伤员。

1）应将伤员一起转往安全地带。

2）区别伤势，展开救护，首先是呼吸困难者，然后依次是大出血、骨折和惊恐者。

3）如有死者应与生还者分开。死亡会制造恐怖气氛，这样做有利于使幸存者稳定情绪。

（4）采取保护措施——搭建掩体。

1）尽可能利用天然场所和手边的材料来加固和扩充掩体。

2）身处空旷地带时，利用装备与飞机残骸，如挖坑，也可利用天然洼地，用浮土加固加高四周作掩体。

3）用石块、残骸、树枝、毛毯、滑梯布等制成防风墙。

4）掩体除可防风、防雨外还应遮阳。

5）如有伤势严重不便移动者，就地搭建简便掩体。

6）生活取暖，并利用反光材料，增强热效应，大家聚在一起减少热量散发。

模块小结

应急撤离也叫作紧急撤离，分为陆地撤离和水上撤离两种。应急撤离从准备撤离的时间上可分为有准备的紧急撤离、有限时间准备的紧急撤离、无准备的紧急撤离。在进行撤离准备时,乘务长使用客舱广播告知信息,乘务员对乘客进行安抚和指导。应急撤离时,对民航乘务员的要求是:民航乘务员在平行飞行中要熟悉客舱的应急设备,对于应急设备的位置、用途、使用方法、注意事项、出口的位置、撤离路线的划分都要了然于胸,牢记应急撤离程序。应急撤离后乘务员还要带领旅客进行野外求生,包括陆地、水上、森林、极地等更加恶劣环境下的求生,尽最大努力将旅客的生命财产安全危险降到最低。

岗位实训

1. 实训项目

有准备的应急撤离。

2. 实训内容

学生模拟客舱乘务人员,准确、迅速、高效地完成应急迫降过程中的各项准备工作,完成有准备的应急撤离。

3. 实训分析

同学们进行合理分工,配合完成任务。然后进行自我分析与评价,总结实训经验,思考如何能在应急撤离使将工作做到位。

模块五

客舱特情处置

1. 了解常见的客舱特情（火灾、释压、爆炸物）；
2. 熟悉客机防火要求、释压征兆；
3. 掌握客舱火灾、释压及爆炸物的处置。

1. 能够在客机发生火灾、释压、爆炸物的紧急情况下迅速做出判断；
2. 能够果断进行特殊情况的处置，尽最大努力保护机上旅客的生命财产安全。

1. 学会查阅相关资料，将资料进行分析与整理；
2. 能够制订学习计划，并按计划实施学习，扎实理论基础知识；
3. 参与实践，并善于分析实践中的优势与劣势，提自身高职场竞争力；
4. 具有吃苦耐劳，耐心细致的职业素养。

2002年5月7日21时32分，大连××机场的塔台人员接到××公司由北京飞往大连的××客机飞行员的报告，称机舱失火，此后飞机便与机场失去联系。5分钟后，辽大甘渔××号渔船通过12395电话向大连海上搜救中心报告，称傅家庄上空有一民航客机失火。大连海上搜救中心立即向旅顺海军基地、武警大连边防支队和港务局船队发出紧急救援通知。21时40分左右，飞机机身坠落在北纬38度57.063分，东经121度39.941分处，飞机尾翼坠落在北纬38度57.129分，东经121度40.175分处。经核实，机上有旅客103人、机组人员9人，全部罹难。这一空难事故被称为大连"5·7"空难。空难调查结论中，认定"5·7"空难是一起由乘客张××纵火造成的破坏事件。"5·7"空难发生后，民航总局于2003年2月5日下发了加强对旅客携带液态物品乘机的新规定。在新规定中，凡是随身行李中携带饮料、矿泉水等液体的旅客，都须自饮后，方能通过安检登机。如不能饮用的，安检员将进行仔细检查，直到确认安全方可通过。该规定执行后，才弥补了"5·7"空难暴露出的安全隐患。

  飞机上发生火灾是非常严重的紧急情况。应对火灾风险的最好方法，便是防止起火。民航乘务员必须识别潜在的火灾隐患，并在火灾发生前采取措施最大限度地降低风险。

单元一　客舱火灾处置

在飞机上，发生火灾是非常严重的紧急情况。机上火灾是客舱安全的主要威胁之一，民航乘务员的职责不仅仅是对机上火灾高度警觉，还要迅速扑灭火灾，同时确保有序的客舱秩序。灭火工作需要飞行机组与客舱机组积极地密切配合，协同处理。

一、机上防火的要求

1. 起飞前的防火检查

（1）起飞前必须完成对（化学、水）灭火器、防烟眼镜、防烟面罩（PBE）、救生斧、石棉手套等灭火设备的检查，确保这些设备存放位置正确，符合使用要求。

（2）起飞前必须完成对洗手间内的烟雾探测器、自动灭火装置、垃圾箱和盖板的检查，保证符合使用要求。

2. 飞行中的防火检查

（1）飞行中，每隔 30 分钟必须对洗手间内的防火装置进行正常检查。如果垃圾箱中废纸过满，应将部分废纸转移到其他垃圾箱里。

（2）航行中应密切注意客舱情况，及时回应旅客的呼叫，值班民航乘务员不得离开岗位，至少每 15 分钟巡视一次客舱。

（3）检查厨房里的断电装置，熟悉其控制的范围和操作方法。

（4）正确存储可能引起火灾的物品，如火柴、打火机等，不可将这些物品放置于无人监管的地方。民航乘务员发现旅客携带易燃、易爆物品，如酒精、汽油、烟火等，应妥善监管并立即向机长报告。

（5）在使用烤箱前，应检查烤箱内的物品，在烤箱工作时不会引起火灾或其他危险情况。

（6）严格执行禁止吸烟的管理规定，按要求广播告知旅客。

（7）当民航乘务员发现旅客在机上吸烟，应立即制止并将烟熄灭，检查旅客吸烟的区域，确保没有火灾隐患，同时报告乘务长和机长。对吸烟旅客的处罚，由地面公安部门办理。

拓展阅读

火源的分类

火源的类别划分见表 5-1。

表 5-1　火源的分类

类别	材料
A	纸、木料、布料
B	气体、油类
C	电器类
D	金属类

二、灭烟（灭火）程序与分工

在执行任何灭烟（灭火）程序时都应组成三人灭烟（灭火）小组，一名负责灭烟（灭火），一名负责通信联络，一名负责援助。

1. 灭烟（灭火）程序

（1）寻找烟源（火源），确定烟（火）的性质。

（2）拔出受影响区域的跳开关，切断电源。

（3）乘务员要注意做好自我保护，穿戴好防护式呼吸装置PBE，取用相应的灭火瓶灭火（图5-1）。

（4）向机长报告，始终保持与驾驶舱的联系。必要时请求机长切断烟雾（失火）区域电源。

（5）收集所有的灭火设备到达失火现场，保持灭火设备随时可用。

图 5-1　穿戴好 PBE

（6）监控情况，保证余火灭尽。

2. 飞机在地面发生火灾

（1）飞机发生外部火情时，根据机长指令组织处置。

（2）飞机发生内部火情时，按以下程序处置：

1）飞机在滑行时，民航乘务员发现客舱起火，应迅速判断火情。使用防烟面罩和海伦灭火器进行灭火。

2）报告机长和通知其他民航乘务员。

3）调整旅客座位和维持客舱秩序。

4）当机长发出撤离指令时，民航乘务员在飞机完全停稳的情况下发布"紧急情况，解开安全带，脱掉高跟鞋，不要带行李，撤离"的指令，指挥旅客有序撤离。

> **课堂小提示**
>
> 如果火情发生在货舱、设备舱或民航乘务员无法处置的燃烧位置。应报告机长，确认飞机完全停稳后。组织旅客有序撤离。

3. 飞机在初始起飞阶段发现火情

（1）发现客舱火情的民航乘务员，应迅速报告机长。
（2）不要站起来灭火。
（3）大声命令旅客"低头，俯身""Head down，Bend over"。
（4）当机长发出"紧急撤离，撤离"的指令时，指挥旅客紧急撤离。
（5）当机长发出"民航乘务员和旅客留在座位上"不需要撤离指令时，民航乘务员大声命令旅客"坐在座位上，不要动"，并到客舱安抚旅客。

4. 三人灭火小组职责分工

三人灭火小组具体分工见表5-2。

表5-2 三人灭火小组职责分工

人员	职责	参考语言
灭烟（灭火）者	（1）负责观察烟情、火情； （2）就近使用相应的灭火瓶和防烟面罩，立即灭火； （3）呼叫或发出信号给其他乘务员，通知离自己最近的乘务员来支援和报告	×××，我来灭火！你去报告！
通信联络员	（1）通过内话向机长通报火情，做到语言简练、信息清晰： 1）烟（火）位置及物品； 2）有无异响； 3）烟的浓度、气味、颜色； 4）火势大小； 5）客舱状况； 6）乘务员预采取行动。 （2）不可离开内话器，保持不间断地与驾驶舱的联系； （3）立即通知乘务长和其他客舱机组人员提供援助	报告机长，飞机后舱洗手间位置发现起火；初步判断是因为乘客抽烟引起，火势较大，请求切断后舱左侧洗手间区域电源，请指示！

续表

援助者	（1）收集其余的灭火瓶和防烟面罩； （2）戴上 PBE，携带灭火器做好接替灭火者工作的准备； （3）安抚旅客情绪，指导旅客采取防烟措施； （4）负责监视防烟面罩的使用时间； （5）转移火源附近的易燃、易爆物品； （6）关闭附近设备电源，拉出断路保护器； （7）转移火源附近的旅客，避免大幅度纵向调整旅客座位，保持飞机纵向的重心； （8）负责监视余火，保证其无复燃的可能性	低下头，用领口袖口捂住口鼻！ Keep low, bend over, cover your nose and mouth.

拓展阅读

机上烟雾（火灾）的危害

（1）火灾。

1）机上可燃、易燃物越多，火灾发生的危险性越大。现代化的飞机为了给乘客提供舒适的环境，客舱内部的生活设施一应俱全。但是，这些装修材料多为可燃、易燃物品，如客舱内密集的座椅、地板上的地毯以及其他设施等，都是可燃物。其次，乘客随身携带的行李、衣物等外来可燃物也增加了飞机内部的火灾荷载。

2）火势蔓延速度快，扑救困难。如果飞机在起飞或者着陆时发生火灾，扑救起来还相对容易一些，因为这时可以借助机场专职消防队的力量将火扑灭。但如果飞机在飞行过程中着火，而机组人员又没能及时在火灾发生初期将火扑灭，那么火势就会迅速蔓延，直至失去控制。这种危险性主要来自以下几个方面：飞机内空间相对狭小，可燃物较多，火灾荷载大；飞机各舱之间没有防火分隔，一舱起火，很快就会蔓延至其他机舱；飞机在飞行过程中，高空环境复杂；飞行过程中起火，地面消防力量无法参与救援。

3）飞机起火后容易发生爆炸。飞机内部起火，密闭而狭小的空间内温度会迅速升高，里面的气体也会迅速膨胀，极易造成爆炸。另外，高温对发动机舱也是很大的威胁，一旦发动机舱遇火燃烧，爆炸将难以避免。

4）火灾对飞机的危害可能主要是烧毁飞机的系统使得飞机关键操作系统

失灵、失压、爆炸、解体。如瑞士航空的 MD11 和 UPS 的 B747，都是大火烧毁了飞机的控制和操纵系统，飞机失控后坠毁。

5）机上火灾最致命的——引发人员恐慌，会导致飞机失去平衡坠毁。

6）为保证飞机内的人员舒适度和安全性，飞机在高空飞行时是处于增压密封状态。但是一旦发生火灾，就面临两难：旅客维持生命需要氧气，而氧气是助燃剂，只要有氧气几乎所有的可燃物在高温下都可以燃烧起来。

7）对于有旅客和乘务员的客舱，由于飞机上有人员可协助识别火情大小，采取比较有效的针对性措施进行灭火。对于没有人员的货舱或者货运飞机，几乎不大可能去分析和判断火源和火情，飞机只能依靠携带有限的灭火剂对货舱从固定喷嘴进行灭火，很难估计货物的可燃性和持续时间，尤其当运输有锂电的危险品和一些违规的危险品冒充普通货物被装载上飞机时。

（2）烟雾。

1）火灾对于人体的危害有几方面，包括缺氧、粉尘、高温和毒性。火灾造成的烟气毒性大，易使人窒息死亡。因为飞机内部的可燃物大多为有机物质，在燃烧过程中会产生大量的有毒气体和烟雾。飞机各舱之间互相连接，有毒气体和烟雾会很快充满机舱内部。同时，飞机的密闭性非常高，有毒气体和烟雾很难散发出去。在这种情况下，飞机内人员极易中毒身亡。

2）浓烟致人死亡的最主要原因是一氧化碳中毒。在一氧化碳浓度达 1.3% 的空气中，人呼吸两三口气就会失去知觉，呼吸 13 分钟就会死亡。据了解，常用的建筑材料燃烧时所产生的烟气中，一氧化碳的含量高达 2.5%。此外，火灾中的烟气里还含有大量的二氧化碳。在通常情况下，二氧化碳在空气中约占 0.06%，当其浓度达到 2% 时，人就会感到呼吸困难，达到 6%、7% 时，人就会窒息死亡。另外，还有一些材料，如聚氯乙烯、尼龙、羊毛、丝绸等纤维类物品燃烧时能产生剧毒气体，对人体的威胁更大。在火灾发生时，烟的蔓延速度超过火的蔓延速度 5 倍，其产生的能量超过火 5~6 倍。烟气的流动方向就是火势蔓延的途径。温度极高的浓烟，在 2 分钟内就可形成烈火，而且对相距很远的人也能构成威胁。

3）浓烟的出现，会严重影响人们的视线，使人看不清逃离的方向而陷入困境，给紧急撤离带来难度。

飞机发生火灾时，紧急着陆后，乘客从烟火中出逃，用湿毛巾或布蒙住口鼻，减少烟气的吸入，如果烟不太浓，可俯下身子行走；如为浓烟，须匍匐行走，在贴近地面 30 厘米的空气层中，烟雾较为稀薄。撤离飞机后，要往上风处会合，远离燃烧区和烟雾区。

三、灭烟（灭火）要点

在执行灭烟（灭火）程序时，要注意做到以下事项：
（1）保持驾驶舱门的关闭。
（2）搬走火源区的易燃物（氧气瓶等）。
（3）始终保持与驾驶舱的联系。
（4）不要放下氧气面罩，不要使用氧气设备（除 PBE 外）。
（5）在条件允许时，蹲下来降低身高或利用门、隔板作为保护。
（6）开门之前，在门板及门框处喷洒灭火剂，创造惰性气体保护环境。
（7）灭火者利用灭火瓶挡在前面做保护（图 5-2）。

图 5-2　自我保护

（8）灭火者戴上防烟面罩，必要时穿上防火衣。
（9）灭火时应将喷嘴对准火源的根部，由远至近、从外向里，平行移动灭火。
（10）停止通风工作控制火情。
（11）经常用手背测试舱门、进口板、隔板温度。
（12）在条件允许时，可使用水作临时降温阻燃物。
（13）保持旅客的情绪稳定。
（14）随时准备撤离旅客。

拓展阅读

客舱失火的特点

（1）可燃物多，火势难以控制。现代客机为了给旅客提供舒适的环境，客舱内部的生活设施一应俱全，但这也使客舱成为可燃物聚集的地方，由于客机各舱之间没有防火分隔,所以一旦客舱起火,火势就会快速蔓延至其他舱位,从而难以控制。

(2)容易发生爆炸。客舱是一个密闭狭小的空间,客舱内的空气会随温度的改变而急剧变化。客舱失火时,温度会迅速升高,空气也会迅速膨胀,从而造成爆炸。另外,高温对发动机机舱也有很大的威胁,一旦发动机机舱因高温燃烧,爆炸就难以避免。

(3)烟气毒性大,易使人窒息死亡。客舱内的可燃物大多为有机物质,这些物质在燃烧过程中会产生大量的有毒气体和烟雾。加上客机的密闭性高,有毒气体和烟雾很难散发出去,在这种情况下,机上人员极易因吸入有毒烟气中毒身亡。

四、特殊火灾的处置

(一)卫生间冒烟(失火)

卫生间冒烟(失火)在机上火灾中占比较大,约45%的火灾都发生在卫生间。失火原因主要有旅客吸烟,将未熄灭的烟头投入垃圾箱中;垃圾箱放置不当,纸巾被扔在垃圾箱附近加热管道上;或由于电器故障。

微课:失火处置——洗手间失火处置

如果烟雾报警器报警,表明卫生间发生烟雾或起火,应做出以下处置:

(1)检查卫生间内是否有人。如果是乘客吸烟引起烟雾探测器报警,应要求乘客立即熄灭香烟,开门将烟雾排出,解除警报,确认垃圾箱没有烟头或其他隐患,明确指出吸烟者行为不当,最后向机长报告。

(2)用手背感觉门的温度,如果门是凉的,乘务员应做出以下处置:

1)取出就近的灭火瓶(图5-3)。

2)小心打开卫生间门,寻找烟源(火源)。

3)如果发现垃圾箱失火冒烟(失火),用水浇湿垃圾箱(图5-4)。

4)如果电器冒烟(失火),使用海伦灭火瓶灭火。

图5-3 就近取用灭火瓶

如果感觉门是热的，乘务员应做出以下处置：

1）通知机长切断卫生间电源。

2）当烟雾从门四周溢出时，应用湿毛毯将其堵住（图 5-5）。

图 5-4　浇湿垃圾箱

图 5-5　堵住门缝

3）穿戴好 PBE，取出灭火瓶（图 5-6）。

4）低身蹲下，利用门板做保护，将门打开小缝（图 5-7）。

图 5-6　使用灭火瓶

图 5-7　开门

5）将灭火剂从门缝喷入（图 5-8）。

6）关闭卫生间门（图 5-9）。

图 5-8 短时喷射　　　　图 5-9 关门

7）重复开门—喷射—关门的灭火步骤，直至火完全被扑灭。

8）余火灭尽后用湿毛毯盖住失火区域。

（3）通知机长及时锁住卫生间门，派人监控该区域。

（二）厨房设备冒烟（失火）

电器设备失火首先要切断电源，关闭失火设备的开关并拔出跳开关，立即报告机长并请求切断厨房总电源；要是用海伦灭火器灭火，应注意不要将水倒入过热的烧杯内。

1. 烤炉失火

烤炉失火一般是由于加热时间过长，餐食油脂溢出及错误操作引起。

（1）切断厨房电源和烤炉电源。

（2）关闭烤炉门，以消耗氧气和窒息火焰。

（3）如果火势较大，火焰扩展到烤炉外面，应迅速戴好 PBE（防护呼吸面罩）。

（4）观察烤炉内火是否完全熄灭时，应将烤炉门打开一小缝，避免遇有空气余火复燃灼伤脸部。

2. 烧水杯失火

（1）切断电源。

（2）拔下水杯。

（3）如果火不灭，使用海伦灭火瓶扑灭火源。

（三）衣帽间冒烟（失火）

如衣帽间失火，除应立即执行"一般性火灾的处置"外，首先用手背触摸门及四周舱壁的温度，然后再做相应处置。

1. 如果门及四周舱壁是凉的

（1）取出就近的灭火器（最好是海伦灭火器）。

（2）小心地打开衣帽间的门，观察起火的位置。

（3）海伦灭火器的喷嘴对准火源的底部灭火。

（4）如有可能，移走未燃烧的衣服及其他物品。

（5）检查已燃烧的物品，保证余火灭尽。

（6）灭火成功后，关闭衣帽间并通知机长。

2. 如果门及四周舱壁是热的

（1）保持门的关闭状态。

（2）用安全斧在门的高温处凿出一个与灭火器喷嘴大小相同的洞。

（3）将灭火器喷嘴从洞口伸入，释放灭火剂直至喷完，喷完后应封住洞口。

（4）打开衣帽间门时要小心，防止氧气突然进入，加重火情。

（5）如果有烟雾从门四周溢出，应用湿的毛毯或毛巾堵住缝隙。

（6）检查已燃烧的物品，保证余火灭尽。

（7）灭火成功后，关闭衣帽间并通知机长。

（四）"隐蔽区域"冒烟（失火）

从侧壁面板、天花板、地板和通风口处冒烟，可能有"隐蔽区域"失火。乘务员应用手背沿着壁板移动，找出温度最高的区域，确定烟源（火源），立即通知机长并执行指示，将灭火设备取出备用，如果机长指示将壁板撬开，应按以下步骤处置：

（1）让乘客撤离出此区域。

（2）使用救生斧砸进壁板，撬开能够插入灭火瓶喷嘴的缝隙（不能用刀砍壁板，避免将电线和液压线砍断，如图5-10所示）。

图 5-10　撬开壁板

（3）使用海伦灭火器进行灭火。

（4）灭火后报告机长，派人监控该区域。

（五）荧光灯整流器冒烟（失火）

荧光灯整流器失火短暂，可自行熄灭，没有相对危险；如果长时间使用可能会过热，产生明显气味的烟雾，应通知机长并关灯。

（六）锂电池及便携式电子设备冒烟（失火）

1. 查明物品

可能无法立即查明物品——起火源，特别是当火情发生在座椅袋或不能迅速拿到装置时，应该首先启动适当的消防程序。

警告：为了避免被爆燃烧伤，不建议在发现冒烟或起火的任何迹象时打开所涉行李。但是，在特定情况下，客舱机组成员可能会对情况做出评估，认为有必要将行李打开一个小口，以便可以喷入灭火剂和不可燃液体。在采取这一行动时应该极其小心，并且只有在穿上可从机上获得的适当的防护设备后才可以这样做。

2. 启动消防程序

（1）应将任何涉及客舱火情的事件立刻通知机长，他需要了解所采取的一切行动及其效果。

（2）客舱机组和飞行机组必须协调行动，每一组成员都须充分了解另一组成员的行动和意图。

（3）必须使用适当的消防和应急程序处理火情。在有多名客舱机组成员的情况下，应该同时采取消防程序中所详述的各项行动。在仅配有一名客舱机组人员的航空器上，应该请求一名旅客来帮助处理相关情况。

（4）应该使用海伦或水灭火器来扑灭火情以及防止火势蔓延至其他易燃材料。

（5）在灭火时，必须穿上可用的防护设备（如保护呼吸的设备、防火手套）。

（6）如果火势扩大，客舱机组应迅速采取行动，将旅客从受影响区域转移，必要时提供湿毛巾或湿布，并指示旅客用其呼吸。最大限度地防止烟和烟雾蔓延到驾驶舱内，对航空器的持续安全运行至关重要，因此，必须始终保持驾驶舱门处于关闭状态。机组之间的通信和协调是极其重要的，应使用内话作为主要通信方式。

3. 切断电源

（1）必须指示旅客断开装置的电源（如果认为这么做是安全的话）。电池在充电周期内或充电周期刚刚结束时，由于过热较易起火，虽然效应可能会延迟一段时间出现。如果拔掉装置的外部电源，就可确保不会向电池输送额外的能量而助长火情。

（2）关闭连通剩余电源插座的座椅电源，直到可以确保某一出现故障的航空器系统不会促使旅客的便携式电子装置也失灵。

（3）如果装置原来是接通电源的，则通过目视的方式检查其余电源插座是否保持断电，直至能够确定航空器系统无故障出现。

（4）切断电源可以与客舱机组的其他行动（如取水洒在装置上）同时进行。根据航空器型号的不同，有些航空器的座椅电源可能得由飞行机组成员关闭。

警告：不要试图从装置中取出电池。

4. 在装置上洒水（或其他不可燃液体）

必须使用水（或其他不可燃液体），使起火的电池冷却，以便防止热扩散到电池中的其他电池芯。如果无水可用，可使用其他不可燃液体来冷却装置。

注意：将液体洒在热电池上时液体可能变为蒸汽。

5. 将装置放在原位，并监测重新着火现象

由于热转移到电池内的其他电池芯，着火的电池会多次重新点燃并冒出火焰。因此，必须定时监测装置，以查明是否仍然有任何火情的迹象。如果有任何烟雾或火情迹象，则必须在装置上洒水（或其他不可燃液体）。

警告：（1）不要试图拿起或移动装置；电池可毫无预兆地发生爆炸或爆燃。如果装置出现以下任何一种现象，则不得移动装置：起火、燃烧、冒烟、发出异常的声音（如噼啪声）、出现碎片或从装置上掉下材料碎片。

（2）不要将装置盖住或对其进行包裹，因为这样可能导致装置过热。

（3）不要使用冰或干冰冷却装置。冰或其他材料会对装置产生隔热作用，这样会增加其他电池芯达到热失控的可能性。

6. 在装置冷却后（如10～15分钟后）

（1）在经过一段时间之后（如10～15分钟后），一旦装置冷却下来并且如果没有冒烟或发热的迹象或如果锂电池起火通常会发出的噼啪声或嘶嘶声有所减弱，就可以小心地对装置进行移动。根据装置及其大小的不同，等待时间可能有所不同。

（2）必须在适当的空容器（如罐子、水壶、食品柜或盥洗室废物箱）中注入足够的水或不可燃液体，以便可以完全浸没装置。在移动起火事件所涉的任何装置时，必须穿上可用的防护设备（如保护呼吸的设备、防火手套）。一旦将装置完全浸没，必须将所用的容器存放起来并且如果可能的话对其进行固定，以防止溢出。

7. 在剩余的飞行时间里对装置及其周围区域进行监测

在剩余的飞行时间里对装置及其周围区域进行监测，以确保装置不构成进一步的危险。

8. 在下一个目的地着陆后

（1）一旦到达下一个目的地，应启动公司的事故征候程序。这些程序可能包括向地面工作人员指明物品的存放地点以及提供有关物品的所有信息。

（2）根据公司的程序完成所要求的文件，以便向公司通报事件，采取适当的维修行动，并对应急响应包或所用的任何航空器设备（如有）进行补充或更换。

拓展阅读

锂电池简介

锂电池是指电化学体系中含有锂（包括金属锂、锂合金和锂离子、锂聚合物）的电池。主要包括锂原电池和锂离子电池两类。锂原电池里含有锂金属单质，一般为一次性使用，不能进行充电。

锂电池主要应用于手表、计算器、电脑主板和部分仪器仪表，其含有金属锂。锂是一种非常活泼的金属，一旦锂金属电池在运输过程中受到撞击，电池中的锂就会发生剧烈的化学反应产生大量的热，从而引燃周围的物质发生火灾。因此在进行航空运输时，锂金属电池属于第9类危险品（杂项危险品如图5-11所示），根据运输时包装情况的不同，分为三种情况：单独包装的锂金属电池货物，与设备包装在一起的锂金属电池货物和安装在设备中的锂金属电池货物。由于电动平衡车锂电池能量较大，且大多数设备锂电池能量标志不符合规定，国际上反馈各地接连发生此类平衡车内置劣质锂电池起火爆炸的事件。某些航空公司已经全面禁止旅客携带或托运以锂电池为动力的电动平衡车。

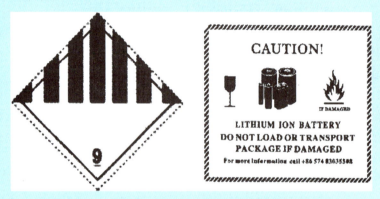

图 5-11　杂项危险品标签及锂电池运输标签

2015年3月，中国民航局为提升锂金属电池货物航空运输的安全水平，规定今后除非获得国家豁免，将禁止使用客机运输单独包装的锂金属电池货物。

因为绝大多数手提电子设备中的锂电池通常容量不会超标，乘客仍可以随身携带锂电池以及包含锂电池的便携电子设备。客舱乘务员应随时关注乘客，避免在客舱使用充电宝（锂电池）进行电子设备充电。发生锂电池起火，应进行快速处置，避免火势扩大。

（七）行李架冒烟（失火）

如果发现行李架冒烟（失火），应将乘客撤出该区域，通知机长；用手背感觉行李架表面的温度，找出温度最高的区域，确定火源（烟源）位置；将行李架打开一条小缝，将灭火剂喷入行李架内（图5-12），然后关闭行李架；重复以上步骤，直至烟火扑灭，并派人监控该区域。

微课：失火处置——行李架内充电宝失火处置

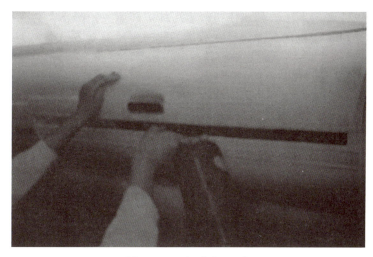

图 5-12 行李架灭火

（八）客舱座椅冒烟（失火）

（1）第一个发现失火的民航乘务员取就近的海伦灭火器实施灭火。如果离灭火器较远，不能快速取用灭火器，应就近寻找灭火设备替代物（如饮料、毛毯、衣物等）控制火势蔓延，以争取时间。

（2）呼喊"低头，弯腰""Head down，Bend over"，寻求机组其他人员的支援。通知机长。

（3）根据火势的大小调整旅客座位，至少离开失火区域四排座位以上，但不能安排旅客滞留在通道或民航乘务员工作区，以免干扰灭火。

（4）至少有一个机组人员戴好防烟面罩，将客舱内其他可用灭火器带到火场支援。

（5）灭火后做降温处理，防止复燃。

（6）充分检查失火区域的损毁情况，确认未影响其他区域。

（7）将处理结果汇总，报告机长。

（8）填写"特殊情况报告单""客舱设备记录本"。

（9）落地后与机务交接。

五、机上排烟

飞机发生火灾，舱内可能会充斥大量的烟雾，在充满烟雾的机舱里，灭火的民航乘务员可使用便携式呼吸设备提供保护，但乘客未配备此设备。民航乘务员应指导乘客低头弯腰，并给乘客分发湿毛巾作为临时的呼吸过滤器，必要时将烟雾浓密区域的乘客调换到其他区域。

为了清除舱内烟雾，飞行员会用增压系统将烟雾排放到机舱外，通过引擎泵向客舱输送新鲜空气。在这个过程中，机舱可能发出异常的"嘶嘶"声。

在发生火灾或者起烟事故后，飞机极有可能需要紧急迫降，是否需要依照要求来进行紧急撤离，机长应视情况决定。在灭火的同时，民航乘务员需要为紧急迫降或撤离做好准备。

六、对乘客的保护

在执行灭烟（灭火）程序时，要做好对乘客的保护工作：

（1）调整火源区旅客座位。

（2）指挥旅客身体放低，用手或其他布类（最好是湿的）罩住口鼻呼吸，避免吸入有毒的气体（图5-13）。

（3）让旅客穿上长袖衣服，防止皮肤暴露。

（4）帮助保持乘客的情绪稳定。

（5）根据机长指示，做好应急撤离的准备。

图5-13 指导乘客掩鼻俯身

单元二 民航货物运输

飞机在飞行中随着高度的升高，为了保持飞机机体结构的安全，需要保持舱内的压力和舱外压力差值不超过一个极限值（余压极限），所以要释放掉一部分舱内压力，叫作客舱释压。这种情况对机上人员是非常危险的。作为民航乘务员必须清楚如何应对，这样才能保证自身和机上其他人员的人身安全。

> **职场小贴士**
>
> 安全高度通常是指海拔10 000英尺（约3 000米）左右，这是人类无须额外的氧气以及没有增压帮助下生存的高度。

一、了解客舱释压的征兆

客舱释压分为缓慢释压和快速释压两种。

1. 缓慢释压的征兆

飞行年限久远的飞机多会出现设备老化的情况，飞机的舱门或者翼上紧急出口处的密封性也会随着飞行时间而慢慢地老化，因机门或应急窗的密封泄漏或因增压系统故障而导致客舱逐渐失去压力，通常将这一现象称为缓慢释压。

缓慢释压的征兆如下：

（1）飞机失密处有漏气的尖响声。

（2）耳部不适。

（3）轻细物体被吸向破损处。

（4）飞机失密破损处有外部的光线射入。

（5）座舱高度为 14 000 英尺（约 4 200 米）时，氧气面罩自动脱落。

（6）"系好安全带""禁止吸烟"指示灯亮。

2. 快速释压的征兆

飞机增压系统失效或机体严重受损导致飞机快速失去客舱压力，通常将这一现象称为快速释压。快速释压有两种情况，一种是在机体受到严重损害（炸弹爆炸或武器射击）等极端情况时，导致的爆炸性释压。正如在许多大片中看到的一样，真实的释压将会首先伴随有巨大的声响，因为座舱里的高压空气会向舱外"涌出"直至飞机内外压力一致，由巨大的"砰"的一声开始，尘土和碎片将会卷起并冲出破裂处。细小的物件会被吸出舱外，并且由于座舱里的温暖空气比外界的寒冷空气含有更多的水汽，座舱里会产生潮湿、寒冷的雾（水分子快速凝结）。座舱温度会发生明显变化（在外界温度为 −55℃时）。客舱内会一片混乱。这只是对空气的影响，对人体的影响会如何呢？人类肺部通常需要约 0.2 秒的时间来释放它们中间的空气，任何短于这个时间发生的释压都会引起肺部的快速释压以及肺部的撕裂或严重损伤，应对这种情况唯一可选择的紧急措施就是戴上氧气面罩，尽快下降到安全高度。另一种快速释压是指发生时间长于 1.5 秒但短于 10 秒的释压情况。这种释压能在大型飞机上遇到并且更为常见些。这种释压没有很高的肺部损伤危险，但是噪声、混乱和雾都不同程度地存在。除了尽快戴上氧气面罩和下降，还要有其他的紧急措施可以减少释压造成的破坏。

快速释压的征兆如下：

（1）巨大声响。

（2）出现雾，很快消散。

（3）人会感到头痛、耳膜压痛、呼吸困难，温度下降。

（4）可能产生灰尘。

（5）物体或人飞向破损处。

（6）座舱高度为 14 000 英尺（约 4 200 米）时，氧气面罩自动脱落。

（7）"系好安全带""禁止吸烟"指示灯亮。

> **职场小贴士**
>
> 民航乘务员必须意识到并不是所有的警告信号都会出现，其中的某一个警告信号一旦出现，就可以判断为释压，如氧气面罩脱落。

3. 旅客的缺氧反应

身体组织如果得不到足够的氧气就会出现缺氧症状。如果不能及时补充氧气，将会造成知觉丧失甚至迅速死亡。缺氧的危险在于其症状不明显，为了预防缺氧，民航乘务员必须对自身和旅客身上发生的症状保持警惕。此外，缺氧症状的发生没有固定的顺序，而且其中某些症状不一定会出现。

缺氧症状包括初始阶段、障碍阶段、危急阶段。

（1）初始缺氧阶段症状。有打哈欠、呼吸障碍、脉搏加快现象出现。

（2）障碍缺氧阶段症状。有头痛、瞌睡、呼吸困难、平衡与协调机能失调现象出现。

（3）危急缺氧阶段症状。失去知觉和死亡。

在客舱释压情况下，如果不启动紧急供氧系统，将无法提供足够的氧气给机上人员。由于缺氧和压力的改变，机上人员可能会感到头痛、压耳朵、呼吸困难、指甲和嘴唇发紫，直至丧失意识和死亡。所以，机组成员应以最快的途径，广播或大声喊话通知，指导旅客紧急用氧。缺氧高度和症状对照见表 5-3。

表 5-3 缺氧高度和症状对照表

高度	症状
10 000 英尺（约 3 000 米）	头痛，非常疲劳
14 000 英尺（约 4 200 米）	发困，头痛，视力减弱，指甲发紫，肌肉相互不协调，晕厥
18 000 英尺（约 5 500 米）	记忆力减退，重复同一动作
20 000 英尺（约 6 000 米）	惊厥，虚脱，昏迷，休克，有效知觉时间 5～10 分钟
25 000 英尺（约 7 600 米）	昏迷和虚脱，有效知觉时间 3～5 分钟
30 000 英尺（约 9 000 米）	有效知觉时间 1～2 分钟
35 000 英尺（约 10 000 米）	有效知觉时间 30 秒
40 000 英尺（约 12 000 米）	有效知觉时间 15 秒

在表中，有效知觉时间（Time of Useful Consciousness，TUC）是指某人在缺氧环境下能够有效实施有意识活动的时间。这个时间从发生氧气供应问题，或者面临缺氧环境开始，到有效功能丧失为止，当事人不再能采取纠正和保护措施。它不是完全无意识的时间，不同的人 TUC 是大不相同的，而且同一个人每次 TUC 也不相同。在高

空，TUC会非常短。因为快速释压会将FUC缩短50%，这是由于在释压环境下肺部被迫呼出空气以及高度急剧下降所引起的。因此，高空缺氧的危险是显而易见的，重点在于预防而非治疗。

当民航乘务员在工作状态下，因为需要消耗体力，民航乘务员意识到客舱释压并做出反应的时间有可能更短，例如，如果释压发生在10 668米的巡航高度，普通人需要60秒钟或更短的时间才会出现严重的缺氧症状，在此之前他们能做出反应或采取保护措施，而工作中的民航乘务员则需要更长时间。

二、客舱释压处置原则

客舱释压的处置原则如下：

（1）氧气面罩的佩戴顺序：乘务员、成年人、未成年人（如果条件允许，最好同时进行）。

（2）释压状态未被解除之前，任何人都应停止活动，等待机长的指令。

（3）释压状况解除后，可能还会有小部分受伤或者晕厥的乘客需要继续吸氧，为乘客提供氧气时根据乘客的具体情况采用不同的吸氧姿势，对有知觉的乘客采取直立的坐姿，对没有知觉的乘客，先将乘客的座椅靠背往后调整，让乘客采取仰靠位的姿势吸氧（图5-14）。

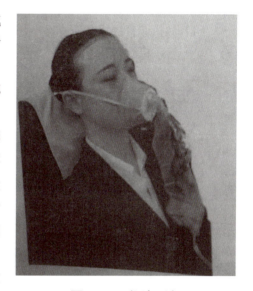

图5-14 仰姿吸氧

（4）由于氧气的供应，应准备好灭火设备，防止意外明火引燃，发生火灾。

（5）是否需要紧急着陆或紧急撤离，取决于飞机的状况和机长的决定。

（6）释压的全过程、乘客的伤势及客舱的破损情况要及时向责任机长汇报，责任机长再根据当时的状况决定是否需进行紧急着陆或紧急撤离。

三、驾驶舱机组人员对释压做出的直接处置

当驾驶舱机组人员发现客机处于释压状态时，可按下列步骤处置：

（1）戴上氧气面罩，对释压程度进行迅速判断。

（2）确认客机高度和航线，将飞行高度迅速下降到大约为10 000英尺的高度上。

（3）打开安全带指示灯和禁止吸烟的指示灯，及时同乘务员沟通，询问客舱内的释压情况。

(4) 将客机上的释压情况报告给地面管制部门，情况紧急时机长可选择紧急迫降。

四、客舱乘务员对释压做出的直接处置

当发生客舱释压时，乘务员可按下列步骤操作：

（1）停止一切客舱服务，迅速坐在就近的座位上，戴上氧气面罩，系好安全带。如果没有空座位，则蹲在地上，抓住就近的结实机构固定住自己。

（2）在戴上氧气面罩的情况下，呼喊指示旅客，并让旅客遵照执行"拉下面罩，不要吸烟，系好安全带"。

（3）观察周围情况，帮助指导旅客用氧（指示旅客摘下眼镜；指示已经戴上面罩的成年人协助坐在旁边的儿童；指示带儿童旅行的旅客先给大人戴上面罩再协助儿童）。

（4）如机体有损坏，应立即使用内话报告机长。

（5）等待机长指令。

五、释压后的客舱检查

在机长发布到达安全高度可以安全走动指令后，客舱乘务员应检查旅客和客舱：

（1）携带手提式氧气瓶。

（2）进行客舱巡查，检查旅客用氧情况，首先护理、急救因释压而失去知觉的旅客、儿童，然后照顾其他旅客。

（3）为需要继续使用氧气的旅客提供手提式氧气瓶。

（4）检查客舱破损情况，如飞机结构有损坏，应重新安排旅客座位，远离危险区域。

（5）检查客舱有无烟火，必要时实施灭火程序。

（6）提示旅客保持系好安全带。

（7）检查卫生间内有无旅客。

（8）在客舱内走动，帮助旅客消除疑虑与恐慌。

（9）如果可能的话，让旅客将用过的氧气面罩放入座椅前口袋内，不要将它们重新存放或试图将面罩拉出旅客服务板。

单元三　爆炸物处置

爆炸物是指在外界作用下（如受热、受压、撞击等）能发生剧烈的化学反应，瞬时产生大量的气体和热量，使周围压力急剧上升发生爆炸，对周围环境造成破坏的物品。

拓展阅读

爆炸物的危险性

（1）爆炸破坏效应。爆炸破坏效应是指爆炸引起的直接毁伤、破片致伤、爆炸冲击波、爆炸地冲击引起的结构震动和人员伤害、爆炸毒气、爆炸噪声对人员造成的伤害。

（2）爆炸引起的直接毁伤。爆炸引起的直接毁伤是指爆炸物（药）在目标相对近的距离爆炸时，由爆炸冲击波、破片和飞散物对人员与设施造成的杀伤及破坏作用。破坏现象主要包括形成弹坑，混凝土结构震塌和局部破裂，结构被贯穿，甚至造成建筑物倒塌。

（3）破片致伤。破片致伤的主要作用在于以其质量高速撞击和击穿目标，破片命中目标时动能的大小是衡量破片杀伤威力的重要尺度之一。

（4）爆炸冲击波。爆炸物（药）内的绝大部分物质转化为高温气体，急剧膨胀并压缩周围的空气，导致冲击波的产生。冲击波对人员的杀伤作用：引起听觉器官损伤，内脏器官出血以及死亡。较小的冲击波引起耳膜破裂，稍大的冲击波引起肺、肝和脾等内脏器官的严重损伤。在无掩蔽的情况下，人无法承受 0.02 MPa（压强单位：兆帕斯卡）以上的冲击波超压，即相当于 10.332 kg/cm^2 的压力。

（5）爆炸地冲击。爆炸地冲击也称爆炸地震动。爆炸产生的地震动荷载作用于建筑结构，当结构的抗力不足时，结构遭到破坏；当震动量值超过人员或仪器设备的容许值时，将引起人员的伤亡和仪器设备的损坏。

一、爆炸物处置程序

1. 处置原则
立即报告、快速反应、妥当处置、认真对待。

2. 处置要求
高度负责、科学对待、避免蛮干、正确处置。

3. 情况搜集
收到飞机上有爆炸物、可疑物品或接触到爆炸威胁的警告信息时，要尽快查明下列情况：

（1）爆炸物的放置位置、形状、大小、外包装性质，有无导线、绳索相连接。

（2）最初发现的情况或接到警告的内容，是否有人动过和发现时间等。

4. 情况报告内容

（1）已经查明的上述内容及相关情况。

（2）飞行航线、航班号、飞机号、飞机所在空域。

（3）机上货载数量、有无危险品。

（4）机长姓名。

（5）就近机场、飞机所剩油量。

（6）机组准备采取的处置措施。

5. 报告程序

（1）由空中警察、航空安全员或其他指定人员负责查清情况，报告机长。

（2）机长接到情况后应立即向航空管制部门 ATC、运行控制中心报告。

（3）对已经查清和发现的新情况应及时续报。

6. 处置程序

（1）机组应尽最大的可能降低飞行高度并且争取在就近机场着陆；着陆后，按照地面指令将飞机滑行到机场安全处置区（飞机隔离区），紧急撤离机上人员，使乘客和机组人员尽快离开飞机和危险地带。

（2）如果发现爆炸物，飞机不能在短时间内降落，应通过航空管制部门 ATC 设备和所在公司的运行部门与爆破技术专家取得联系，获得处置措施和建议。

（3）在条件允许的情况下下降飞行高度，并尽可能地保持舱内现有的舱压，使其压差不超过（或低于）每平方英寸 1 磅的限度；即使距离安全着陆地点较远不能立即使飞机落地，也要保持舱内压差不升高，避免激活爆炸物电子装置引爆爆炸物，致使飞机失控；在飞机上发现爆炸物时，在所飞地面无障碍下，应将飞机下降到 2 438 米的安全高度。

（4）机组在考虑到飞机的性能和就近机场的距离后，准备实施着陆时，应尽可能降低飞机的进近速度，保持水平状态飞行，控制操纵在最小范围内使飞机着陆，增强飞机的抗毁灭性。

（5）使用机上广播查询乘客中的爆破专家（EOD），为避免引起机上乘客恐慌，应使用缩略语进行广播，即"飞机上有 EOD 人员吗？（或有位乘客需要 EOD 人员的帮助）"，使用缩略语，可以仅使爆破专业技术人员感到有危险；在找寻到具有一定爆炸物知识的专业人员后，在处置爆炸物时要严格按规定程序进行处置，严禁违反规定盲目采取处置措施。

警告：飞机在飞行中不允许企图打开一个闭合的隐蔽的爆炸物，或者尝试进入爆炸物的内部元件，任何尝试都将可能导致爆炸；严禁剪开或掐断任何电线。

（6）客舱乘务人员应将爆炸物周围的乘客疏散到至少四排以外的座位上，并确定所有乘客在座位上坐好，系好安全带，将座椅靠背和小桌板调至垂直位置，有效保证乘客生命安全。

（7）按照当时所飞的机型规定的最小风险区爆炸物放置处（LRBL），做好将爆炸物和可疑物品转移到飞机上的指定位置的准备。

（8）及时切断通向 LRBL 附近不必要的电源，准备好适用的灭火器材。

（9）如果 LRBL 位置是在一个门上，要解除应急撤离滑梯预位，尽量栓紧充气瓶。

（10）在移动爆炸物之前必须对 LRBL 做必要的准备工作，在该处客舱地板到 LRBL 周围用行李堆放起一个平台，在平台的上方覆盖至少 25 厘米淋湿的物质（软物质：坐垫或毛毯），再将薄的塑料制品（如垃圾袋）放在上面，用来吸收爆炸时的能量和保护地板下的电子系统设备。

（11）使用一个硬质的薄型卡片（例如，应急信息卡、安全须知卡）缓慢放置在爆炸物的底下缓慢滑动，如果没有阻碍，将卡片保留在爆炸物的底部，这样可确认爆炸物底部没有连接引爆开关的引线。

警告：倘若爆炸物底部有连接引爆装置，不得将卡片留在爆炸物底部。

注意：如发现爆炸物不能转移到 LRBL，最好的处置方法是使爆炸物保持在原位置，实施一套临时修正位置的 LRBL 包装程序，重新制定适用的应急措施，对爆炸物进行覆盖（先在爆炸物上覆盖一层塑料薄膜，至少 25 厘米厚软组织物）。

（12）在爆炸物可以重新安置的情况下，将爆炸物移动到已经准备妥当的 LRBL 位置。特别注意移动前确认底部有卡片标志（证明可移动）。

（13）当爆炸物被安置在 LRBL 时，在爆炸物上方再覆盖一层薄薄的塑料制品，然后小心地用至少 25 毫升的水或其他任何不易燃烧液体淋湿的柔软防爆物质覆盖爆炸物；并将 LRBL 使用的其他空余地方上至头顶，外至走廊填满柔软防爆物质；如果 LRBL 在飞机尾翼锥上，可以用柔软防爆物质填充尾翼至爆炸物的前部，防止爆炸冲击波、烟雾、炸弹碎片向外扩散、冲击客舱。

（14）当爆炸物放好后，可以使用安全带、领带或其他适合的材料固定 LRBL 的堆放物，使其在剩余的飞行时间内稳固可靠，确保安全（注意不能太用力和捆得太紧）。

（15）将 LRBL 周围的乘客疏散到至少四排以外的座位上坐好。将座椅靠背和小桌板调整垂直，可起到辅助保护作用。

（16）机组应尽最大的可能将飞机及早着陆，着陆后应将飞机滑到机场的安全处置区，紧急撤离机上人员，尽量避免使用飞机 LRBL 一侧和靠近 LRBL 的紧急出口，地面人员应迅速组成临时处置小组，详细了解爆炸物的具体情况和机组的处置措施，准备救援工作，努力减少乘客和机组人员的生命财产损失。

二、处理爆炸物装置的措施

1. 飞机在地面发现或被警告有爆炸物

（1）当机组被警告飞机上有爆炸物时，应立即报告机长，由机长将此情况报告空管或航行签派。

（2）条件允许的情况下，应对机上乘客和机组人员进行撤离，撤离时任何人不得携带或提取任何物品。

（3）如果需要可将飞机拖至或滑行到安全处置区域。

（4）在允许机上人员撤离时，现场应保留少数安全检查人员、警察及安全人员，实施对飞机的搜查或监控。

（5）经过专职人员检查没有发现爆炸物，应将机上全部物品卸下，并重新经过安全技术检查后方可重新装机。

（6）经过撤离飞机人员和乘客进行技术检查，未发现任何爆炸物，机组应与地面人员办理有关手续。

（7）机组返回基地后，机长、航空安全员、乘务长应联合向公司领导或保卫部门写出发现和处置爆炸物过程的情况报告。

拓展阅读

安全处置区（飞机应急隔离区）

机场安全处置区（飞行隔离区）的用途，主要是应付和处置所发生的飞机紧急事件或执行特殊任务飞机临时停放的区域。

安全处置区的设置地点必须远离候机楼，其他建筑物、航油储存区、货物装载区、跑道、主要滑行道、其他飞机停放区，安全处置区的地下不能有油气管道、电力和通信管网。

2. 在登机前声称劫机、有爆炸物

（1）进入机场后，未登机前。在候机楼、机坪、摆渡车、登机廊桥等处声称要劫机、有爆炸物的非法干扰，首先应辨明真伪。如果行为人确有劫持、炸机等破坏行为，或者情况难以辨明时，依照公司反劫、炸机预案进行处置。

（2）行为过激是因对航班延误、民航服务等原因发泄不满而语言过激，根据下列程序处置：

1）现场工作人员要采取措施控制行为人及其行李物品，同时立即报告公司总签派室和保卫部。

2）在确定无危险物品后，由机场公安人员尽快将声称者及其行李带离现场，视情况终止其航行或改签。

3. 在客舱内有爆炸物

机组或其他工作人员遇有客舱内有人声称有爆炸物时，应辨明真伪。如行为人确有炸机破坏行为，或情况难以辨明时，依照处置反劫机工作预案进行处置。

如行为人是因对航班延误、民航服务等原因发泄不满而语言过激，根据以下程序处置。

（1）起飞前。

1）机组、航空安全员应对行为人及其行李物品予以监控；如果行为人有随行者，同时注意监控。

2）立即报告机场公安机关，由公安人员登记处理。

3）对周围乘客讲明情况，稳定乘客情绪，防止事态扩大。

4）动员知情乘客积极配合公安机关调查取证，或请乘客提供亲笔证词。

（2）起飞后。

1）如行为人有其他过激行为，机组、航空安全员应予以约束，待飞机着陆后，办理移交手续，交由机场公安机关处理。

2）如行为人有其他过激行为，可在飞行途中安排专人控制，待飞机降落目的地后，办理移交手续，交由机场公安机关处理，并对其座位及其行李舱进行安全检查。如有同行人员，机组应向公安人员说明，由公安人员决定是否一并带离。其交运行李应从机上卸下，一并由公安机关扣留，如航空器尚未起飞或中途降落，在采取上述措施后，一般可不再对其他乘客及行李重新进行安全检查。

4. 处理爆炸装置的应急措施

（1）发现。发现爆炸（可疑）装置应立即报告（爆炸装置描述、部位及处置意见），并根据地面指挥员指令和在有关专家的指点下慎重行动。

（2）移动。由"高危险"区域（驾驶舱或有基本设施的区域）移动到 LRBL 前必须注意以下几点：

1）采取行动前要经过专家的指点和地面指挥员的批准。

2）检查反增升启动装置，不要截断绷紧的弦或带子。

3）不要打开可疑的容器。

4）计划位置和路线安全保卫，并制定移动时的分工配合工作。

5）移动时要慢，要小心，注意保持可疑装置的原状。

（3）疏散。当可疑装置无法从发现的地方移开时，或在 LRBL 区域发现，或已经转移到 LRBL 区域时，应注意以下几点：

1）将乘客有序地撤离该区域。

2）切断该区域的基本电源。

3）保证该装置的稳固。

4）为减少爆炸冲击波和碎片，应使用干燥、柔软的物品将可疑装置包起来，最后盖上潮湿的毯子。

5）准备好灭火器和防护式呼吸装置。

（4）航空器着陆前后。航空器着陆前后机组应注意以下事项：

1）明确指定疏散区域位置，要求机场提供客梯及地面支援设备。

2）通知乘客，有客梯时带上所有手提行李，用紧急滑梯时将手提行李留下，并明确集合地点（离航空器至少 100 米外）。

3）通知乘务员将使用的舱门和采取的行动。

4）飞机滑行至指定区域，并适时下达撤离指令。

5）根据地面指令，完成关车程序和紧急撤离程序，迅速撤离航空器。

6）报告地面指挥员（管制员）情况，并协助工作，配合有关部门做好乘客工作，禁止乘客再次登上航空器。

三、爆炸物清舱处置

清舱，也称航空器清舱或飞机清舱，是指对航空器客、货舱内可藏匿物品和人的部位进行清理、检查。包括飞行前例行清舱、乘客原因清舱和受到其他安全威胁时的清舱。乘客在旅行中最常见的清舱是乘客原因清舱，主要是由于乘客临时下机中止行程所致。清舱是航空公司的安保要求，最根本的目的是确保飞机和乘客生命财产的绝对安全。清舱操作又分为局部清舱和全部清舱，由当班责任机长负责决策。机长会根据具体的情况，决定清舱方式。一般来说，因航班延误造成的乘客中途退乘，可以进行局部清舱；而乘客自行下飞机并且未向当班机组申明或是飞机受到安全威胁时，则要进行全部清舱。

1. 清舱分类

（1）正常清舱。对执行国内航班的航空器在乘客登机前和下机后以及装载货物前，根据航空器保卫搜查单对航空器客、货舱内可藏匿物品和人的部位进行清理、检查。

（2）特殊情况的清舱。

1）按照"航空保安爆炸物搜查单"进行。

2）在实施航班任务前，怀疑航空器上存在安全隐患或其他非法干扰事件可能对航空器和人员造成危害的情形下，对人、机、物（货邮行）等进行全面或部分清理及检查。

3）乘客与行李不符时，现场人员应协调警方和机场相关单位进行清舱并需要查明该名乘客终止旅行的原因。同时，要对该乘客的人身、行李物品、座位附近区域进行安全检查。

4）怀疑漏检时、航班受威胁程度加大时。

（3）遇到非法干扰行为的清舱。

1）按照"航空保安爆炸物搜查单"进行。

2）乘客登机后，客舱内有人声称劫机或有爆炸物。

3）起飞前打匿名电话称某航班存在劫机或爆炸物威胁。

4）乘客登机后发现管制刀具、武器、易燃、易爆等危险品。

5）其他类似的较严重的非法干扰行为。

（4）必须进行清舱的情况。

1）乘客在行李交运后未登上飞机。

2）联程乘客中途终止旅行或乘客登机后因故终止旅行。

3）乘客登机后公安、安检怀疑存在漏检情况。

4）乘客登机后机组人员对乘客的安检质量产生怀疑。

5）未经安全检查的人员和物品进入航空器。

6）其他可能危及安全的情况。

2. 清舱分工

（1）飞机驾驶舱、客舱正常清舱由飞行机组分工负责。

（2）货舱正常清舱由地面装卸人员负责；航空器在外站时，货舱的清舱由公司委托在外站的货运代理、驻场代表或按双方签订的服务代理协议实施。

（3）特殊情况清舱由机场公安当局联合安检、飞行机组、机务等单位负责实施。

（4）对受爆炸物威胁的航空器进行清舱检查，受威胁航空公司应该提供搜查内容及范围，检查人员应由机长、机务、公安、安检人员组成。

3. 客舱清舱

（1）机组成员登机后，机长组织分工对飞机驾驶舱和客舱各部位进行安全检查，检查的重点是飞机客舱内的厕所、衣帽间、服务舱，行李架、座椅、工具资料、物品放置处箱柜，以及应急设备是否完好，有无损坏或缺少。

（2）安全检查的程序是由前往后，由上到下，由左到右。检查的方法是眼到手到，不留任何死角。

（3）检查的要求是认真仔细检查每个部位，不放过一件可疑物品、可疑现象及可疑人员。

（4）检查的目的是杜绝枪支、弹药、易燃、易爆等危险物品上飞机；防止无关人员或不明物品滞留在飞机内；检验设备是否被人破坏，应急设备是否处于良好状态。

（5）在检查中发现的无关可疑人员或可疑的不明物体及现象时，必须认真排查，并视情况报告地面或交警方处理。

（6）对不完好的、缺少的应急设备，应请地面维修部门及时修复或配齐。

（7）一般情况下，不允许机组人员帮助他人携带物品。对于必须携带的一切物品应经安全检查。对于危险违禁物品应交警方处理。

（8）在检查中发现属乘客乘机时遗失的物品（危险品除外），应进行登记。记载航班、飞机号，发现物品时间、位置、品名、大小和数量后移交地面有关部门，并办理移交手续。

（9）清舱检查结束后，机组其他成员应及时向机长报告，空中保卫人员要对客舱进行监护，防止无关人员登机。

4. 货舱清舱

（1）货运部门或运输服务部门的装卸人员在飞机装货前或卸货后必须对飞机货舱进行清理，防止外来物或可疑爆炸物等滞留在飞机内。

（2）飞机货舱的范围是指对执行国际国内（地区）航班的飞机，在装载货物前对飞机货舱内可藏匿物品和人的部位进行清理检查。

（3）清舱人员应对货舱内可藏匿物品和人的所有部位进行认真检查清理。

（4）清舱的重点是检查舱内是否藏有武器、凶器、弹药、易燃、易爆物品、毒品、放射性物质，以及其他危害飞机、乘客安全的违禁物品。

（5）对清舱过程中发现的可疑人员和无登机通行证人员交由警方或有关部门处理。

（6）对清舱过程中发现的外来物品应进行逐项登记清理并移交公安机关处理。

（7）对于清舱中发现的武器、凶器、易燃、易爆物品、毒品、放射性物质，应保护好现场，及时报告警方或保卫处进行处理。

（8）对于清舱中发现的漏卸货物行李，应及时与现场值班人员联系，卸下飞机交地面运输或货运部门处理。

（9）监装监卸人员将行李货物全部装入飞机后，应及时关好舱门，并负责锁闭，及时报告机长。

5. 爆炸物清舱检查区域

进行爆炸物处置或怀疑飞机上有可疑装置，保卫员、乘务员要根据飞行客舱检查表（表5-4）重点清查以下区域：

（1）舱门区域。

（2）驾驶舱通道。

（3）头等舱、公务舱和衣帽间。

（4）前后厨房。

（5）客舱。

（6）前后厕所。

（7）飞机机体。

（8）货仓。

表5-4 飞行客舱检查表

检查项目	分工	签名
一、客舱部分		
1. 行李架	保卫员	
2. 底部及救生衣袋	保卫员、乘务员	
3. 储藏柜	乘务员	
4. 衣帽间	乘务员	
5. 机组休息区	保卫员	
6. 急救物品放置区	乘务员	
7. 座位后面口袋	保卫员、乘务员	
8. 其他可存放物品的地方	保卫员、乘务员	
客舱检查完毕，无异常物品		

续表

二、服务台部分		
1. 储藏架	乘务员	
2. 垃圾箱	乘务员	
服务台检查完毕，无异常物品		
三、厕所部分		
1. 水斗下方的储藏柜	保卫员	
2. 纸巾存放架	保卫员	
3. 婴儿尿片存放架	保卫员	
4. 热水器区域	保卫员	
5. 废纸箱	保卫员	
6. 马桶周围	保卫员	
7. 其他角落	保卫员	
厕所检查完毕，无异常物品		

单元四　其他安全特情处置

一、颠簸

客机飞行时，经常受到时大时小的水平气流（水平阵风）和升降气流（垂直阵风）的冲击，致使作用在客机上的力和力矩发生不规则的变化，因而产生上下摆动、摇晃摆头等现象，这就是颠簸。

根据客机的晃动程度，颠簸分为轻度、中度和严重三个等级，见表5-5。机组成员在沟通时要注意使用这三个颠簸等级术语，判断颠簸的剧烈程度，并针对不同程度采取应对措施。

微课：颠簸1

表5-5　颠簸的等级

项目	内容
轻度颠簸	客机轻微、快速、有节奏地上下起伏，但是没有明显的高度和姿势变化。机上人员有安全带稍微被拉紧的感觉，饮料在杯中晃动但未晃出，餐车移动略有困难。此时，乘务员需视情况暂停客舱服务，广播提醒乘客系好安全带，卫生间停止使用
中度颠簸	客机快速地上下起伏或摇动，有高度和姿势的改变，但是始终在可控范围内，机上人员可明显感觉到安全带被拉紧，饮料会从杯中晃出，行走困难。中度颠簸时，乘务员应立即暂停客舱服务，广播提醒乘客系好安全带，固定餐车和服务设施，并做好自身防护工作

续表

项目	内容
严重颠簸	客机的高度或姿势有急剧的改变，空速表有很大波动，客机可能会短时间失控。机上人员的安全带急剧拉紧，物品摔落或被抛起，未固定的物品剧烈摇摆，无法在客舱内行走。此时，乘务员应立即停止一切服务，原地踩好餐车刹车，将热饮放入餐车内或地板上。进行客舱广播，提醒乘客系好安全带，并增加广播的内容和次数。其余人员应立即就近入座，并做好自身防护工作

飞行期间，驾驶舱成员与乘务员应时刻保持沟通，驾驶员有责任随时向乘务员通报前方可能遇到的颠簸强度和时间长短，给乘务员预知颠簸等级和准备的时间。因颠簸造成客舱人员受伤时，乘务员有责任向机长报告受伤人员的数量和程度，以及客舱内的其他情况，在必要情况下乘务长可向机长提出改航、返航的建议和地面医疗急救的要求。

由于乘务员的大部分时间是在客舱内活动，遇到颠簸时受伤的概率较高，因此提高乘务员的自我保护意识是防止客舱人员颠簸伤害的重要内容，航空公司应当在"客舱乘务员手册"中制定以下程序，乘务员遵照执行。

（1）客机起飞前，乘务员应通过将影像、广播资料和乘务员安全演示，向旅客介绍预防颠簸伤害的程序和规定。

（2）在客舱座椅靠背后的小册子或安全须知卡上，刊登相应的宣传材料，指导旅客注意客舱安全，防止因颠簸受伤。

（3）乘务员应在颠簸发生前向旅客进行预告广播，提前打开安全带指示灯，并提醒客舱内未就座的旅客立即回位就座，系好安全带。

（4）当遇有颠簸，但强度或时间长短没有确定时，乘务长应及时与驾驶舱成员沟通，确定颠簸强度，并做好防颠簸准备工作。

（5）飞行前，机组成员应制定空中颠簸发生人员伤害的处置预案，包括受伤人员安抚和简单包扎等处置方法和程序。

（6）乘务长应当对空中颠簸或其他原因造成的人员伤害进行记录，及时汇报给航空公司相关部门。

微课：颠簸 2

二、机上吸烟（使用电子香烟、质疑机上有烟灰缸）

如遇机上吸烟（使用电子香烟、质疑机上有烟灰缸）的情形，乘务员应：

（1）首先要找到烟头，消除火灾隐患比找到责任人更重要。

（2）尽量当场解决，不要让乘客回到座位上，因为一旦回到座位，乘客拒不承认也没有很好的处置办法。首先，不要责怪乘客，应征询乘客烟头扔到什么位置。其次，如果乘客将烟头扔到废纸箱里，应立即检查有无火情。最后用水将废纸箱打湿，并将情况及时报告安全员，让安全员来处理。如乘客使用电子香烟，乘务员也要制止，并做好解释沟通工作。

(3) 乘务员与旅客沟通时，可参考下列语言：

"飞机是波音/空客公司出厂的，针对的是全球的航空公司，有的公司是允许机上吸烟的，因此有烟灰缸的设计。另外，如果机上真的有乘客违规吸烟，把烟头放在烟灰缸也要避免火灾隐患。"

"您好，先生！电子香烟在机上是不允许使用的，它虽然没有明火，但它的原理是电子雾化器，使用时会产生电磁波，会对驾驶舱的通信导航设备产生干扰，也容易使其他乘客产生误会。"

三、冲进驾驶舱情况处置、询问机长姓名、进驾驶舱参观等

当航班长时间延误，乘客得不到准确的起飞时间时，最容易出现乘客提出要见机长，而情绪激动的乘客有可能出现在前服务间聚集逗留、叫喊着要见机长、直接拉驾驶舱门等情况，这时乘务员要冷静处理，避免事态进一步恶化。

（1）当乘客提出要见机长时。此时如果方便对乘客的要求加以重视认真对待，便可大大减少后续乘客情绪激动的可能性，因此这是事件处理的黄金时期。须认真听取乘客意见；如果时机允许，诚恳向乘客道歉；向乘务长汇报此事；建议机长进行广播。

参考语言如下：

"好的，先生，您的需求我知道了，我立刻和机长联系。"

"您好！先生！机长正在和塔台进行通信联络，稍后会有广播通报航班最新的情况。"

（2）当乘客询问机长姓名或想进驾驶舱参观时。首先要明确机长姓名是不能随意告知乘客的，当然也有可能真的是机长的朋友，也不能去欺骗乘客。因此需要问清楚乘客的目的，回复乘客时要注意自己的措辞。

参考语言如下：

"你好！先生！你认识的机长是哪位？我看下是否是我们航班的机长。"

"非常抱歉！我们今天的机长不是您认识的，请您再确认一下。"

（3）当乘客长时间在服务间逗留时。前服务间距离驾驶舱非常近，驾驶员出驾驶舱去洗手间会打开驾驶舱门，如果乘客长时间在前服务间逗留对客舱安全将十分不利。后服务间虽然离驾驶舱较远，但在延误期间乘务员需要去客舱进行服务工作，后服务间有许多电气设备，十分危险且舱门很有可能处于预位状态，如果乘客误碰有可能诱发危险。因此，对于聚集在服务间的乘客，乘务员要对其进行劝散，注意用语要婉转，切不可用命令式语气对乘客提出此项要求。

参考语言如下：

"您好！先生，前舱有很多热水器和烤箱，这些设备容易烫伤您，请回到您的座位就座。"

"您好！先生！飞行中容易出现突发性颠簸，请您回座位系好安全带。"

（4）当乘客情绪激动叫喊着要见机长时。此时乘客的情绪已经十分激动，稳定乘客情绪为首要事务，立刻将此事汇报给乘务长。

参考语言如下：

"我会马上把您的意思向机长汇报。"

（5）当乘客直接拉动驾驶舱门时。如果遇此种情况要立即阻止乘客的行为，让附近其他乘务员过来协助，让乘务长通知机上安全员协助解决此事。

四、丢失物品或机上盗窃

1. 预防

（1）起飞前。

1）安排乘客行李时，乘务员需提示乘客将装有贵重物品的箱、包放在离自己较近的位置，如果有放置不下的物品，也应放在乘客视线可达范围内（尽量在乘客前方三排以内）。

2）若乘客的行李放置在离自己座位较远的行李架内，在下降前，乘务员有必要提醒该乘客再次确认自己的行李是否在位，并提示乘客落地后留意该行李架物品提取情况，防止其他乘客错拿。

（2）平飞后。

1）对于要求调换到客舱通道座位的乘客，特别是男性乘客需加强关注。

2）夜航及长航线乘客休息期间，要做到不间断巡舱，并提醒乘客保管好随身物品。

3）加强巡舱力度，防止麻痹大意。

4）婉言劝说频繁在客舱中站立、走动的乘客回到原位就座。

5）一旦发现可疑乘客，及时将该乘客的座位号及衣着、外貌特征传达给其他组员，并进行全面监控。

（3）落地后。

1）在下客过程中如果发生乘客行李丢失的情况，应第一时间报告乘务长和机长，根据当时情况请示机长是否中止下客（停远机位时，可请示摆渡车暂不开门下客），必要时联系机场公安部门给予协助。

2）过站乘客下机休息时间，应提醒乘客随身保管贵重物品，避免丢失。

2. 处置

（1）物品在机上丢失。

1）首先安抚乘客情绪，然后确定乘客丢失物品的位置，询问遗失物品特征，进行寻物广播，并留下乘客信息。

2）如飞机落地后乘客才反映物品丢失，应先安抚乘客情绪，确认乘客物品在机上丢失以及丢失物品特征，立刻汇报乘务长（视情况而定是否下客或中止下客），询问乘客丢失物品特征并积极帮助乘客寻找。

（2）物品在候机楼丢失。首先应安抚乘客情绪，了解乘客丢失的物品以及特征，帮助乘客回想丢失物品的地点，报告乘务长，寻求地面人员的帮助并告知机场失物招领电话（如果时间许可，可以让乘客下机去取丢失的物品）。

（3）发现遗失物品。如果发现乘客遗失物品，记录遗失物品的位置，第一时间与乘客取得联系，交接给地面工作人员，填写遗失物品交接单。

3. 参考语言

"女士，您的心情我特别能理解，您先不要着急，您先回想一下最后看到您的包是什么时候？您确定是在飞机上遗失的吗？"

"请问，您丢失的包的颜色、形状、大小，里面有什么物品，我马上帮您寻找。"

"抱歉，女士，包现在没有找到，我已将此事汇报给了乘务长，您是否需要我们为您做一个寻物启事的广播？"

"女士，请留下您的姓名以及联系方式，如果后续我们找到了您的包，将第一时间和您取得联系。"

拓展阅读

紧急出口座位资格确认

（1）紧急出口对年龄要求是15岁以上人员均可以就座，对年龄的上限是没有明确要求的，需要根据就座乘客的身体状况和语言表达能力来判断。

（2）对业内人士就座紧急出口，必须介绍的是：紧急情况下的职责和就座意愿，其余的可以根据情况进行调整。

（3）当机上的乘客数量达到飞机可运载乘客数量的1/4时，在不影响配载平衡的前提下，每个紧急出口座位必须至少安排一名有协助能力的乘客就座。

（4）调整紧急出口乘客座位需要咨询乘客是否有随从人员，如果有的话需要一起调整，包括乘客安放在行李架内的行李。

（5）紧急出口的监控不是最低号位的工作，飞行全程中乘务员都有职责去监控紧急出口，发现紧急出口就座人员发生变化要第一时间介绍并通报整个乘务组。

（6）如果有不符合紧急出口要求的乘客就座，沟通上不应回避紧急出口的安全要求，而一味强调紧急出口座位的限制要求，可将为乘客选择其他位置的舒适度作为服务上的弥补。

（7）参考语言如下：

"先生，您好！当飞机发生紧急情况时，您必须充当我们的援助者，帮助乘务员打开紧急出口，并协助其他的乘客迅速地撤离飞机，希望您能够谅解和积极地配合。"

"对不起，打扰一下，因为这里是紧急出口的座位，按照民航法的安全规定，您不方便坐在这里，我需要为您调换一下座位。"

模块小结

机上火灾是客舱安全的主要威胁之一，民航乘务员的职责不仅仅是对机上火灾高度警觉，还要迅速扑灭火灾，同时确保有序的客舱秩序。在执行任何灭烟（灭火）程序时都应组成三人灭烟（灭火）小组，一名负责灭烟（灭火），一名负责通信联络，一名负责援助。客舱释压分为缓慢释压和快速释压两种。客机发生释压时，乘务员应听从机长指挥，对客舱进行检查，维持客舱秩序，协助旅客安全度过危险。爆炸物是指在外界作用下（如受热、受压、撞击等）能发生剧烈的化学反应，瞬时产生大量的气体和热量，使周围压力急剧上升发生爆炸，对周围环境造成破坏的物品。接到飞机上有爆炸物、可疑物品或接触到爆炸威胁的警告信息时，乘务员应按照立即报告、快速反应、妥当处置、认真对待的原则进行处置。

岗位实训

1. 实训项目

客舱失火处置。

2. 实训内容

某航班上，乘务员在进行客舱巡检时发现客舱一侧的行李架冒烟，并伴有火苗溢出。

学生模拟客舱乘务人员，在发现客舱一侧的行李架冒烟，并伴有火苗溢出时，迅速与旅客核实，查明起火原因，判别火灾类型，制定合理的灭火方案，并按方案进行客舱灭火。

3. 实训分析

同学们进行合理分工，配合完成任务。然后进行自我分析与评价，总结实训经验，思考同学们在实训中采取的处置措施是否符合规范。

模块六

客舱急救

1. 了解旅客在旅行过程中的常见症状、疾病及突发状况下旅客疾病类型；
2. 熟悉常见症状、疾病及突发疾病的临床表现；
3. 掌握常见症状、疾病及突发疾病的紧急处理措施；
4. 掌握常见传染病的防范措施。

1. 能够在旅客突发身体不适时给予及时的急救处理；
2. 能够在传染病流行阶段做好客舱防范，保证旅客的健康。

1. 学会查阅相关资料，将资料进行分析与整理；
2. 能够制订学时计划，并按计划实施学习；
3. 参与实践，并善于分析实践中的优势与劣势，提高职场竞争力；
4. 具有吃苦耐劳、耐心细致的敬业精神。

2019 年 5 月 3 日，××航空 DR6507 在昆明芒市等待起飞时，一名男性旅客突然自称身体不适，胸口疼痛且大汗淋漓，乘务员立即将其调整到头等舱 2C 座位，并安排乘务员及安全员留下陪同并询问旅客情况，乘务长接到报告后第一时间进行广播，在航班上寻找医生帮助并通知了机长。在此航班上正好有一名医生，医生随后询问患病旅客后并提出了急救方案，乘务组按照急救方案对其进行急救，热心旅客根据医嘱提供了急救药品，整个航班乘客和机组人员都在为患病旅客提供力所能及的帮助。患病旅客经急救后病情并未缓解，手指、手臂都呈僵硬状态，安全员和乘务员一直陪伴左右为其做按摩，同时请地服人员呼叫 120 急救车。等待 120 急救车期间，乘务组全程陪同安抚患者李先生，并安排他在头等舱躺下来，持续吸氧。120 急救赶到客舱后对其做系列检查，随后乘务组将李先生安全转送 120 急救至医院。

　　旅客在乘机过程中突发身体不适在民航服务过程中比较常见，这种情况下，乘务员应保持镇定，询问患者情况并进行分析判断，及时采取急救措施，最大限度地保证旅客的生命安全。

单元一　机上旅客常见症状的处理

一、发热

发热是指致热原直接作用于体温调节中枢、体温中枢功能紊乱或各种原因引起的产热过多、散热减少，导致体温升高超过正常范围的情况。每个人的正常体温略有不同，而且受时间、季节、环境、生理期等因素的影响。一般认为当口腔温度高于37.5 ℃，腋窝温度高于37 ℃，直肠温度高于37.5 ℃或一日之间体温相差在1 ℃以上，即为发热。一般而言，体温可在剧烈运动、劳动或进餐后暂时升高。妇女在生理期前和妊娠期间体温常稍高于正常体温。在高温作业时体温也可能稍高。另外，老年人代谢率较低，其体温相对低于青壮年。

拓展阅读

发病的原因

（1）感染性发热。各种病原体，如病毒、肺炎支原体、立克次体、细菌、螺旋体、真菌、寄生虫等所引起的感染，无论是急性、亚急性或慢性，局部性或全身性，均可出现发热。

（2）非感染性发热。主要由下列几类原因引起：

1）无菌性坏死物质吸收。

①机械性、物理性或化学性损害，如大手术后组织损伤、内出血、大血肿、大面积烧伤等。

②因血管栓塞或血栓形成而引起的心肌、肺、脾等内脏梗死或肢体坏死。

③组织坏死与细胞破坏，如癌变、肉瘤、白血病、淋巴瘤、溶血反应等。

2）抗原－抗体反应，如风湿热、血清病、药物热、结缔组织病等。

3）内分泌与代谢障碍，可引起产热过多或散热过少而导致发热。前者如甲状腺功能亢进，后者如重度失水等。

4）皮肤散热减少，如广泛性皮炎、鱼鳞癣等。慢性心功能不全时由于心排血量降低、皮肤血流量减少，以及水肿的隔热作用，致散热减少而引起发热，一般为低热。

5）体温调节中枢功能失常。

①物理性，如中暑。

②化学性，如重度安眠药中毒。

③机械性，如脑出血、硬膜下出血、脑震荡、颅骨骨折等。

> 6）自主神经功能紊乱。由于自主神经功能紊乱，影响正常的体温调节，属功能性发热范畴，临床上常表现为低热。

1. 发热的伴随症状及临床意义

按照发热温度的高低（以口温为标准），可分为下列几种临床温度：低热 37.4 ℃～38 ℃；中等热度 38.1 ℃～39 ℃；高热 39.1 ℃～41 ℃；超高热 41 ℃以上。发热伴随下列症状，有提示诊断的意义。

（1）伴寒颤，常见于大叶性肺炎、败血症、急性胆囊炎、急性肾盂肾炎、流行性脑脊髓膜炎、钩端螺旋体病、疟疾及急性溶血性疾患等。

（2）伴结膜充血，常见于麻疹、咽结膜热、流行性出血热、斑疹伤寒、恙虫病、钩端螺旋体病等，类似兔眼的表现。

（3）伴单纯疱疹，可见于大叶性肺炎、流行性脑脊髓膜炎、间日疟等急性发热疾病。

（4）伴出血现象，常见于重症感染与血液病。前者如重症麻疹、流行性出血热、登革热、病毒性肝炎、斑疹伤寒、恙虫病、败血病、感染性心内膜炎、钩端螺旋体病等。后者如急性白血病、急性再生障碍性贫血、恶性组织细胞病等。

（5）伴淋巴结肿大，可见于传染性单核细胞增多症、风疹、恙虫病、淋巴结核、局灶性化脓性感染、丝虫病、白血病、淋巴瘤、转移癌等。

（6）伴肝、脾肿大，可见于传染性单核细胞增多症、病毒性肝炎、肝及胆道感染、布鲁菌病、疟疾、黑热病、急性血吸虫病、结缔组织病、白血病、淋巴瘤等。

（7）伴关节肿痛，可见于败血症、猩红热、布鲁菌病、结核病、风湿热、结缔组织病、痛风等。

2. 机上急救处理

机上急救处理如下：

（1）让病人安静休息，鼓励其多吃水果或饮汤水，适当时水中加少量食盐，以补充体内水分。

（2）可选用阿司匹林、APC、扑热息痛（对乙酰氨基酚）及消炎痛（吲哚美辛）口服，幼儿可酌情使用 10%～15% 安乃近滴鼻。

（3）物理降温可以采用 75% 酒精或温水擦拭四肢、胸、背及颈等处，也可以用冰水或凉水浸湿毛巾冷敷，一般于前额或颈旁、腹股沟、腋下及窝等处冷敷，每隔 5 分钟左右更换一次湿毛巾。

（4）若病因明确，可采取相应的治疗措施。

二、头痛

头痛是指以头部疼痛为主要症状的一种痛症,是临床较常见症状之一。

> **拓展阅读**
>
> **头痛的原因**
>
> 头痛产生的原因十分复杂,有颅内的、颅外的;有头颅局部的,也有全身的;也有许多至今仍找不到病因的头痛。但由于过度劳累、紧张、受凉、睡眠少等原因引起的头痛最为常见,这种头痛经过休息、补充充足的睡眠即会消失,不大引起人们的重视。但某些疾病引起的头痛,是一种信号,经过休息也不能恢复,应该引起重视。

1. 头痛的临床症状及临床意义

目前以头痛为主症者,多见于感染性发热疾病、高血压、鼻炎、三叉神经痛、颅内疾患、神经官能症、脑震荡和偏头痛患者。

头痛的相关症状及临床意义如下:

(1) 剧烈头痛伴呕吐,说明颅内压升高,常见于脑出血、脑肿瘤、脑膜炎。

(2) 阵发性偏头痛,每次发作数分钟,面部电击样剧痛,说话、饮食或洗脸可诱发,见于三叉神经痛。

(3) 头痛表现为后枕部痛、跳动感,多见于高血压病,当血压正常时头痛消失。

(4) 剧烈头痛伴眼眶痛,视力锐减,呕吐,多为急性青光眼。

(5) 头痛伴鼻塞、流脓涕,上午轻,下午重,可能为鼻窦炎。

(6) 头痛伴眩晕,可能为颈椎病、小脑出血、椎基底动脉供血不足。

2. 头痛的机上急救处理

头痛的机上急救处理如下:

(1) 让病人安静休息,必要时应用小量镇静安眠药。

(2) 突然出现剧烈头痛伴呕吐,血压高者,应尽快按脑出血等疾病急救。

(3) 患者可服用少量止痛药,如索米痛片、罗通定、安痛定(阿尼利定)等药进行临时止痛。

(4) 急性青光眼引起的头痛,不要盲目服止痛药止痛,否则很快会引起失明。

(5) 病因治疗,如高血压引起的头痛,可服用降压药;屈光不正引起的头痛可佩戴合适的眼镜;脑血管痉挛导致脑供血不足引起的头痛,可用扩张血管的办法进行止痛。

三、急性腹泻

肠黏膜的分泌旺盛与吸收障碍、肠蠕动过快,致排便频率增加,粪质稀薄,含有异常成分，称为腹泻。急性腹泻起病急骤，每天排便可达 10 次以上，粪便量多而稀薄，排便时常伴腹鸣、肠绞痛或里急后重。慢性腹泻是指病程超过两个月以上的腹泻。

拓展阅读

急性腹泻的原因

急性腹泻的原因如下：

（1）细菌或病毒感染，多见于细菌性痢疾和肠炎、伤寒、急性胃肠炎、流行性感冒及消化不良等。

（2）寄生虫病，如阿米巴痢疾、血吸虫病等。

（3）中毒性腹泻，如误服砷、汞、毒菌等有毒物质等。

急性腹泻机上急救处理方法如下：

（1）让病人安静休息，进食易消化的稀软食物，避免给予刺激性食物，补给充足水分，最好在温热开水中加少量的食盐饮用，也可饮用各种果汁饮料，不可饮用牛奶或汽水等。

（2）非感染性腹泻，可用复方苯乙哌啶（地芬诺酯）、黄连素（小檗碱）、痢特灵（呋喃唑酮）等；感染性腹泻应服用抗生素治疗。

（3）腹泻若伴有呕吐或腹泻严重者，应报告机长，并与地面联系，做好抢救准备工作。

四、咯血与呕血

1. 咯血

咯血是指喉以下的呼吸道出血，经咳嗽动作从口腔排出，又称为咳血。

拓展阅读

咯血的病因

（1）咯血伴有发热，可能患有肺结核、支气管癌、流行性出血热、支气管扩张伴发感染、大叶性肺炎、肺脓肿等疾病。

（2）咯血伴有胸痛，可能患有大叶性肺炎、肺结核、支气管肺癌等疾病。

（3）咯血伴有呛咳，可能患有支气管肺癌、肺炎等疾病。

（4）咯血伴有皮肤黏膜出血，可能患有流行性出血热、血液病等。

(5) 咯血伴有黄疸，可能患有钩端螺旋体病、大叶性肺炎、肺梗死等。
(6) 咯血伴有进行性消瘦，可能患有肺结核、支气管肺癌。

咯血的机上急救处理如下：

(1) 突然咯血时，让病人安静休息，垫高枕头，解开病人的衣领，保持呼吸道通畅。

(2) 让病人保持情绪稳定，当喉部痒、有血或有痰时，应缓慢而轻轻地咳出，不要屏气或将血液吞咽入胃。

(3) 少量咯血，可让患者静卧，安静片刻后，可以使咯血停止。

(4) 大量咯血，并出现气急、胸闷、烦躁不安、面色青紫、大汗淋漓和神志不清症状时，可以使病人处于头低脚高位，撬开病人紧闭的牙关（有假牙者要取下），尽量用手指抠出病人口内的积血，还可以用手指压迫其舌根部，刺激咽喉，促使病人咳嗽排血或轻轻拍打病人的背部，使肺部和气管内的血块吐出来。

(5) 对烦躁不安的病人可以适当使用镇静剂。

(6) 注意观察患者病情变化，准确记录咯血量及生命体征的变化等。

2. 呕血

呕血是指病人将食管、胃、十二指肠、胰腺、胆道等消化器官因病变而导致的出血自口腔中吐出。未被呕出的血液可随大便排出，呈现柏油样便。

拓展阅读

呕血的病因

(1) 呕血伴有节律性上腹疼痛，可能是消化性溃疡。
(2) 呕血伴无节律性上腹疼痛，且出血后上腹痛仍不缓解，可能是胃癌。
(3) 呕血伴有黄疸，可能患有肝硬化、出血性肝管炎、钩端螺旋体病、重症肝炎、壶腹癌等。
(4) 呕血伴有皮肤黏膜出血，可能是血液病、重症肝炎等。
(5) 呕血伴有发冷、发热，右上腹绞痛者，可能为胆道出血。
(6) 呕血伴有消瘦、食欲减退者，可能患有胃癌。

呕血的机上急救处理如下：

(1) 让病人侧卧，取头低足高位，保持环境安静，并注意保暖。
(2) 鼓励病人将呕吐出的血轻轻吐出，以防血凝堵住呼吸道而引起窒息。
(3) 严重休克或剧烈呕吐者不能进食，其他可给予流质食物。
(4) 患者出现大呕血且呕血不止或出现休克时应及时抢救。

五、鼻出血

鼻出血也称鼻衄,是临床常见的症状之一,可由鼻部疾病引起,也可由全身疾病所致。鼻出血多为单侧,少数情况下可出现双侧鼻出血;出血量多少不一,轻者仅为涕中带血,重者可引起失血性休克,反复鼻出血可导致贫血。

拓展阅读

鼻出血的原因

(1)局部原因:鼻部损伤、鼻中隔偏曲、鼻部炎症、鼻腔和鼻窦及鼻咽部肿瘤、鼻腔异物等引起的鼻出血。

(2)全身原因:出血性疾病及血液病,急性发热性传染病,心血管系统疾病,其他全身性疾病(妊娠、绝经前期、绝经期、严重肝病、尿毒症、风湿热)均可引起鼻出血。

1. 鼻出血的临床表现

少量血呈点滴状,大量时可堵住鼻孔,血常经咽入胃。反复出血大于 500 毫升时可出现头痛、头晕、眼花、乏力、出汗等症状。出血 1 500 毫升以上则出现休克征象。患者的恐惧情绪易引起血压升高,加大出血量。

2. 鼻出血的机上急救处理

(1)一般处理。

1)让患者保持镇静,安静休息,并让其坐在座位上头后仰,用拇、食两指紧捏鼻翼 10～15 分钟,同时张口呼吸。

2)用冷水冲洗鼻腔或把浸湿的毛巾、冰块(用手巾包住)敷于患者前额和鼻部,每隔 5～10 分钟更换一次。

(2)止血处理。根据出血的轻重缓急、出血部位、出血量及病因,选择不同的止血方法。

1)出血量小的止血处理。

①指压法:可用手指捏紧双侧鼻翼或将出血侧鼻翼压向鼻中隔 10～15 分钟,也可用手指横行按压上唇部位。

②局部止血药物:可使用棉片浸以 1%麻黄素、1‰肾上腺素、3%过氧化氢溶液或凝血酶,紧塞鼻腔数分钟至数小时。

2)出血量大的止血处理。

①出血量大者用纱布、脱脂棉或普通棉花在清水浸湿,用镊子轻轻填入鼻腔,稍紧一些,以便压迫出血点。持续 3～5 小时可止血。

②如有云南白药可撒在棉球上塞入患者鼻腔。

3）下机后处理。根据病情酌情选择烧灼法、前鼻孔填塞术、后鼻孔填塞术、经鼻内镜止血法、血管结扎术、鼻中隔手术等，也可采用全身治疗方法。

单元二　机上旅客常见病的急救

一、晕厥

晕厥又称昏厥，是大脑一时性缺血、缺氧引起的短暂的意识丧失。多数是在久立不动、站立排尿、过度疲劳、剧痛、受惊、恐惧、过度悲伤、出血或血糖过低等情况下发生。

1. 主要临床表现

晕厥前患者意识尚清楚，伴有头昏、眼花、黑视、恶心、呕吐、出汗、面色苍白、四肢无力、脉搏增快和血压下降等症状。低血糖者可伴有饥饿感。若病情进一步发展，则会进入晕厥期，丧失意识。

2. 急救处理原则

让患者立即平卧，头略放低，垫高下肢，松开衣服，可针刺人中、十宣、百会穴，或用手指掐按人中穴。可给患者喝温热的糖水，必要时可给患者吸氧或做针灸。经过上述处理，在一般情况下患者可慢慢恢复正常。

如有飞行人员发生晕厥，机组人员应重新安排工作，视情况与地面联系。归队后立即向航医汇报，送医院进行全面检查，查明原因，做出健康鉴定结论。

> **职场小贴士**
>
> 如果失去知觉时间较长，则立即通知机长，并考虑其他可能出现的严重情况。

二、脑出血

脑出血（脑溢血）是指原发性非外伤性脑实质内出血，也称自发性脑出血，占急性脑血管病的20%～30%。最常见的病因是高血压合并动脉硬化。脑出血病死亡率高，致残率高。

1. 主要临床表现

脑出血多发生在50岁以上的人群中，男性多于女性；体力活动或情绪激动时易发病；多无前驱症状，部分人可出现头痛、眩晕、手脚麻木、无力等前驱症状；起病较急，症状于数分钟至数小时达高峰；有肢体瘫痪、失语等局灶定位症状和感到剧烈头痛、喷射性呕吐、意识障碍等全脑症状；发病时血压明显升高。

2. 急救处理原则

让患者保持安静，避免搬动，取头高足低卧位，头转向一侧，以防口腔内的分泌物及舌根后坠堵塞呼吸道而引起窒息。必要时可给予吸氧、降压药和止血药等。广播请乘客中的医师参加抢救，并向地面报告做好急救准备。

如果是空勤人员出现相应症状，应立即让其离开工作岗位，落地后送医院诊治并做健康鉴定。

三、心绞痛

心绞痛是一种由于冠状动脉供血不足而引起的短暂发作性胸骨后疼痛，通常多见于冠心病病人。

1. 主要临床表现

心绞痛的主要临床表现如下：

（1）胸口不适或疼痛。

（2）疼痛可能放射到手臂、颈部、下颌或背部。

（3）出汗、恶心。

（4）呼吸极为短促、咳嗽。

（5）有濒临死亡之感。

2. 急救处理原则

（1）广播找医生。

（2）帮助病人服下自备的药，硝酸甘油片要含在舌下。

（3）松开其紧身衣物。

（4）吸氧。

（5）询问病史，让病人保持安静。

（6）保暖。

（7）观察生命体征。

（8）为休克病人提供急救。

职场小贴士

迅速发现症状是病人获得生存机会的重要因素，因为心脏病发作极有可能会导致心脏停止跳动。

四、休克

休克是指因不同原因引起的以微循环障碍为特征的临床综合征。大多是由于出血过多、创伤、严重失水、严重心律失常、感染及过敏引起。

1. 主要临床表现

初期表现为神志尚清，指端和面色苍白、恶心呕吐、出冷汗、脉搏细而快、脉压差小。若不及时治疗，可很快转入中期，即表现出神志淡漠或恍惚，皮肤四肢湿冷，口唇、四肢轻度发绀，呼吸深而快，血压下降。若再继续发展可转为晚期，即昏迷状态，呼吸急促表浅，脉搏细弱或不能触及，血压降低或测不出等。

2. 急救处理原则

让患者安静平卧，头部放低，垫高下肢（当头部损伤时，头不要低于下肢），立即吸氧，针刺内关、涌泉、足三里穴，需强刺激。广播请乘客中的医师参加抢救。密切观察脉搏、呼吸、血压的变化。同时立即报告地面，做好急救准备。

五、癫痫

癫痫，俗称羊角风，是一种突发性、短暂性大脑功能失调性疾病。发病率较高，可发生于任何年龄，青少年尤为多见。

1. 主要临床表现

典型的大发作表现为突然意识丧失，尖叫一声倒地，全身抽搐、口吐白沫、两眼上视，有时可咬破唇舌、尿失禁、瞳孔散大，发作后可有疼痛。

典型的小发作表现为患者意识短暂丧失，突然停止正在进行的活动，两眼凝视，可伴咀嚼、吞咽等简单的不自主动作，或伴失张力如手中持物坠落等。发作过程持续5～10秒，清醒后无明显不适，对发作无记忆。

另外，应特别注意和重视空勤人员是否患有此病。对怀疑患有此病者，应做全面检查，严防空中突然失能的发生。

2. 急救处理原则

针刺或拇指掐患者人中穴，在其口中塞入手绢或纱布，以免咬伤舌、唇，同时为防止其他外伤，必要时可给以镇静、止痛药。

六、低血糖症

低血糖症是一组因多种原因引起的血糖过低所致的症候群，一般血糖在2.8 mmol/L（55%）以下。其中，最常见的是功能性原因不明的低血糖症，约占70%。

1. 主要临床表现

一般在饥饿时发病，其表现有心跳、眼花、出冷汗、面色苍白、四肢震颤、呼吸短促、心跳加快等。

2. 急救处理原则

发现低血糖症病人后应立即让其平卧，安静休息，给以糖水、巧克力等，即可缓解症状。低血糖症若发生在空勤人员中，归队后应向航医汇报，做进一步检查分析，排除其他病理性疾病。

七、急性胃肠炎

急性胃肠炎多发生在夏秋季节，因进食刺激性食物、暴饮暴食、腹部受凉或进食腐烂变质的食物等引起。

1. 主要临床表现

腹痛、腹泻、恶心、呕吐，重者可有发热、脱水、酸中毒，甚至休克等临床表现。

2. 急救处理原则

让患者平卧，安静休息，可饮温开水或淡盐水；服黄连素（小檗碱）片0.2～0.3克，日服3次，东莨菪碱片一次0.2～0.3毫克，日服3次；针刺足三里、上脘、中脘、曲池等穴位。落地后向航医报告，做进一步诊治处理。

八、消化性溃疡

消化性溃疡主要是指发生于胃和十二指肠的慢性溃疡，即胃溃疡和十二指肠溃疡。因其形成与胃酸（胃蛋白酶）的消化作用有关，故称为消化性溃疡。主要病因有幽门螺杆菌感染、非甾体消炎药、胃酸和胃蛋白酶、吸烟和酗酒、遗传、急性应激、胃十二指肠运动异常，其中胃酸和胃蛋白酶是引起消化性溃疡的关键因素。

1. 主要临床表现

典型的消化性溃疡呈慢性过程、周期性发作，上腹痛呈节律性。如胃溃疡，多在进食0.5～1小时开始疼痛，进食后不能缓解。而十二指肠溃疡，多在进食3～4小时发作，即在饥饿时疼痛，进食后能缓解。可伴有灼热感；有时有嗳气、反酸、恶心呕吐和消化不良等症状。

2. 急救处理原则

急救处理主要是缓解疼痛，可服胃舒平（复方氢氧化铝）、氢氧化铝凝胶、东莨菪碱片；针刺足三里、中脘、内关等穴位：若为十二指肠溃疡可进食苏打饼干等碱性食物。

若是空勤人员发病，除缓解疼痛处理外，下机后应接受消除病因、缓解症状、愈合溃疡、防止复发和防止并发症的正规治疗。

九、急性胃出血

急性胃出血是上消化道出血的最常见原因，约占70%。引起急性胃出血的常见疾病是胃、十二指肠球部溃疡，胃癌，急性糜烂性出血性胃炎，口服阿司匹林或肾上腺糖皮质激素等药物引起的急性溃疡，严重烧伤和大手术等引起的应激性溃疡等。

1. 主要临床表现

出血前多数患者先有溃疡症状加重、药物失灵的临床表现。急性大出血时，可表现为呕血及黑便，常有面色苍白、昏厥、脉快、血压下降、出冷汗等症状。出血后疼痛多数减轻或消失。

2. 急救处理原则

让患者平卧，安静休息，禁食；可广播请乘客中的医师参加抢救；可注射止血药，如仙鹤草素等。注意观察患者的脉搏和血压变化，并与地面联系，做好抢救准备工作。

十、急性胃穿孔

急性胃穿孔是消化性溃疡的并发症，常在过分饱食、饥饿、剧烈运动或腹部外伤之后发生。

1. 主要临床表现

患者胃穿孔后会出现突然上腹剧烈疼痛，难以忍受，伴有恶心呕吐、烦躁不安及休克等症状，上腹部呈板样强直，伴有明显压痛与反跳痛等。

2. 急救处理原则

患者需绝对禁食，与急性胃出血的急救处理方法基本相同。飞机在就近机场降落后，应立即送患者到医院进行抢救。

十一、急性阑尾炎

急性阑尾炎多数是由于急性感染或梗阻引起的急性炎症。严重者可化脓或穿孔。

1. 主要临床表现

急性阑尾炎常突然发生，疼痛多起于上腹或脐周围，数小时后转至右下腹疼痛，疼痛可分为持续性或阵发性。阑尾区即右下腹有局限性压痛及反跳痛，这是急性阑尾炎的主要特征。急性阑尾炎常伴有恶心、呕吐、体温正常或略有升高等临床表现。

2. 急救处理原则

让患者安静休息，取半卧位，勿急于服止痛药，以免掩盖病情，延误诊断和抢救；可针刺足三里、曲池、阳陵泉等穴位；与地面联系，做好急救准备工作。

十二、急性胰腺炎

急性胰腺炎是多种病因导致胰酶在胰腺内被激活后引起胰腺组织自身消化、水肿、出血甚至坏死的炎症反应。临床以急性上腹痛、恶心、呕吐、发热和血胰酶增高等为特点。临床病理常把急性胰腺炎分为水肿型和出血坏死型两种。水肿型病变轻，以胰腺水肿为主,临床多见,病情常呈自限性,预后良好,又称为轻症急性胰腺炎。出血坏死型病变重,以胰腺出血坏死为主,常继发感染、腹膜炎和休克等,病死率高,称为重症急性胰腺炎。

1. 主要临床表现

多在饱餐或饮酒后突然发生,为持续性刀割样疼痛,阵发性加重,疼痛多位于上腹正中或左上腹,并向左腰部及肩胛下区放射,多伴有恶心呕吐、发热等临床表现,一般止痛剂不能缓解。

2. 急救处理原则

患者需禁食,可给予阿托品或杜冷丁(哌替啶)止痛;针刺内关、上脘、足三里等穴位;请机上乘客中的医师进行诊治;飞机在附近机场降落,一般需送患者到医院进一步诊治。

十三、胆石病

胆石病即胆结石,又称胆石症。按发病部位可分为胆囊结石、胆总管结石、肝内胆管结石病或者上述多部位同时并发。

1. 主要临床表现

右上腹绞痛,可向右肩背放射,常伴有恶心、呕吐,有时可发热或出现黄疸等,严重者可出现休克症状。

2. 急救处理原则

镇静止痛,可服东莨菪碱或阿托品;针刺或按摩肝俞、胆俞、日月等穴位,止痛效果较好。

> **职场小贴士**
>
> 空勤人员应特别注意隐形胆结石,平时虽无症状,但也有在空中突然发作的可能,如有此病,应及早检查治疗,以免危及飞行安全。飞行员患结石(含胆结石和泌尿结石)无论有无症状均应在停飞治愈后才能继续飞行。

十四、泌尿系结石

泌尿系结石是泌尿系的常见病。结石可见于肾、膀胱、输尿管和尿道的任何部位。但以肾与输尿管结石最为常见。

1. 主要临床表现

发病突然，剧烈腰痛，疼痛多呈持续性或间歇性，并沿输尿管向髂窝、会阴及阴囊等处放射；出现血尿或脓尿，排尿困难或尿流中断等，有时尿中可排出小结石，排出后症状可缓解。

2. 急救处理原则

让患者安静，可服镇静止痛药；针刺或按摩肾俞、膀胱俞、京门、照海等穴位；若疼痛靠近下腹部时，也可采取在大量饮水后进行原地跳跃运动，使结石进入膀胱，以缓解症状。

十五、急性酒精中毒

酒精中毒俗称醉酒，是指患者一次饮大量酒精（乙醇）后发生的机体机能异常状况，对神经系统和肝脏伤害最严重。医学上将其分为急性中毒和慢性中毒两种，前者可在短时间内给患者带来较大伤害，甚至可以直接或间接导致死亡。后者给患者带来的是累积性伤害，如酒精依赖、精神障碍、酒精性肝硬化及诱发某些癌症（口腔癌、舌癌、食管癌、肝癌）等。

1. 主要临床表现

（1）呼吸中有酒精气味。

（2）嗜酒。

（3）部分或完全失去意识。

（4）脸红，继而又变苍白。

（5）脉搏跳动强烈，随后又变弱。

（6）如同睡觉般地呼吸。

（7）神志不清、讲话含糊、协调能力下降。

（8）恶心、呕吐。

2. 急救处理原则

（1）不允许再喝酒。

（2）提供无酒精的饮料，建议不要进食咖啡因。

（3）鼓励进食，特别是高蛋白食品，如花生仁等。

（4）鼓励睡觉。

（5）要对该人保暖好并让其休息。

（6）提防呕吐或抽搐。

（7）观察重要体征。

十六、气道被异物堵塞

患者如在进食时或刚进食后出现清醒状态下的呼吸困难或不能呼吸，或是说不出话来，应该怀疑是气道异物阻塞。

1. 主要临床表现

（1）皮肤苍白，然后发紫甚至变黑。
（2）显得极度紧张，说不出话来。
（3）患者用手抓自己喉部。
（4）人工呼吸时，口对口吹气，吹不进患者肺内。

2. 急救处理原则

（1）立即试用手指取出异物，速度最要紧。
（2）鼓励患者用力咳嗽。
（3）用力以手掌叩拍患者背部双肩胛之间。
（4）采用腹部推挤法，从后方以双手抱患者，一手握拳放在上腹部横膈下方，另一手抓住此拳，然后向内上用力猛推数次，待患者皮肤颜色好转后以手指探查口腔取出异物，如图6-1所示。
（5）对倒地的患者可以骑跨在大腿上进行腹部推挤，如图6-2所示。
（6）对无法站立者，可采用仰卧位腹部推挤法，如图6-3所示。
（7）在异物没有排除之前应避免口对口吹气，否则异物将可能进入更深，从而更难解除阻塞。

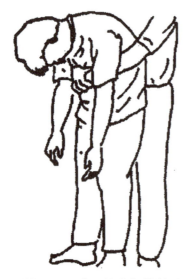 

图6-1 站立位腹部推挤法　　图6-2 坐位腹部推挤法

（8）儿童气道阻塞时，也可用腹部推挤法，力量应小些，如图6-4所示。

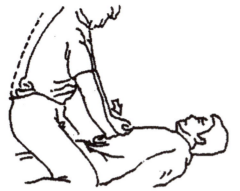 

图 6-3　仰卧位腹部推挤法　　　图 6-4　儿童单手腹部推挤法

（9）婴儿气道阻塞时，应用拍背推胸法：轻拍婴儿背部 4 次，按压胸部 4 次，操作时保持头部位置较低。

> **职场小贴士**
>
> ### 急救的原则
>
> （1）在遇有严重伤病的患者时应保持镇静，在采取直接措施之前要询问患者情况并进行分析和判断，要观察损伤情况。
>
> （2）在急救时，应选用恰当的言辞来表达出客舱乘务员愿意并有能力帮助处理患者的伤病。同时还应避免常常是出于好意而采取不当的方法所带来的错误。客舱乘务员应该只限于采取必要的措施，并要记住要尽量少去搬动病人或损伤部位，要避免使用诊断性和预后性质的词句。
>
> （3）确定问题后要尽快行动，要先处理最紧急的情况。下列措施是救命要点：
>
> 1）确保呼吸和呼吸道通畅；
> 2）检查及立即止住出血；
> 3）预防休克和暴露伤部；
> 4）确保正确处置昏迷者并保证有人照看。

单元三 机上外伤的急救

一、出血与止血

正常成人的全身血量约为5升，约占体重的8%，如果短期内出血量超过全身血容量的30%而未进行急救则会威及生命。因此，无论在什么情况下，如果发现病患出血，必须立即止血。

止血方法包括加压包扎法、指压法和止血带法。

> **拓展阅读**
>
> **出血的种类**
>
> 按受伤血管，出血可分为动脉出血、静脉出血、毛细血管出血。
>
> （1）动脉出血。血色鲜红，出血如喷泉一样随着动脉搏动由伤口向体外喷射，此类出血因其出血急，出血量大，危险性极大。因此，应想尽一切办法制止动脉出血。
>
> （2）静脉出血。血色暗红，出血如流水样由伤口不停地流出，出血量随损伤血管口径和伤口大小而不同。对较大量的出血，如不止血，有较大危险。
>
> （3）毛细血管出血。血色鲜红，出血像水珠一样，从整个创面慢慢渗出，时间稍久可凝血自止，危险性小。

1.加压包扎法

加压包扎是临床上对于切割伤、战伤、挫伤、手术切口止血的一种特殊方法。操作时应注意以下内容：

（1）所有的伤口加压包扎时，都要进行伤口的清创消毒，可选用活力碘、过氧化氢、生理盐水交替冲洗，确保伤口内没有异物、残渣、碎屑等残留。同时，伤口内合并较小的血管出血时，需要进行仔细结扎，避免血肿形成。尽快地关闭伤口，避免与外界细菌接触。

（2）如果患者伤口位于腹部，可以进行无菌纱布敷料覆盖后，采用多头腹带局部加压包扎。若伤口位于四肢，可以通过敷料覆盖后弹力绷带或普通绷带加压，可起到较好的止血效果。

（3）加压止血时要注意力度不能太大，以免引起局部组织缺血、缺氧，不利于切口愈合，甚至有可能发生组织坏死的风险。

（4）包扎不可只在最后打结时用力，致使创伤受力不均匀而影响止血效果。

2. 指压法

指压法适用于中等或较大动脉的出血，在未找到可靠止血用具前，可用手指在伤口上方（近心端）的动脉压迫点，用力将动脉血管压在骨骼上，中断血液流通，达到迅速止血的目的，随后换上止血带。操作时，应注意以下内容：

（1）小的动脉出血，指压后可用加压包扎法止血。

（2）必须准确掌握上下肢、手掌及颈部主要动脉的走向，才能有效止血。

（3）此法只宜临时使用，一般不超过5分钟。

（4）头顶部出血压迫法，在耳屏稍上方正对颌关节处用力压住动脉，如图6-5所示。

（5）头颈部出血，按压在胸锁乳突肌中点前缘，将伤侧颈总动脉压迫于第五颈椎上，不可两侧同时压迫，以免影响脑部供血，如图6-6所示。

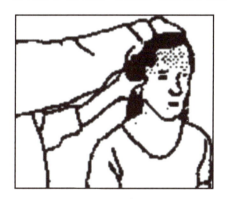 

图6-5　颌动脉压点及其止血区域　　图6-6　颈动脉压点及其止血区域

（6）面部出血，对准伤侧下颌角前约1厘米处，用拇指向上压迫面动脉，如图6-7所示。

（7）前臂出血，在上臂中点肱二头肌内侧，将肱动脉压在肱骨上，如图6-8所示。

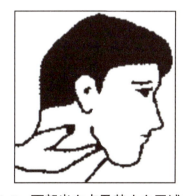 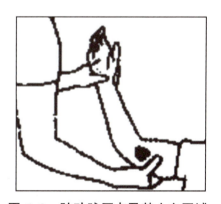

图6-7　面部出血点及其止血区域　　图6-8　肱动脉压点及其止血区域

（8）手掌出血，用手指分别压在腕部的尺、桡动脉上或将健侧拇指压于伤侧手掌心，双手同时压迫掌深弓、掌浅弓。

（9）下肢出血压迫法，在腹股沟韧带中点稍下方，将股动脉用力压在耻骨上，此动脉较深大，皮下组织较厚者常需双手交叉利用双手的力量下压，方能达到止血目的，如图6-9所示。

3. 止血带法

四肢有大血管损伤，或伤口大、出血量多时，采用其他止血方法仍不能止血，方可使用止血带止血。

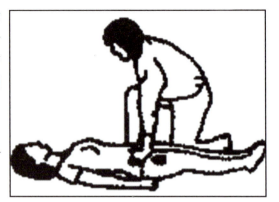

图6-9 股动脉压点及其止血区域

（1）操作要点。

1）不可用于前臂及小腿部位的止血。

2）止血带应扎在伤口的近心端。上肢在上臂1/3的部位。下肢应扎在大腿的中上部。

3）上臂的中1/3禁止上止血带，以免压迫神经而引起上肢麻痹。

4）将伤肢抬高，促使静脉血回流。

5）上止血带前，先要用绷带、毛巾或其他布片作垫，避免止血带损伤皮肤；紧急情况下，可将裤脚或袖口卷起，止血带扎在其上。

6）止血带要扎得松紧合适，过紧易损伤神经，过松则不能达到止血的目的。一般以不能摸到远端动脉搏动或出血停止为度。

7）结扎时间过久会引起起肢体缺血坏死。因此要每隔40～50分钟放松3～5分钟。

8）放松期间，应用指压法和直接压迫止血，以减少出血。

9）要有上止血带的标志，注明上止血带的时间和部位。

10）用止血带止血的伤员应尽快送医院处置，防止出血处远端的肢体因缺血而导致坏死。

（2）表带式止血带。

1）将伤肢抬高。

2）往上臂的上1/3或大腿的中上部垫好衬垫。

3）将止血带缠在肢体上，一端穿进扣环，并拉紧至伤口不出血为度。

4）最后记录止血带安放时间。

（3）布料止血带（临时绞棒法）。

1）将三角巾或围巾、领带等布料折叠成带状。

2）往上臂的上1/3或大腿的中上部垫好衬垫。

3）用制好的布料带在衬垫上加压绕肢体一周，两端向前拉紧，打一个活结。

4）取绞棒（竹棍、木棍、笔、勺把等）插在带状的外圈内，提起绞棒绞紧，将绞紧后的棒的另一端插入活结小圈内固定。

5）最后记录止血带安放时间。

6）仅限于在没有专业止血带的紧急情况下临时使用。

7）仅可谨慎短时间使用。

8）禁忌用铁丝、绳索、电线等当作止血带使用。

二、包扎

包扎的目的是保护伤口，减小感染，压迫止血，固定敷料夹板及药品等，要求严密牢固、松紧适宜。

包扎的方法包括绷带包扎法和三角巾包扎法。

微课：绷带包扎

1. 绷带包扎法

（1）环形法：用绷带在肢体上做环形绕缠，多用于颈部、额部、腕部及胸腹等部位，如图 6-10 所示。

（2）螺旋形法：适合于小腿、前臂等处的包扎，包扎时应从伤口远端开始。首先以环形包扎法固定始端，然后将绷带由远端向近端进行螺旋包扎，每圈约盖前圈1/3，如图 6-11 所示。

图 6-10 环形法

图 6-11 螺旋形法

（3）"8"字形法：常用于四肢关节部位。如包扎肘关节时，先将绷带在肘关节一端作环形缠绕固定，再把绷带拉向肘关节中心缠一圈，然后向两端呈"8"字形离心缠绕。

（4）蛇形法：常用于固定夹板。先将绷带按环形法缠绕数圈，再按绷带的宽度做间隔斜着上缠或下缠，如图 6-12 所示。

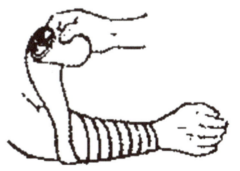

图 6-12 蛇形法

2. 三角巾包扎法

三角巾可以用于身体各部位损伤伤口的包扎，如头部、肩部、胸背部、腹部和四肢等都可用三角巾包扎。

（1）头部包扎法：先将三角巾的长边折叠成双层，宽约两指，从前额包起，把顶角及左右两角拉到后脑部，先作半结，将顶角塞到结里，最后把左右角拉到前额打结，如图 6-13 所示。

微课：三角巾包扎

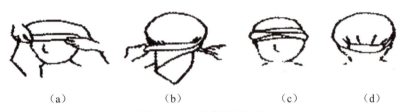

(a)　　　　　　(b)　　　　　(c)　　　　　(d)

图 6-13　头部包扎法

（2）耳部、面部包扎法：折叠一块三角巾或一块适当的毛巾，在预计遮盖鼻嘴的地方剪成小洞，中央盖在患部，在反侧的耳朵上面交叉（上面向额方、下面向头后部凸出），避开患部打结，如图 6-14 所示。

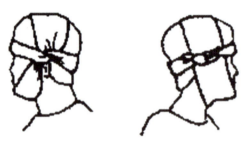

图 6-14　耳部、面部包扎法

（3）眼部包扎法：将三角巾叠成八折，包住伤眼，将好眼露出，在头后部打结。也可用两条折成八折的三角巾，一条从头顶搭在好眼下，再将另一条斜包在伤眼上，在头侧部打结，将垂直的三角巾向上掀起，露出好眼，在头后部打结，如图 6-15 所示。

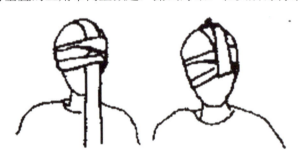

图 6-15　眼部包扎法

（4）膝和肘部包扎法：三角巾叠成四折，将膝部包住，在后面交叉，将两端各自从膝盖上部绕过，在外侧打结，如图 6-16 所示。

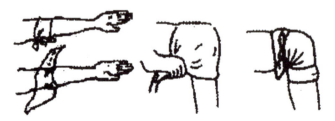

图 6-16　膝和肘部包扎法

（5）胸部包扎法：如果伤口在左胸，将三角巾叠成四折，把三角巾的顶角放在左旁上，将左右两角拉到背后于右面打结，然后把右角提到肩部与顶角打结；如果伤在左胸，就把顶角放在左肩上，如图6-17所示。

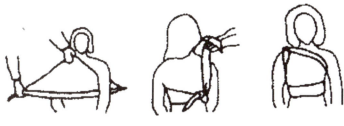

图6-17 胸部包扎法

（6）背部包扎法：与胸部包扎法相似，不同的是从背部包起，在胸前打结。

（7）腹部包扎法：将三角巾叠成燕尾式。一侧稍长，燕尾朝下，始于腹部，上边两角于腰后打结，燕尾端从大腿中间向后拉紧，经大腿与燕尾短端在大腿后方打结，在后面打结，将直角点缠好，如图6-18所示。

（8）锁骨部包扎法：按小臂包扎法包扎好，再用一条三角巾叠成八折，横向绕一周，在健侧打结，将手臂与身体固定。

（9）手足包扎法：将手或足置于三角巾上，把手指或足趾放在三角中的上顶角，上顶角折包在手足背上将左右两角交叉，向后拉到手掌或足踝的两面，最后缠绕打结。也可将三角巾折成八折，从脚心处向后，在后部打叉，绕向前与脚两侧相连绕一周，在前方打结，如图6-19所示。

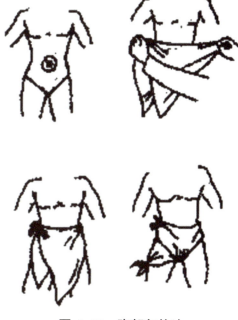

图6-18 腹部包扎法

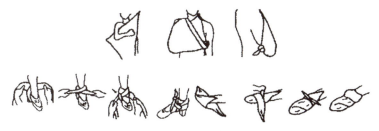

图6-19 手足包扎法

> **职场小贴士**
>
> 若遇外伤需要包扎，一时找不到三角巾或绷带时，可按部位不同就地取材，利用毛巾、手帕、衣服或帽子等物品代替进行包扎。

三、骨折的处理

骨折分为单纯骨折、开放性骨折和复合骨折，见表 6-1。

表 6-1 骨折的分类

骨折类型	临床表现
单纯骨折	（1）受伤部位严重疼痛、触痛； （2）受伤部位肿胀变形并与对侧不对称； （3）受累肢体活动受限或处于不自然位置
开放性骨折	除有单纯骨折的症状外，还有皮肤伤口或骨折断端可能会刺到皮肤外面
复合骨折	除骨折的症状外，还伴有其他损伤的症状

骨折后，应进行固定，固定方法如下。

1. 上肢骨骨折

上肢骨骨折是指上臂、肘、前臂或手腕骨折。固定方法如下：

（1）夹板固定法：在上臂侧放一块夹板，用三角巾在骨折部上、下端固定，再将前臂悬吊在胸前。最后用一块三角巾将上臂和悬臂三角巾一同固定于胸部，如图 6-20 所示。

（2）无夹板固定法：用一宽带将伤臂固定于胸部，再用三角巾将前臂悬吊在前胸，如图 6-21 所示。

图 6-20 夹板固定法

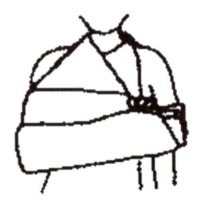
图 6-21 无夹板固定法

（3）前臂骨骨折固定法：最好有两人进行固定，夹板固定好后用绷带或三角巾固定，并用悬臂带吊起来，如图 6-22 所示。

2. 下肢骨骨折

（1）大腿骨骨折固定法：至少有两人参加固定，夹板固定好后，足部用"8"字形固定，使腿脚垂直。用三角巾把患肢和健肢固定在一起，限制患肢的活动，如图 6-23 所示。

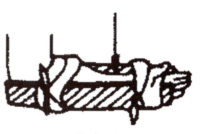

图 6-22　前臂骨骨折固定法

图 6-23　大腿骨骨折固定方法

（2）小腿骨骨折固定法：夹板放在伤腿外侧固定，再用两块三角巾将膝部、足跟和健肢固定在一起，如图 6-24 所示。

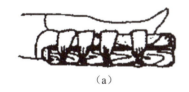
（a）

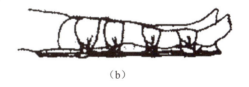
（b）

图 6-24　小腿骨骨折固定方法

（3）足骨骨折固定法：急救时需扶住足关节、脱鞋或剪开鞋子，将夹板放在足底，用绷带缠扎固定，如图 6-25 所示。

图 6-25　足骨骨折固定法

> **拓展阅读**
>
> **固定的目的与原则**
>
> （1）固定的目的。
> 1）制动，减少伤病员的疼痛。
> 2）避免损伤周围组织、血管和神经。
> 3）减少出血和肿胀。
> 4）防止闭合性骨折转化为开放性骨折。
> 5）便于搬运伤病员。
> （2）固定的原则。
> 1）首先检查意识、呼吸、脉搏及处理严重出血。
> 2）用绷带、三角巾、夹板固定受伤部位。
> 3）前臂和小腿部位的骨折，尽可能在损伤部位的两侧放置夹板固定，以防止肢体旋转及避免骨折断端相互接触。
> 4）夹板的长度应能将骨折处的上下关节一同加以固定。
> 5）夹板与身体接触的一侧应加垫（棉花、衣物或毛巾等）以免夹伤皮肤。
> 6）用绷带、三角巾固定受伤部位，先固定骨折的上端（近心端），再固定下端（远心端），绷带不要系在骨折处。
> 7）夹板与皮肤、关节、骨突出部位之间加衬垫，固定时操作要轻，固定要牢靠，不能过松或过紧。
> 8）应露出指（趾）端，便于检查末梢血运。
> 9）骨断端暴露，不要拉动，不要送回伤口内，开放性骨折不要冲洗，不要涂药，应在止血后，伤口盖以消毒纱布，固定后送医院复位治疗。
> 10）肋骨骨折应在病患呼气末端处固定。
> 11）暴露肢体末端以便观察血液循环情况。
> 12）固定后上肢为屈肘位，下肢呈伸直位。
> 13）固定伤肢后，如有可能应将伤肢抬高。
> 14）如现场对生命安全有威胁，要移至安全区再固定。
> 15）预防休克。

四、搬运

搬运是指经过止血、包扎、固定的初步处理后，应立即将病患送到救护机构，或搬到安全的地方，以便进一步治疗。搬运的目的是让伤员脱离危险现场，尽早获得专业治疗。

搬运主要分为徒手搬运和担架搬运。

1. 徒手搬运

对有些轻伤员或者现场没有其他搬运材料的紧急情况，可徒手搬运。具体搬运操作如下：

（1）一人搬运法。

1）扶持法：救护者将病患一手搭在自己肩上，协助其行走，如图6-26所示。

2）背负法：救护者将病患背在肩上，手从其腿部绕过，向上抓住其双手，如图6-27所示。

3）抱持法：救护者将病患一侧手臂搭到自己肩上，一只手抱住其背部，另一只手托住其膝下，或在病患的前面，一只手从后面抱住其腿，另一只手从前面抱住其背，如图6-28所示。

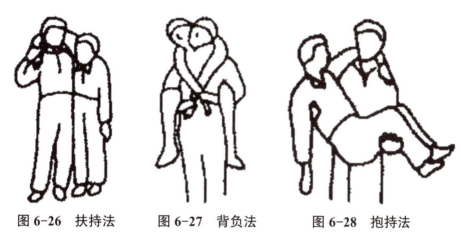

图6-26 扶持法　　图6-27 背负法　　图6-28 抱持法

（2）二人搬运法。

1）拉车式：一个人在后面抱住病患的两肩，另一个人抬住两膝，如图6-29所示。

2）椅托式：两人一前一后，将病患两臂搭在各自的肩下，两人的手在病患背部和腿部交叉拉紧，如图6-30所示。

图6-29 拉车式　　图6-30 椅托式

（3）三人搬运法。

1）平板托运式：两人在一边各托腿和背部，一人在另一边托住臀部，三个人手之间要一方拉住另一方的手腕，将病患平躺抱起，如图 6-31 所示。

2）抬抱式：三人在同一侧，各抱住颈、腰、腿部，先放在膝盖上，再同时站起，将病患侧向抱起，如图 6-32 所示。

（4）四人搬运法。四人搬运多采用毛毯搬运法，即将毛毯一侧向上卷起至一半，轻轻搬动病患身体，将其放在病患身下，再将卷起的一侧放平，每侧两人抬起，如图 6-33 所示。

图 6-31　平板托运式　　　图 6-32　抬抱式　　　图 6-33　毛毯搬运法

2. 担架搬运

只要条件允许，尽量使用担架搬运，如果没有担架可使用座椅、门板等代替，如图 6-34 和图 6-35 所示，判断或怀疑有脊柱骨折的伤员要用硬质的担架搬运。

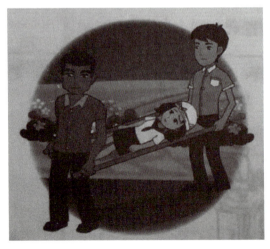
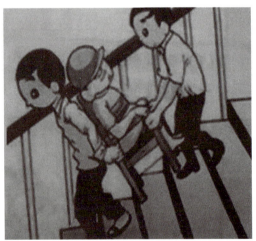

图 6-34　担架搬运　　　　　　　　图 6-35　座椅搬运

> **职场小贴士**
>
> **搬运注意事项**
>
> （1）搬运前应对病患做全面检查，做好急救处理。
>
> （2）根据伤情决定搬运法：扶持法、抱持法、背负法、椅托式、平板托运式、担架搬运等。
>
> （3）脊椎骨折时，禁止病患坐起或站立，搬运时必须小心，由2～4人用手臂托起，保持病患身体平直，严禁脊椎弯曲或扭曲。颈椎骨折，要有人固定牵引头部，以防骨折处损伤脊髓，病患要卧于硬板床或担架上搬运。胸腰椎骨折病人，腰下适当加垫，颈椎骨折病患，不要垫枕头，颈下及头两侧适当加垫固定，严防头部活动。
>
> （4）颅脑损伤：半卧位或侧卧位。
>
> （5）胸部伤：半卧位或坐位。
>
> （6）腹部伤：仰卧位、屈曲下肢，宜用担架或木板。

单元四 机上烧伤（烫伤）的急救

一、一度烧伤（烫伤）

1. 症状

局部呈红斑，轻度红、肿、热、痛、干燥、无水疱，呈中度肿胀，伤部明显疼痛触痛。

2. 处理

（1）用凉水冲或冰敷伤部以减轻损伤和止痛。

（2）拭干患部后，敷上烧伤药或敷料后包扎上（脸部不包）。

（3）需要的话，轻轻地绑上绷带。

二、二度烧伤（烫伤）

1. 症状

破的或鼓起的水疱，基底均匀发红或苍白；皮肤深红或有点红，水肿，皮肤潮湿，疼痛（越痛烧伤度越轻）。

2. 处理

（1）未破的水疱：泼上冷水直至疼痛消失，用湿的绷带轻轻绑扎。

（2）已破的水疱：不要在破的水疱上加水（会增加休克和感染的危险）用干的消毒绷带包扎，将烧伤肢体轻轻抬起。

（3）为防止脱水要经常少量给口服含盐水分、水或饮料。

三、三度烧伤（烫伤）

1. 症状

皮肤深部损伤，出现白色物体，焦黄炭化，干燥、无水疱、无弹性、焦痂下水肿，拔毛及针刺无痛；组织或骨骼可能暴露；皮色苍白，色呈蜡样改变；可能休克；痛觉消失。

2. 处理

（1）不可用水冲或任何冷敷，不要试图去除伤部的沾染物（将衣服留在烧伤的皮肤上，不要强行去除烧伤部位的各种物质）。

（2）用干的消毒敷布敷在伤部并加以包扎。为休克患者提供急救。

四、化学物质烧伤时的处理

凡是化学物质直接作用于身体，引起局部皮肤组织损伤，并通过受损的皮肤组织导致全身病理生理改变，甚至伴有化学性中毒的病理过程，称为化学灼伤。

> **拓展阅读**
>
> ### 化学灼伤的特点
>
> 化学灼伤与热力烧伤有许多相同的改变，但化学灼伤又有化学致伤物所造成的特殊病理变化：
>
> （1）皮肤组织接触强氧化剂或还原剂可导致组织蛋白变性、凝固，局部形成灼伤焦痂。
>
> （2）脂肪组织不断溶解、破坏、损伤不断向深层扩展，组织再生极为困难。
>
> （3）破坏组织的胶体状态和通透性，局部充血。
>
> （4）破坏与麻痹皮肤神经末梢感受器，出现皮肤感觉麻木或痛觉过敏等。
>
> （5）许多化学致伤物质可导致局部或全身性变态反应，如沥青灼伤后出现的"光敏现象"。
>
> （6）破坏酶系统或产生毒性物质，如锌灼伤后产生的锌蛋白可能引起"金属铸造热"样反应。

化学灼伤的处理应注意以下事项：

（1）尽快用大量清水彻底冲洗，冲洗时间一般为 20～30 分钟，以充分去除及稀释化学物质，阻止化学物质继续损伤皮肤和经皮肤吸收。

（2）轻轻地仔细去掉所有沾染了化学物质的衣物。

（3）头面部化学灼伤时要注意眼、鼻、耳、口腔的情况，如发生眼灼伤，先彻底冲洗。

（4）皮肤接触热的化学物质发生灼伤时，由于真皮的破坏及局部充血等原因，毒物很容易被吸收，特别是原可通过皮肤吸收且灼伤面积较大时，吸收更快，可在 10 分钟内引起全身中毒，例如，热的苯胺、对硝基氯苯等可迅速形成高铁血红蛋白血症，有的可在几小时内出现全身中毒，例如，氢氟酸、黄磷、酚、氯化钡灼伤引起氟中毒、磷中毒、酚中毒、钡中毒等。

（5）灼伤创面污染严重，或Ⅱ度灼伤面积在 5% 以上者，按常规使用破伤风抗毒素 1 500 单位（需皮试），抗感染应选用抗生素。

单元五　机上昏迷与猝死旅客的急救

一、昏迷旅客的急救

昏迷是指意识完全丧失，是最严重的意识障碍，是高级神经活动的高度抑制状态。颅内病变和代谢性脑病是常见的两大类昏迷病因。

在现场一旦发现昏迷病人，应立即进行急救，主要方法如下：

（1）保持患者呼吸道通畅，吸氧，呼吸兴奋剂应用，必要时气管切开或插管进行人工辅助通气（呼吸）。

（2）维持患者有效血循环，给予强心、升压药物，纠正休克。

（3）颅压高者给予降颅压药物，如 20% 甘露醇、速尿（呋塞米）、甘油等，必要时进行侧脑室穿刺引流等。

（4）预防或抗感染治疗。

（5）控制患者高血压及过高体温。

（6）止抽搐用安定、鲁米那（苯巴比妥）等。

（7）纠正患者水电解质紊乱，补充营养。

（8）给予患者脑代谢促进剂，如 ATP、辅酶 A、胞二磷胆碱（胞磷胆碱）、脑活素等。

（9）给予患者促醒药物，如醒脑静、安宫牛黄丸等。

（10）注意患者口腔、呼吸道、泌尿道及皮肤护理。

（11）向机长报告，尽快与地面联系，争取尽早送患者到医院救治。

> **扩展阅读**
>
> **昏迷病人的分类**
>
> （1）根据程度不同分类。
>
> 1）浅昏迷：对强烈疼痛刺激有反应，基本生理反应存在，生命体征正常。
>
> 2）中度昏迷：对疼痛刺激的反应消失，生理反应存在，生命体征正常。
>
> 3）深昏迷：除生命体征存在外，其他均消失。
>
> 4）过度昏迷：脑死亡。
>
> （2）根据病变部位分类。
>
> 1）醒状昏迷：又称去皮质状态。患者两侧大脑半球出现广泛性病变。
>
> 2）无动性缄默症：网状结构及上行激活系统病变。
>
> 3）闭锁综合征：脑桥腹侧病变。
>
> （3）根据昏迷的病因不同分类。
>
> 1）颅内病变。
>
> ①感染性疾病：脑膜炎、脑炎、颅内静脉窦炎、脑寄生虫病等。
>
> ②脑血管疾病：脑出血、脑梗死、蛛网膜下腔出血、高血压脑病等。
>
> ③颅内占位性病变：脑瘤、脑脓肿等。
>
> ④颅脑外伤：脑震荡、脑挫裂伤、硬膜外血肿、硬膜下血肿、脑内血肿等。
>
> ⑤颅内压增高综合征与脑疝形成。
>
> ⑥癫痫。
>
> 2）颅外疾病。
>
> ①心源性脑病。
>
> ②中毒性脑病。
>
> ③尿毒症性脑病、肺性脑病、肝性脑病、高血糖和低血糖性昏迷、妊娠中毒症等。
>
> ④外因性中毒：工业毒物、农药、药物、动物类、植物类中毒等。
>
> ⑤物理性或缺氧性损害：高温中暑、触电、高山病等。
>
> ⑥水电解质紊乱和酸碱中毒。
>
> ⑦各种休克者。

二、猝死旅客的急救

对于在短时间内出现呼吸和心跳停止的患者，如果能立即进行人工呼吸和心脏按压将会为进一步的救治争取宝贵的时间，而且有的患者可以被直接救活。

1. 判断意识的方法

（1）呼叫（要表达出你的关切）。

（2）扣拍或摇晃患者的肩部，如果没有反应，则应立即开通气道。

2. 开通气道的方法

使患者仰卧于硬板或地面上，头后仰、下颌抬起，使下颌角与耳垂连线与地面垂直，如图 6-36 所示。

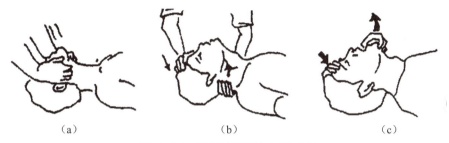

图 6-36　开通气道的 3 种方法

（a）拉颌法；（b）仰头抬颌法；（c）仰头举颈法

开通气道后要立即检查有无呼吸，检查呼吸应：看有无胸腹部起伏运动；听有无呼吸音；感觉口鼻部有无气流。

呼吸检查法如图 6-37 所示。

如果以上 3 种开通气道的方法均无效，则应立即人工呼吸。

3. 人工呼吸

人工呼吸是采用简单有效的口对口吹气方法，如图 6-38 所示。具体方法是，在保持呼吸道通畅的基础上，以一手捏紧患者鼻孔，吸气后张口包牢患者口部，向内吹气（有效的吹气应使患者胸腹部鼓起），以每分钟 12～16 次的速度连续吹两次。如果气吹不进，应再次确认气道是否开通或口鼻咽腔内有无异物。如发现有异物，应清理干净后再行吹气。

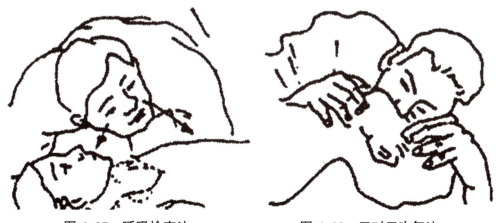

图 6-37　呼吸检查法　　　　图 6-38　口对口吹气法

气道阻塞有两种情况：舌根阻塞和异物阻塞，如图6-39所示。

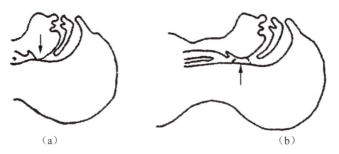

图 6-39 气道阻塞情况

(a) 舌根阻塞；(b) 异物阻塞

吹气两次后应立即检查颈动脉有无搏动。

脉搏检查法如下：

（1）成人：喉咙正中，旁开两指下压，如图6-40（a）所示。

（2）婴儿：上臂内侧中部下压，如图6-40（b）所示。

若无脉搏，则应立即进行胸外心脏按压。

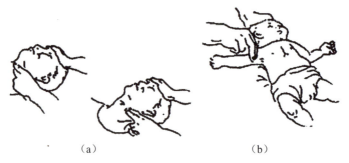

图 6-40 脉搏检查法

(a) 成人脉搏检查法；(b) 婴儿脉搏检查法

4. 心脏按压

（1）按压方法如下：

1）对成人。按压的中心部位是成年人胸骨中下1/3交界部，如图6-41所示。对成人采用双手掌根重叠法，伸直肘关节，利用上身质量和肩臂力量使手臂与地面垂直下压，如图6-42所示。

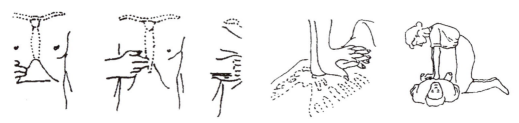

图 6-41 成人胸外心脏按压定位方法　　　　图 6-42 成人双手掌根重叠法

2）对儿童和婴儿。对儿童采用单手掌根法，如图6-43（a）所示；对婴儿采用中指及无名指尖按压，对一岁以内婴儿用环抱法或两指法，如图6-43（b）所示。

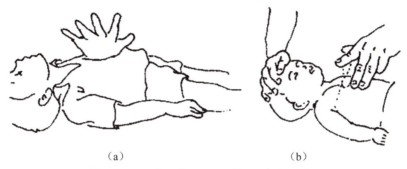

（a） （b）

图6-43 对儿童和婴儿的心脏按压方法

（a）儿童：单手掌根法；（b）婴儿：中指及无名指尖按压

（2）下压的速度如下：

1）成人：100次/分钟。

2）儿童：110次/分钟。

3）婴儿：120次/分钟。

（3）下压力量如下：

1）成年人应使胸骨下陷4～5厘米。

2）儿童应使胸骨下陷2.5～3.5厘米。

3）婴儿应使胸骨下陷1.5～2.5厘米。

（4）心肺复苏的吹气与心脏按压应交替进行。一人操作：吹气2次，按压15次；二人操作：一人吹气一次，另一人按压心脏15次。直到患者恢复自主呼吸和循环，或医生诊断病人死亡；否则不应停止操作。

拓展阅读

生命体征

生命体征包括脉搏、呼吸、体温、血压。在正常情况下，四大生命体征互相协调、互相配合，维持生命；在异常情况下互相影响、互相诋毁，危及生命。

（1）脉搏。脉搏是指在每个心动周期中，因动脉压力和容积发生周期性变化而引起的动脉管壁周期性波动，以次/分钟记录。正常的脉搏在60～100次/分钟。脉搏会因各种病理或生理情况而改变，它代表循环的状况。

（2）呼吸。呼吸是指喘气的频率。一次呼吸分为呼出和吸入两个过程。正常的呼吸频率成年人为16～20次/分钟，儿童稍快。呼吸也会因各种生理或病理情况而改变，呼吸是身体获取氧气的方式。

> （3）体温。人体内部的温度称为体温。保持恒定的体温，是保证新陈代谢和生命活动正常进行的必要条件，正常的体温是 37 ℃左右，它与年龄无多大关系，人的机体只有在正常体温下才能正常工作。
>
> （4）血压。血压是指在血管内流动的血液对血管壁的侧压力，临床上所谓的血压一般是指动脉血压。这种压力受心排血量、循环血量的多少、动脉管壁的弹性和全身小动脉阻力等因素的影响。因此，通过血压可以了解心血管系统的状况。当心脏收缩时，血液射入主动脉，动脉压力达最高值，称为收缩压；当心脏舒张时，动脉关闭弹性回缩，此时动脉血管壁所受的压力，称为舒张压，两者之差称为脉压差。正常人安静时收缩压为 90 ～ 130 mmHg，舒张压为 60 ～ 85 mmHg，随年龄、体重、性别、昼夜、情绪等其他生理状况而改变。新生儿血压最低，小儿血压比成人低，中年以前女子血压比男子略低，中年以后差别较小。

三、旅客死亡的处理

死亡是指生命活动的终了，标志着新陈代谢的停止。人可因生理衰老而发生生理死亡或自然死亡；因各种疾病造成病理死亡；因机械的、化学的或其他因素而造成的意外死亡。死亡的过程可分为三个阶段，即濒死期、临床死亡期和生物学死亡期。虽然乘务员并没有权利判断一个人是否死亡，但还是有必要了解对死亡的诊断和对死亡旅客的处理。

死亡旅客的处理如下：

（1）起飞前若发现旅客死亡，应立即报告责任机长，停止起飞。

（2）在空中发现旅客死亡，经医生确认后，要记录死者的姓名、性别、年龄、国籍、职业、身份、抢救经过、死亡时间及死亡前后的情况等，并收集、登记和保管死者的遗物。

（3）将死者仰卧，头和四肢放正，用湿毛巾擦净脸部。若眼睛未闭合，可按摩眼睑使之闭合。若口未闭，可托下颌使之闭合。有活动假牙者应安上。用棉花填塞鼻、口、耳，如为上消化道出血或肺部疾病者，应塞至咽喉部，以免液体外溢，棉花不要外露，并帮其梳理头发。有创口者应更换敷料。用棉花填塞肛门、阴道。

（4）用一大单盖好尸体，并把死亡鉴定牌固定在死者胸前大单上。

（5）若条件允许，应将死者与其他旅客隔离。

（6）落地后，向有关部门如实报告死者情况，通知机场卫生部门对客舱进行消毒。

拓展阅读

死亡过程

（1）濒死期。濒死期又称临终期，是临床死亡期前主要生命器官功能极度衰竭并逐渐趋向停止的时期。患者表现为意识障碍、呼吸障碍、循环障碍、代谢障碍等。

（2）临床死亡期。临床死亡期是呼吸、心跳停止但尚未出现脑细胞性死亡的时期。病人表现为意识丧失、呼吸心跳停止、瞳孔散大、对光反射消失。如果及时给予紧急心、肺、脑复苏，则有恢复的可能。

（3）生物学死亡期。生物学死亡期由临床死亡期发展而来，是死亡过程的最后阶段。患者表现为呼吸、心跳停止，各脏器功能消失。经积极救治，脑细胞功能不可能再恢复，以及心脏处于无电活动状态，可以终止心肺复苏。

单元六　机上流产与分娩的急救

一、机上流产

流产（俗称小产）最容易发生在怀孕的头三个月。当然，在胎儿脱离母体之前的任何时候都有可能发生流产。

1. 症状
腰部和腹部间歇性地疼痛，并伴有阴道出血。

2. 机上流产的处置
机上流产的处置包括以下内容：

（1）让孕妇躺在铺有塑料布的垫子上。

（2）备好大量的热水和经过消毒的、吸水性好的垫布或脱脂棉及卫生纸。

（3）检查孕妇脉搏、呼吸、血压，以确定是否有休克体征。

（4）可以使用一些止痛剂，如扑热息痛（对乙酰氨基酚）片等。

（5）用垫子将下肢垫高，以防休克发生。

（6）胎儿及其他妊娠物必须收集并保存于塑料袋等容器里，以备医生或助产士检查，防止因部分妊娠物未排出而导致的大出血。

（7）报告机长。因为不完全性流产会大量出血，可能发生休克，从而威胁孕妇生命，此时需送医院进行抢救。

二、机上分娩

生产不是疾病,而是正常的生理现象,事实上,绝大多数婴儿也都是自然降生的,是不需要任何干预的。所以,对飞机上发生的孕妇意外生产,空中乘务员所要做的仅仅是让分娩能顺其自然就足够了。

1. 分娩前的准备工作

分娩前的准备工作见表 6-2。

表 6-2　分娩前的准备工作

项目	内容
接生用具（品）的准备	（1）多准备些热水和数个干净的盆。 （2）大量的棉花和吸水性好的拭纸。 （3）装废弃物的污物桶。 （4）剪刀 1 把（必备）。 （5）25 厘米左右长的绳子 3 根（必备）。 （6）塑料床单 1 条。 （7）将剪刀和绳子放在水中煮沸消毒约 10 分钟
婴儿用品的准备	（1）毯子 1 条,用来包裹婴儿。 （2）消毒纱布 1 块,用来敷包打结剪断的脐带残端
空中乘务员自身准备	（1）确定参加助产的乘务员。凡是有感冒或手与其他部位感染者均不得参加助产。 （2）剪去过长的指甲,并用肥皂彻底清洗手和前臂。 （3）将洗净的手在空气中晾干（如果有消毒手套更好）。双手洗干净后,不要再触摸未经消毒的东西,以便接触产道和婴儿

2. 分娩的处置

分娩通常包括以下三个阶段:

（1）第一阶段:子宫颈较大。对于第一胎产妇来说,第一阶段可能需要 12 个小时以上,但也有时间较短的;对于非第一胎的产妇来说,第一阶段可能只需要 1～2 小时或者更短的时间。

1）第一阶段的主要表现。

①腰部和腹部有规律地疼痛,这预示着生产的开始。

②腹部痉挛似的疼痛,频率逐渐加快,强度逐渐增强。

③阴道出血,有时可能仅仅只有几滴,说明胎膜已破。

2）第一阶段的处置。

①选择一个合适的地方,以便能用帘子与舱内其他乘客隔开。

②在地板上放上便盆,让产妇小便。

③让产妇平躺,下面垫一条塑料床单。让产妇的头靠在枕头上,双膝抬起,脱光下身。

④将棉花或软布垫在产妇臀下,并给她上半身盖上毛毯保暖。

⑤保持舱内的安静,并安慰产妇。

(2)第二阶段:胎儿出生阶段。胎儿在该阶段经过骨盆从阴道产出。对于第一胎产妇来说,此阶段大约需要1个小时;而对于非第一胎的产妇来说,需要的时间要短得多。

1)第二阶段的主要表现。

①腹痛的频率加快,每隔2～3分钟就疼痛一次;腹痛的程度加重;每次腹痛的时间延长,并伴有一种越来越强的胎儿要生下来的感觉。

②会阴开始肿胀,在每次收缩时,都可以看到阴道内胎儿的头皮,预示即将分娩。

2)第二阶段的处置。

①当胎儿的头部出现在阴道口时,要将头部托住,并且在以后产妇每次收缩时都要将头部托住,因为只有通过反复地收缩才能将胎儿挤出产道,其间胎儿还会缩回去。为了避免将胎儿弄脏,可用干净纱布将产妇的肛门盖住,并且在胎儿头部缩回去之前,将肛门上的脏物擦拭干净。

②在两次收缩之间,告诉产妇停止向下使劲,并张开嘴做深呼吸。等下次收缩来临时再继续用劲。当胎儿的头出来时,要稳住他,不要让他出来得太快。

③当胎儿的头将转向一侧时,还应继续托住他,并把头放低,直到胎儿肩膀最上部出现在产道口时,再抬高头,使下肩娩出来。

④当胎儿躯体出来时,将其托出产道。

⑤将新生儿放在产妇的两腿之间,因为这时新生儿仍有脐带与母体相连。用拭纸将新生儿的口腔清理干净,等待第一声哭啼。如新生儿没有哭啼或没有呼吸,则应立即做呼吸循环的复苏。

⑥用毯子将新生儿包好,放在一旁。

(3)第三阶段:胎盘和脐带排出阶段。

1)第三阶段的主要表现。

①胎盘从子宫壁分离。

②分娩后10～30分钟,产妇仍有轻微的收缩感觉和腹部疼痛感觉。

2)胎盘排出阶段的处置。

①产妇继续躺着,两腿像分娩时那样分开,一旦她感觉胎盘将出来时,令其使劲。此时,不能用拉拽脐带的方法来帮助胎盘剥离。

②将胎盘和与之相连的胎膜装入塑料袋,留着让医生和助产士检查。

③将产妇身体擦拭干净,垫上干净的卫生巾,嘱咐其休息。

3)脐带的处置。

①胎盘与新生儿通过脐带连在一起,在分娩后约10分钟,脐带停止搏动。这时,用两条准备好的线绳在离婴儿腹部15厘米和20厘米位置处紧紧扎住。

②用消毒剪刀在结扎的脐带中间剪断,注意不要太靠近结头。

③用消毒纱布敷包脐带残端。

④10分钟后观察脐带残端是否有出血，并用剩下的线绳将离婴儿腹部10厘米处的脐带残端结扎。

⑤如果有消毒纱布，就将脐带用消毒纱布敷包好；否则，就将脐带暴露在空气中。

> **拓展阅读**
>
> **孕期卫生保健**
>
> （1）营养。妊娠后胎儿迅速发育生长，孕妇需要增加营养。孕妇所需要的蛋白质、矿物质及各种维生素的量均超过非妊娠时。一般主食不必增加，而主要是增加副食的种类和数量。多吃新鲜水果及各种蔬菜，少吃高脂肪的食物，注意食物中的营养调配，尽可能满足孕妇的营养需要。妊娠前及妊娠3个月内要补充叶酸，水果中猕猴桃、柚子、广柑、橘子、葡萄、苹果等均含有较多的叶酸，补充叶酸有利于胎儿神经系统的发育。
>
> （2）休息。妊娠期间做些力所能及的工作，产前两周应注意休息，积极准备，等待分娩。
>
> （3）睡眠。每晚保证8小时睡眠，午休1小时。每日休息9小时较合适。
>
> （4）乳头卫生。乳头上新生的痂皮要经常用温水洗净及保持清洁。乳头内陷时应坚持经常向外牵引，争取在孕期中加以矫正，以免产生哺乳困难，乳头皲裂或不慎感染时应该及时就医，防止发生乳腺炎。
>
> （5）防止便秘。防止便秘应多喝开水，多吃蔬菜，养成定时排便的习惯。尽可能不用泻药，必要时可用缓泻药。
>
> （6）性生活。妊娠2~3个月时，胎盘尚未形成，同房容易引起流产，应避免。有流产史者，更应该绝对禁止。妊娠8个月以后，为了预防分娩时产生感染或诱发早产，也应禁止同房。
>
> （7）其他。衣服以宽大轻软为宜，乳房及腹部不宜束紧。精神应保持愉快；宜多晒太阳，多呼吸新鲜空气。

单元七　机上传染病防范

传染病是指能够传染给别人而且可能引起不同范围的流行与扩散的疾病。每一种传染病都由一定的病原体、细菌、原虫或螺旋体等通过不同途径侵入人体后而发病。传染病的发生与传播有三个主要环节，即传染源—传染途径—易感人群。

一、鼠疫

鼠疫是鼠疫杆菌通过鼠类运动借助蚤类传播的一种烈性传染病，传染性强，病死率高。一次感染可获得持久性免疫。

> **拓展阅读**
>
> **鼠疫杆菌简介**
>
> 鼠疫杆菌对外界有较强的抵抗力，在干燥的痰液中，可存活4.7天，在化脓的液体中可存活20～30天，在阴暗潮湿处可生存数月，而在冰冻环境下可生存一年以上。鼠疫杆菌对日光、高热及消毒剂较敏感，如日光直射4～5小时，加温至70 ℃～80 ℃经10分钟或加温至100 ℃经一分钟均可致死。化学清毒剂，如来苏儿、石炭酸、漂白粉、福尔马林、升汞等在常用浓度均可迅速杀死鼠疫杆菌。

1. 主要临床表现

起病急，有高热、寒战、头痛、恶心和呕吐等症状。表现惊慌、言语不清、面部及眼结膜极度充血，步态不稳如酒醉状态。随后病人很快发生意识模糊、脉细而快、血压下降，也可有鼻出血、尿血、胃肠道出血和肝脾肿大等。腺鼠疫还可出现全身淋巴结肿大和剧痛，严重者可很快陷入昏迷。

2. 防范措施

（1）本病是国境检疫疾病，出入国境口岸应严格执行《中华人民共和国国境卫生检疫法》及《中华人民共和国国境卫生检疫法实施细则》。

（2）结合爱国卫生运动，大力开发灭鼠活动，努力创造"无鼠害"机场，特别注意防止飞机客、货舱内的老鼠，如发现鼠痕迹、鼠咬痕迹或老鼠活动应立即报告，以便及时查找和消灭，以免危及飞行安全。

（3）按规定接种鼠疫活菌苗。

（4）对疫区及患者，严格按规定进行检疫、隔离和消毒，并立即报告有关部门。

二、霍乱

霍乱是一种由霍乱弧菌（或副霍乱弧菌）引起的肠道烈性传染病，多发生于夏秋季节。

1. 主要临床表现

发病急、先泻后吐、多无腹痛及里急后重症状，大便初期呈黄水样，而后呈米汤样。严重者可伴有高烧、脱水、虚脱，甚至休克。若医治不及时，死亡率较高。目前少数地区仍有发生，如东南亚、印度和我国香港等地。我国虽曾消灭了此病，但随着国际交往的增多，也应引起高度重视并积极进行预防。

2. 防范措施

（1）本病是国境检疫疾病，出入我国口岸应严格执行《中华人民共和国国境卫生检疫法》及《中华人民共和国国境卫生检疫法实施细则》。

（2）加强饮水消毒和食品卫生管理。

（3）若发现此种病人，要按规定进行检疫隔离、消毒和及时治疗，立即向上级有关部门报告。必要时可在医师指导下服四环素类药物进行预防。

拓展阅读

霍乱弧菌简介

霍乱是由霍乱弧菌所引起的。霍乱弧菌为革兰染色阴性，对干燥、日光、热、酸及一般消毒剂均敏感。霍乱弧菌产生致病性的是内毒素及外毒素。正常胃酸可杀死弧菌，当胃酸暂时低下时或入侵病毒菌数量增多时，未被胃酸杀死的弧菌进入小肠，在碱性肠液内迅速繁殖，并产生大量强烈的外毒素。这种外毒素具有 ADP-核糖转移酶活性，进入细胞催化胞内的 NAD+ 的 ADP 核糖基共价结合亚基上后，会使这种亚基不能将自身结合的 GTP 水解为 GDP，从而使这种亚基处于持续活化状态，不断激活腺苷酸环化酶，致使小肠上皮细胞中的 CAMP 水平增高，导致细胞大量钠离子和水持续外流。这种外毒素对小肠黏膜的作用引起肠液的大量分泌，其分泌量很大，超过肠管再吸收的能力，在临床上出现剧烈泻吐，严重脱水，致使血浆容量明显减少，体内盐分缺乏，血液浓缩，出现周围循环衰竭。由于剧烈泻吐，电解质丢失、缺钾缺钠、肌肉痉挛、酸中毒等甚至发生休克及急性肾衰竭。

三、黄热病

黄热病是由黄热病毒引起的一种急性传染病，也属于国境检疫疾病。本病主要流于中南美（由南纬30°至北纬15°的范围内）和非洲。我国没有黄热病发生。本病的传染源主要是病人，其次是病猴。传染媒介是伊蚊，当伊蚊吸吮病人或病猴的血，经 9～12 天以后，再叮咬身体健康的人，即可经血液感染发病。此病一般流行于 3～4 月。潜伏期为 3～6 天，也可长达 10～13 天。

1. 主要临床表现

典型的黄热病起病大多急剧，初有寒战，继而高热、剧烈头痛、全身肌痛、腰背酸痛、恶心呕吐、颜面潮红、皮肤干热，患者常烦躁不安。初期脉搏较快，而后逐渐变慢，即出现相对缓慢现象，这是本病的一个临床特征。3 天过后，若继续发展，主要是侵犯肝脏、肾脏，可出现黄疸和蛋白尿以及皮肤、口腔、鼻腔、泌尿道和胃肠部位出血。除严重病例外，黄疸一般不太深。此病若不及时治疗，死亡率也较高。

黄热病严重的典型患者较少，而轻症患者较多，一般只出现发热、头痛，并不伴有出血、黄疸和蛋白尿，故常易被误诊。

2. 防范措施

黄热病在治疗上没有特效疗法，主要是对症治疗。预防接种是最重要的有效措施，因此，凡准备进入黄热病流行国家或地区的人员都应进行黄热病活毒疫苗皮下接种，有效期 10 年。具体防范措施如下：

（1）管理好传染源。由于我国已经发现输入性病例，所以黄热病的预防应加强边境检疫，对于来自疫区的人员必须出示有效的预防接种证书，以防止该病传入我国。对来自黄热病流行区的人员开展体温检测、医学巡查、流行病学调查和医学检查，重点关注有发热、黄疸等症状人员。

（2）切断传播途径。防蚊、灭蚊是防止本病的重点措施。

（3）保护易感人群。17D 黄热病减毒活疫苗，一次皮内接种 0.5 毫升，7～9 天即可产生有效的免疫力并可持续达 10 年以上。在进入疫区、已知或预测有黄热病疫情活动的区域，对 9 个月以上的儿童应常规进行预防接种。但不宜用于 4 个月以下的婴儿，因接种后发生神经系统的并发症几乎均为小于 4 个月的婴儿。

拓展阅读

黄热病病毒简介

黄热病病毒属虫媒病毒 B 组披膜病毒科，病毒直径 22～38 纳米，呈球形，有包膜，含单股正链 RNA。易被热、常用消毒剂、乙醚、去氧胆酸钠等灭活，但在血中能于 4 ℃保存 1 个月，在 50% 甘油中于 0 ℃下可存活数月，于 −70 ℃或冷冻干燥条件下可保持活力数年。最初分离的黄热病毒 Asibi 株通过组织培养弱化成 17D 株，用以制备减毒活疫苗，预防效果良好。

四、疟疾

疟疾俗称"打摆子",主要为疟蚊咬人并将所携带的疟原虫传播给人而引起的传染病。疟原虫分为间日疟、三日疟、恶性疟及卵圆形疟 4 种。长江流域和华北一带多为间日疟,福建一带多为三日疟,云南、贵州和海南岛等地多为恶性疟。非洲、东南亚及中南美洲患疟疾者最多。当疟蚊吸疟疾病人或带有疟原虫人的血液时,人体内的疟原虫就被吸入蚊体,疟原虫在蚊体内发育成更多的新疟原虫,这种蚊子再叮咬身体健康的人时,又可将新疟原虫输给健康人,致健康人发生疟疾。当输入带有疟原虫人的血液时,也可直接传染上疟疾。

1. 主要临床表现

间日疟隔天典型发作一次。发作时先突然发冷、寒战、面色苍白,继而发热,体温可达 40 ℃,大量出汗,几小时后体温很快降至正常。三日疟,症状同间日疟,只是每隔两天发作一次。恶性疟,起病较缓慢,发热不规律,症状不典型,体温可达 40 ℃以上。重者可出现说胡话、惊厥、昏迷甚至死亡。

2. 防范措施

发现患者应早期隔离及时治疗;灭蚊及防止蚊子叮咬(宿舍里安装纱门、纱窗、挂蚊帐);要进行抗复发治疗(适用于间日疟和三日疟),每年二、三月份进行。用八日疗法,乙胺嘧啶每片 0.5 克,每日 8 片,连服 2 日;伯氨喹每日 3 片,连服 8 日。在高疟区可进行预防性服药,成人每次顿服乙胺嘧啶 50 毫克(8 片),同时服伯氨喹 30 毫克,每半月一次,也可服防疟"2 号",成人每次 3 片,每 20 天一次,或每次 2 片,每 10 天一次皆可。

五、艾滋病

艾滋病即获得性免疫缺陷综合征,是一种使人体免疫力缺乏,由人类免疫缺陷病毒引起的严重传染病。该病毒进入人体后使其机体免疫功能受到严重破坏,人体失去了抵抗疾病的能力,从而易引起某种肿瘤而导致死亡。本病死亡率极高,被称为"超级癌症"。本病初发于美国,目前在世界上已有一百多个国家和地区报告有艾滋病,其总数达七万多例,其中一半已死亡。我国已发现传染病例。

由于艾滋病病毒主要存在于精液和血液中,故传播途径主要是性行为或使用被艾滋病病毒污染的注射针头、输血及血液制品等;另外,唾液及泪液中也含有此病毒,即使不密切接触也可受染;母婴垂直传染也时有发生。

1. 主要临床表现

此病潜伏期较长,一般为 2 个月到 2 年,甚或是 10 年。开始时可能无症状,以后可有持续发热、盗汗、乏力、全身淋巴结肿大、食欲不振、腹泻、咳嗽和呼吸困难、咽痛及吞咽困难、口腔内长白斑,以及皮下黏膜、上消化道出血或便血、血尿等。体质明显下降,极度衰竭。并发卡氏肺囊虫肺炎和卡波济氏肉瘤是死亡的主要原因。

2. 防范措施

各国对艾滋病的预防工作都非常重视,我国已于 1988 年 1 月颁布了《艾滋病监测管理的若干规定》,世界卫生组织已决定从 1988 年起每年 12 月 1 日为"世界艾滋病日"。其主要预防措施如下：

（1）对艾滋病要正确认识，不要恐惧或麻痹大意。一般接触是不会感染上艾滋病病毒的，但不得共用牙刷、刮须刀等。

（2）严守法纪，保持个人贞节，严禁不正当的性行为，杜绝与艾滋病病毒感染者或艾滋病病人发生性接触。

（3）不得从国外带入被艾滋病病毒污染或可能造成艾滋病传播的血液和血液制品、生物制品、动物及其他物品。

（4）机组成员在旅途中如发现疑似艾滋病病人，应就近向预防、医疗保健机构报告；艾滋病病人不得登机或入境；艾滋病病人接触过的物品交卫生单位严格消毒。一般用1%～2%漂白粉澄清液消毒。

（5）在国外居留1年以上回国者，须在回国后2个月内到指定的专业机构接受检查。

拓展阅读

艾滋病流行病学

艾滋病感染无季节性，其流行与经济状况、人员交往、人文习俗、卫生知识及预防措施等因素有关。

（1）传染源：艾滋病感染者，包括患者和无症状病毒携带者是本病的传染源，后者因长期携带病毒而更具有危险性。

（2）传播途径：艾滋病感染者的血液和体液（精液、阴道分泌物、乳汁等）中均带有病毒，主要有以下三种传播途径。

1）性接触传播：这是最主要传播途径，艾滋病通过细微破损处与感染者血液和细胞接触而侵入机体。无论同性恋还是异性间的不安全性行为均可传播。

2）血液及血制品传播：输入被艾滋病污染的血液或血制品，静脉毒瘾及药瘾者共用艾滋病污染的、未经消毒的注射器、针头等；移植艾滋病感染者的器官或人工授精；某些农村地区非法的、不规范的采血；医院内医疗器械消毒不规范或被污染的针头意外刺伤等；文身、文眉或共用牙刷、剃刀等。

3）母婴传播：感染艾滋病的孕妇可通过胎盘、分娩中的血性分泌物及产后哺乳把艾滋病传给胎儿或婴儿。

（3）人群易感性：人群普遍易感，青壮年发病率较高。高危人群有多性伴侣者、静脉吸毒及药瘾者、多次接受输血和使用血制品者、感染者的配偶、母亲艾滋病感染的胎儿和婴儿等。

六、非典

非典（SARS）是指严重急性呼吸综合征，是于 2002 年在中国广东发生，并扩散至东南亚乃至全球，直至 2003 年中期疫情才被逐渐消灭的一次全球性传染病疫潮。

1. "非典"症状判断

高热（体温高于 38 ℃）和干咳、呼吸加速、气促或呼吸窘迫综合征等。

2. 发现疑似"非典"患者旅客的应急处置程序

（1）关机舱门前请注意以下事项：

1）首先做好自我防护。

2）说服患者，测量患者体温。

3）如患者体温达到 38 ℃，乘务员立即通知乘务长，由乘务长报告机长。

4）由机长与地面联系。

5）停止旅客继续登机。

6）根据有关指示配合现场处理。

（2）飞行过程中请注意以下事项：

1）首先做好自我防护。

2）说服患者，测量患者体温。

3）如患者体温达到 38 ℃，乘务员立即通知乘务长，由乘务长报告机长；给患者发放口罩、手套并监督其佩戴好。

4）立即为所有未戴口罩的旅客配发口罩；尽量使患者与旅客分开，并就地隔离该旅客及周围 10 名旅客（即前 4、后 4、左 2、右 2）；患者使用过后的物品，应单独用垃圾袋隔离；患者用后的卫生间，应及时封锁。

5）由乘务长指定专人负责为该名患者服务，尽量减少机组人员与可疑患者的接触。

6）待飞机落地后，进行机上广播，婉转说明情况，安抚旅客。

7）待航班备降或落地后由机长通知地面进行处理，同时乘务长需立即向部门值班员、部门领导汇报。

3. "非典"流行期间落地后的工作程序（各机场的具体要求见最新通知）

（1）飞机落地打开机舱门后，必须等待当地卫生检疫人员测量完所有机上人员体温并经卫生检疫人员核准后方可下机。任何乘务员或安全员（包括加机组人员）不得提前下机。

（2）当卫生检疫人员发现"非典"疑似患者时，所有人员（包括乘务员、安全员、加机组人员）都必须在指定区域隔离等待，不得擅自离开。如需要在机内等待较长时间时，乘务员需打开各个机舱门（挂好黄带）通风，并时刻注意旅客动向（安全员及时就位），防止旅客私自跳离飞机。

（3）当疑似旅客确认不是"非典"患者时，乘务长应广播通知旅客，并组织旅客下机。舱单等文件在旅客全部下机后由乘务员带下飞机，然后在机坪上交接。地面人员将不再登机进行交接。

（4）当疑似旅客被确认是"非典"患者时，乘务长及时广播通知旅客，并根据当地地面人员要求组织旅客下飞机（机组、乘务员和加机组人员的隔离由当地公司代办人员安排），并在指定区域进行隔离，隔离后乘务长应及时通过电话汇报情况。

（5）激光测温仪使用须知：

警告：不要将激光直接对准眼睛或指向反射性表面（如镜子、不锈钢等表面）。

1）用前确认：扣动扳机，确定显示屏显示温度为摄氏（℃）。如显示为华氏（℉），推动扳机旁圆形小按钮，向前拉开手柄前盖，拨键向"℃"即可。

2）测量方法：激光枪口对准被测者手心（未提拿重物一侧），距离为10～20厘米，扣动扳机1～2秒，从显示屏读取读数，每测一次扣动扳机。

3）读数判读：当测试温度低于35.5 ℃时，视为正常；高于35.5 ℃（含）时，视为需复查对象。

注意：测试温度为体表温度，实际体温应在此基础上增加约2 ℃。

4）复查对象处理：安排在原地休息片刻后再测一次，如显示温度仍在35.5 ℃以上，以玻璃体温表测量结果为准。

（6）激光测温仪应避免以下情况：

1）电焊和感应加热器引起的电磁场。

2）静电。

3）热冲击（由于环境温度变化太大和突然变化引起）。

4）使用前测温仪需要30分钟的时间进行恒定。

5）不要将测温仪靠近或放在高温物体上。

6）当电池显示需要更换时请及时更换电池。

七、新冠肺炎

新冠肺炎是新型冠状病毒肺炎的简称，世界卫生组织命名为"2019冠状病毒病"，是指2019新型冠状病毒感染导致的肺炎。2019年12月以来，湖北省武汉市部分医院陆续发现了多例有华南海鲜市场暴露史的不明原因肺炎病例，证实为2019新型冠状病毒感染引起的急性呼吸道传染病。

1. 临床表现

新型冠状病毒感染的肺炎患者的临床表现为：以发热、乏力、干咳为主要表现，鼻塞、流涕等上呼吸道症状少见，会出现缺氧低氧状态。约半数患者多在一周后出现呼吸困难，严重者快速发展为急性呼吸窘迫综合征、脓毒症休克、难以纠正的代谢性酸中毒和出凝血功能障碍。值得注意的是，重症、危重症患者病程中可为中低热，甚至无明显发热。部分患者起病症状轻微，可无发热，多在1周后恢复。多数患者愈后良好，少数患者病情危重，甚至死亡。

2. 防范措施

根据国家卫健委关于《重点场所重点单位重点人群新冠肺炎疫情防控相关防控技术指南》要求，民航防控应做到以下内容：

（1）根据航班（含国际、国内）始发地疫情形势、航空器是否安装高效过滤装置及航班客座率、飞行时间和航班任务性质等指标综合判断，将运输航空航班防疫分为高风险、中风险和低风险三级；根据机场运行的航班情况，将机场疫情防控等级分为高风险

和低风险。依据不同风险分级实施差异化防控,并根据疫情发展动态实时调整风险分级。

(2)加强航空器通风。航空器飞行过程中,在保障安全的前提下,使用最大通风量;地面运行期间,可不使用桥载系统,使用飞机辅助动力系统进行通风。

(3)加强航空器清洁消毒。选择适航的消毒产品,做好航空器清洁消毒。日常清洁区域、预防性消毒频次等依据航班风险等级、航空器运行情况等确定。当航空器搭载可疑旅客后,应做好随时消毒、终末消毒等。

(4)优化机上服务。按照不同航班风险等级,根据疫情防控需要,开展机上体温检测,优化/简化机上服务,安排旅客正常/分散/隔座就座,设置机上隔离区,明确可疑旅客应急处置流程。

(5)加强机场通风。结合航站楼结构、布局和当地气候条件,采取切实可行的措施加强空气流通。气温适合的,开门开窗;采用全空气空调系统的,视情全新风运行,保持空气清洁。

(6)加强机场公共区域清洁消毒。低风险机场根据需要进行清洁和预防性消毒;高风险机场每日进行清洁和预防性消毒,旅客聚集重点区域适当增加消毒频次。机场如发现疑似病例、确诊病例或可疑旅客,需由专业人员进行终末消毒。机场加强垃圾的分类管理和口罩使用后的回收工作,及时收集并清运。

(7)做好候机旅客健康管理。在候机楼配备经过校准的非接触式体温检测设备,为旅客提供必要的手部清洁消毒产品。对所有进出港旅客进行体温检测。设置候机楼隔离区,配合当地卫生部门做好发热旅客的交接工作。

(8)机场为来自疫情严重国家或地区的航班设置专门停靠区域,尽可能远机位停靠。对于来自疫情严重国家或地区的旅客,通过设置隔离候机区域、简化登机手续、采用无接触式乘机、设置专门通道、全程专人陪同等措施,严防机场内的交叉传染。

(9)加强对民航一线从业人员的健康管理,每日开展体温检测,身体不适时及时就医。指导机组人员、机场安检人员、机场医护人员、维修人员、清洁人员,根据航班和机场风险分级,采取不同的防护措施,加强个人防护。

(10)民航重点场所、重点环节、重点人员具体防控措施,可按照新版《运输航空公司、运输机场疫情防控技术指南》实施。

拓展阅读

航空飞行对人体的影响

1. 高空缺氧对人体的影响

高空缺氧又称低压性缺氧,是指人体暴露于高空低气压环境里,由于氧气含量少而导致的生理机能障碍。缺氧与高度有着密切的关系,随着高度增加,由于大气压力下降,大气中的含氧量下降。大气中和肺泡空气中氧分压相应地随之下降。由于肺泡空气中氧分压减少,单位时间内肺泡输送给血液的氧气便减少,引起动脉血液氧分压下降,这样氧气由血液输送给组织的速度和数量减少,这就造成对组织供氧不足而发生高空缺氧。多数人在4 000米高度以上就会出现缺氧症状,到5 000米会轻度缺氧,6 000米以上会严重缺氧。突然升到8 000米时,人的工作能力一般最多能保持4分钟(有效意识时间);在1万米的高度保持约1分钟;升到1.4万米时,只能维持12~15秒。

高空缺氧以爆发性高空缺氧和急性高空缺氧为多见。爆发性高空缺氧,是指发展非常迅速、程度极为严重的高空缺氧,常在气密座舱迅速减压、座舱增压系统失灵、呼吸供氧突然中断等情况下发生。人体突然暴露于稀薄空气中,出现氧的反向弥散(肺泡氧分压迅速降低,形成混合静脉血中的氧向肺泡中弥散),身体代偿机能来不及发挥作用,突然发生意识丧失。

急性高空缺氧,是指在数分钟到几小时内人体暴露在低气压环境中引起的缺氧,多见于舱压降低和供氧不足。症状随高度和暴露时间而异,如头昏、视力模糊、情绪反应异常等。情绪反应异常常会使飞行员丧失及时采取措施的时机。根据人体在各高度上吸空气和吸纯氧的生理等值高度上发生的缺氧反应对工作能力的影响,分为轻度、中度、重度。

高空缺氧对人体的神经、心血管、呼吸、消化等系统均有不同程度的影响,其中对中枢神经的影响尤为明显。在人体组织中,大脑皮层对缺氧的敏感度极高,氧气供应不足,首先影响大脑皮层,此时人会出现精神不振、反应迟钝、困乏等症状,定向力、理解力、记忆力、判断力减弱,注意力也不能很好地分配和转移;也有的人在缺氧开始时,会出现类似轻度醉酒的欢快症状,表现为兴奋、多话、自觉愉快等;随着缺氧程度的加重,高级神经活动障碍便越来越明显,最终可导致意识丧失。

氧气供应不足时,人体通过呼吸加快、加深,心跳增快,心搏每分钟的输出量增多,血中红细胞增加等一系列代偿作用,借以克服和减轻缺氧对身体的影响。但是,这种代偿作用是有一定限度的,而且与人的体质强弱和高空耐力有很大关系。一般来说,在4 000米以上时,体内的代偿功能不足以补偿供氧不足的影响,就会出现各种缺氧症状。

缺氧对消化系统的影响是胃液分泌减少,胃肠蠕动减弱,因此,食物的消化不能像在地面上那样容易。缺氧还会影响视觉功能,一般当上升到1 500米高度时,视觉功能开始下降,特别是在夜间低照度下飞行,影响就更加明显。

据实验证明,在1 200米高度,飞行员夜间视力会下降5%,1 500米下降10%,3 000米下降20%,4 800米下降40%,且随着高度的持续递增缺氧加剧,夜间视力下降明显。

2. 高空低气压对人体的影响

在一定范围内,高度越高,空气压力越小。例如,在5 700米的高度,大气压只有地面空气压力的一半;1万米的高度,大气压约为地面的1/4。气压变低会对人体产生多种影响。低气压对人体的影响主要表现为缺氧、减压病和胃肠胀气。

（1）缺氧。物理学指出，混合气体中气体的分压力与混合气体中该气体的含氧百分比有关。据此，大气中氧分压可用下式计算：

$$P_{O_2}=P_H \times (O_2/100)$$

式中：P_{O_2}——大气中的氧分压（帕斯卡）；

P_H——在高度日上的大气压力（帕斯卡）；

O_2——大气中氧气的含量（体积百分比）。

显然，随着高度增加，由于大气压力下降，大气中和肺泡空气中氧分压相应地随之下降。

由于肺泡空气中氧分压减少，单位时间内肺泡输送给血液的氧气便减少，引起动脉血液氧分压下降，这样氧气由血液输送给组织的速度和数量减少，这就造成对组织供氧不足从而发生高空缺氧。

生理学研究指出，在4 000米高度以下，人体对氧分压降低是能补偿的；而在4 000米以上，人仅呼吸空气已不能维持正常需要，会出现不同程度的缺氧症状。

（2）减压病。环境空气压力的急速改变，可以使人体的封闭腔和半封闭腔内造成压差，从而使中耳及肠胃内产生疼痛的感觉。当高度超过8 000米时，会感到关节、肌肉疼痛，这是由于氮分压下降，肌体内的一部分氮气开始以气泡形式排出：压迫了肌肉、骨骼、脂肪组织的神经末梢，从而引起疼痛的感觉。此外，人体内含70%的水分，而水的沸点随外界大气压降低而降低。外界大气压力为6.266千帕时，水的沸点为37 ℃。当人体上升到19千米的高空（相当于外界大气压力为6.266千帕）时，由血液开始一切体液都发生汽化或产生气泡，从而产生浮肿出血现象，这种现象叫作"体液沸腾"。这就如打开汽水瓶盖，气泡从水中冒出来的道理一样。气泡堵塞血管或压迫神经而产生一些特殊的症状，这就是所谓的"高空气体栓塞症"，或称"减压病"。大气压力的变化，还可以对人体产生一些其他影响。例如，当驾驶员驾驶飞机由高空返回地面时，由于气压的逐渐增高产生"压耳朵""压鼻子"的现象，以致发生"航空性中耳炎"及"航空性鼻窦炎"。轻时，感到耳胀、耳痛、耳鸣、听力减退；严重时，可引起鼓膜破裂和中耳充血，出现头痛、眼胀、流泪、流涕或鼻出血等。

（3）胃肠胀气。气压降低可以使人的胃肠胀气。通常情况下，人体胃肠道内约含有1 000毫升气体，这些气体80%是吞咽进去的，20%是食物在消化过程中产生的。波义耳定律告诉我们：当温度保持一定时，气体的体积随着压力的降低而增大。飞行高度越高，大气压越低，人体胃肠内的气体膨胀就越明显。如在5 000米高度，大约膨胀两倍；在1万米，就可胀大4～5倍。当然，在气体膨胀时，人体可以不断地向外排出，但若胃肠功能不好或气体太多一时难以排出时，就会发生胃肠胀气，使胃肠壁扩张，产生腹胀、腹痛；严重时，可出现面色苍白、出冷汗、呼吸表浅、脉搏减弱、血压降低等症状。

3. 低气温对人体的影响

气温每时每刻都在影响人们的生活、工作及一切活动。气温低，会消耗体内细胞的储备。气温下降，在低温环境中，人体为了保持肌体的热量平衡，组织代谢加强，氧气的需要量增加。如果不能满足以上条件，则人体就会消耗体内细胞的储备，人体组织还会发生一些不良反应。

气温低，人体血管容易变硬变脆，还会影响人体对营养的吸收。据联合国粮农组织的热量需求委员会调查，以外界气温比标准气温低 10 ℃为起点（温带地区的年平均气温），气温每升高 10 ℃时，人体对热量的摄取量要增加 5%。由此可见，人体对热量的摄取量与气温关系密切。此外，气温的高低还影响到人体对维生素、食盐的摄取量。

在对流层，随着高度的增加，温度逐渐降低，平均每上升 100 米，气温下降 0.65 ℃。当地面温度为 25 ℃时，在 5 000 米的高空，气温为 -7.5 ℃；在 1 万米的高空，温度则低到 -40 ℃；而在 $1.1\times10^4 \sim 2.5\times10^4$ 米的平流层，气温则恒定在 -56.5 ℃。现代飞机多在对流层和平流层活动，外面气温一般在 -55 ℃～ -40 ℃。低温给飞行带来一定的影响，即使有加温设备的座舱，时间长也可使座舱内温度不均匀。低温会妨碍飞行人员的工作，寒冷可使手脚麻木，甚至疼痛和肢体寒战，影响动作的准确性，严重时还可发生冻伤。此外，低温会使飞行人员的热量消耗增大，因此空勤人员应多吃高蛋白的食物以及豆类食品，及时补充人体所需。

4. 加速度对人体的作用和影响

做机械运动的物体，如果按物体运动速度的变化情况来划分，可分为匀速运动和变速运动。人处于匀速运动状态时，是无感觉的，而且匀速运动的速度对人体不产生任何不良影响。例如，地球基本是在匀速运动中（赤道上的自转速度为 463 m/s，地球平均公转速度为 2.98×10^4 m/s²），人类生存在地球上，感觉不到地球的运动。但是，人处于变速运动状态时，身体则会受到速度变化的影响。

物体速度变化的快慢，用加速度描述。加速度是指速度的变化量同发生这种变化作用的时间的比值，单位为 m/s。人在身体直立时能忍受（不受伤害）向上的加速度为重力加速度（g=9.8 m/s）的 18 倍，向下为 13 倍，横向则为 50 倍以上；如果加速度值超过这一数值，会造成皮肉青肿、骨折、器官破裂、脑震荡等损伤。在飞行活动中，飞行人员经常处在加速度环境中，所以受加速度影响也就比较明显。

人在座位上能耐受的加速度极限见表 6-3。人经常处于变速运动状态，尤其是现代交通工具的速度不断提高，使人经常受到加速度的作用。人在短时间内受到的加速度作用值和延续时间见表 6-4。

表 6-3　人在座位上能耐受的加速度极限

运动方向	最大加速度 /(m·s^{-2})	时间限制 /s
后	45	0.1
前	35	0.1
上	18	0.04
下	10	0.1

表 6-4　人在短时间内收到的加速度作用值和延续时间

运动工具	运动状态	加速度 /(m·s^{-2})	持续时间 /s
电梯	快速升降	0.1～0.2	1～5
电梯	舒适极限	0.3	
电梯	紧急降落	2.5	
公共汽车	正常加速度减速	0.1～0.2	5
公共汽车	紧急刹车	0.4	2.5
飞机	起飞	0.5	>10
飞机	弹射起飞	2.5～6	1.5
飞机	坠落（不伤人）	20～100	

5. 噪声对人体的影响

噪声级为30～40分贝，是比较安静的正常环境；超过50分贝，就会影响睡眠和休息。由于休息不足，疲劳不能消除，人体正常生理功能会受到一定的影响。噪声在70分贝以上，就会干扰谈话，使人心烦意乱，精神不集中，影响工作效率，甚至发生事故。长期工作或生活在90分贝以上的噪声环境，会严重影响听力或导致其他疾病的发生。

听力损伤有急性和慢性之分。接触较强噪声，会出现耳鸣、听力下降，但只要时间不长，一旦离开噪声环境后，很快就能恢复正常，这就是所谓的听觉适应。如果接触强噪声的时间较长，听力下降比较明显，则离开噪声环境后，就需要几小时，甚至十几小时到二十几小时的时间，才能恢复正常，这就是所谓的听觉疲劳。这种暂时性的听力下降仍属于生理范围，但可能发展成噪声性耳聋。如果继续接触强噪声，听觉疲劳不能得到恢复，听力持续下降，就会造成噪声性听力损失，发生病理性改变，这种症状在早期表现为高频段听力下降。但在这个阶段，患者主观上并无异常感觉，语言听力也无影响，我们将这种现象称为听力损伤。病情如进一步发展，听力曲线将继续下降，听力下降平均超过25分贝时，将出现语言听力异常，主观上感觉会话有困难，我们将这种现象称为噪声性耳聋。此外，强大的声爆，如爆炸声和枪炮声，会造成急性爆震性耳聋，出现鼓膜破裂，中耳小听骨错位，韧带撕裂，出血，听力部分或完全丧失等症状。主观症状有耳痛、眩晕、头痛、恶心及呕吐等。

噪声除损害听力外，也影响人体其他系统。噪声对神经系统的影响表现为，以头痛和睡眠障碍为主的神经衰弱症状群，脑电图有改变（如节律改变、波幅低、指数下降），自主神经功能紊乱等。对心血管系统的影响表现为血压不稳（大多数增高）、心率加快、心电图有改变（窦性心律不齐、缺血型改变）等。对胃肠系统的影响表现为胃液分泌减少、蠕动减慢、食欲下降等。对内分泌系统的影响表现为甲状腺功能亢进、肾上腺皮质功能增强、性机能紊乱、月经失调等。

模块小结

旅客在乘机过程中突发身体不适在民航服务过程中比较常见，包括发热、头痛、急性腹泻、咳血与呕血、鼻出血、晕厥、脑出血、心绞痛、休克、癫痫、低血糖、急性肠胃炎、消化性溃疡、急性胃出血、急性胃穿孔、急性阑尾炎、胆石症、泌尿系结石、急性酒精中毒、气道被堵塞等，同时还包括出血、骨折、烧伤烫伤、昏迷、猝死、流产、分娩等意外与特殊状况。这些情况下，乘务员应保持镇定，询问患者情况并进行分析判断，及时采取急救措施，最大限度地保证旅客生命安全。另外，由于各种自然或社会因素的影响，经常会突发传染疾病，在此情况下，民航服务人员应做好传染病的防范，以保证旅客生命安全。

岗位实训

1. 实训项目

心脏骤停旅客急救。

2. 实训内容

某航班上，一名男性旅客突发心脏骤停。

学生模拟客舱乘务人员，在发现旅客不适后，及时做出分析判断，并采用心肺复苏术对旅客进行客舱内急救。

3. 实训分析

同学们进行合理分工，配合完成任务。然后进行自我分析与评价，总结实训经验，思考同学们在实训中采取的处置措施是否符合规范。

参 考 文 献

[1] 刘小娟. 客舱安全 [M]. 北京：人民交通出版社，2014.

[2] 向莉，金良奎. 客舱安全管理 [M]. 北京：中国人民大学出版社，2020.

[3] 汤黎. 客舱安全管理与应急处置 [M]. 北京：电子工业出版社，2018.

[4] 王亚莉. 民航服务与沟通 [M]. 北京：中国人民大学出版社，2020.

[5] 汤黎，何梅. 客舱安全管理与应急处置 [M]. 北京：国防工业出版社，2016.

[6] 薛佳秋. 民航客舱应急 [M]. 北京：中国民航出版社，2016.

[7] 陈卓，兰琳，等. 客舱安全管理与应急处置 [M]. 北京：清华大学出版社，2017.

[8] 于莉，于传奇，等. 客舱服务安全与应急实务 [M]. 北京：化学工业出版社，2019.

[9] 苗俊霞，周为民，等. 民用航空安全与管理 [M].2 版. 北京：清华大学出版社，2019.